dtv

Weitere in der Reihe dtv portrait erschienene Titel
am Ende des Bandes

Für Malina

Autorin und Verlag danken Helmut Frielinghaus, Hamburg,
für die kritische Durchsicht des Manuskripts.

Originalausgabe
August 2002

www.dtv.de

Umschlagkonzept: Balk & Brumshagen
Umschlagfoto: © Hans Grunert, Berlin
Satz und Layout: Agents – Producers – Editors, Overath
Druck und Bindung: APPL, Wemding
Gedruckt auf säurefreiem, chlorfrei gebleichtem Papier
Printed in Germany ISBN 3-423-31059-6

Inhalt

dessen Weltauflage heute über 15 Millionen liegt. In Deutschland besitzt Grass laut mehreren Umfragen einen Bekanntheitsgrad, wie ihn sonst nur Spitzenpolitiker erreichen. Wie kaum ein zweiter hat er die deutschsprachige Literatur seit 1945 formal vorangebracht. Kollegen wie John Irving und Salman Rushdie bekennen sich als seine Schüler. Grass' Bücher haben Vergleiche mit den größten Namen der Weltliteratur hervorgerufen.

Was unterscheidet Günter Grass von seinen anderen Schriftstellerkollegen? Was macht ihn so erfolgreich und selbst auf dem Gipfel des Ruhmes noch umstritten? Unabhängig davon, ob die Kritiker seine Bücher positiv oder negativ besprechen, gekauft werden sie allemal. Immer gegen den Strom schwimmend, hat Grass als Repräsentant des 20. Jahrhunderts lebhafte Debatten ausgelöst und mitunter großen Unmut auf sich gezogen. Günter Grass ist ein politischer Mensch und Künstler, geprägt vom Schicksal seiner Generation. Jemand, der sagt, was er denkt.

Grass' Leben ist ungewöhnlich reich an permanenter Gleichzeitigkeit. Seine Energie, der Arbeitsdrang, das Ideenreservoir und die Lust zum aktiven Einmischen scheinen unerschöpflich. Günter Grass versteht sich als Handwerker, der sein Werkzeug zu beherrschen hat. Neben seiner großen Begabung haben ihn Zielstrebigkeit, Disziplin, Ehrgeiz und sein nüchterner Sinn zu dem gemacht, was er geworden ist. Und doch sind als ein wesentlicher Motor zur Hervorbringung seines Werkes die Erfahrungen als Kind und Jugendlicher in Danzig zur Zeit des Nationalsozialismus anzusehen.

Grass selbst würde nie eine Autobiographie schreiben. Die sei, so der Autor, sein Werk. Das »autobiographischste«, was er bislang vorgelegt hat, ist der Werkstattbericht ›Vier Jahr-

> Es gibt Künstler, die vorsichtig Probleme vermeiden, Dispute und Kontroversen und so eine gewisse Distanz halten. [...] Und es gibt andere, die offen aussprechen, was sie denken, ohne Kompromisse bei ihrer eigenen Meinung und ihrem Gerechtigkeitssinn einzugehen. Sie müssen sich nicht überall beliebt machen. Sie verleugnen sich nie. Günter Grass gehört zu diesen letzteren.
>
> *Der indische Maler Shuvaprasanna über Günter Grass, in Martin Kämpchen (Hg.): ›My Broken Love‹ (2001)*

zehnte‹ (1991), später zu ›Fünf Jahrzehnte‹ erweitert. Zahlreiche verstreute Selbstaussagen ergänzen das dort gezeichnete Bild. In verschiedenen Archiven lagert wertvolles Quellenmaterial, das gesichtet wurde und neben dem Gespräch mit dem Autor sowie mit manchen seiner Weggefährten die Grundlagen für diese Biographie bilden. Sie will ein Bild von den Verzahnungen von Leben, Werk und Zeitgeschichte vermitteln und stellt Grass in seinem politischen und gesellschaftlichen Engagement dar, geht auf seine Wirkung im In- und Ausland ein, beschreibt manche der Auslandsaufenthalte, die zum Teil tiefe Spuren im Werk hinterlassen haben, und wirft einen Blick in die Schreibwerkstatt.

Danksagung

Günter Grass

Akademie der Künste Berlin-Brandenburg
Dr. Gloria Dahl, Köln
Deutsches Literaturarchiv Marbach
Hannes Esser, Düsseldorf
Dr. Andreas Heinemann-Grüder, Rösrath
Kathrin und Stefan Herbst, Konzen
Dr. Martin Kämpchen, Santiniketan, Indien
Hannelore Keyn, Alfred-Döblin-Haus, Wewelsfleth
Literaturarchiv Sulzbach-Rosenberg
Lidia Makowska, Gdańsk
Hilke Ohsoling, Sekretariat Günter Grass, Lübeck
Hans-Günter Semsek, Köln
Stadttouristik Telgte
Dr. Dieter Stolz, Berlin
Dr. Heidrun Suhr, Bonn
Fabian Sulzer, Overath
Martin Sulzer-Reichel, Richmond, VA
Lilo Vollmann, Nieblum
Gerhard und Marianne Vollmann, Konzen

»Die Kaschuben trefft es immer am Kopp«

»... das, was uns formt und verändert, ist eine Geröllhalde von Erinnerungen und Verschiebungen und Prägungen, die nicht chronologisch vorliegen«.
Im Gespräch mit Klaus Stallbaum (1990)

Günter Grass wurde am 16. Oktober 1927 in Danzig geboren, dort, »wo eigentlich auch die Quelle meiner Literatur begraben und vergraben liegt [...], in kleinbürgerlichen Verhältnissen: Meine Eltern hatten ein Geschäft; dazu kam, daß die Familie, wie viele Familien in Danzig, recht bunt gemischt war: von Vaters Seite her das, was man deutschstämmige Abkunft nennt, und die Familie meiner Mutter kaschubischer Herkunft.« Diese doppelte Herkunft legte ihm, wie Grass später sagte, etwas in die Wiege, »das mich als stets offener Zwiespalt bis ins zunehmende Alter wachgehalten hat. Und da meine so reichlich mit Zutat belastete Wiege in einem Vorort der Stadt Danzig, genauer gesagt, im Freistaat Danzig stand, also in einem Territorium, das weder zur Republik Polen noch zum Deutschen Reich gehörte und deshalb ein begehrenswerter Zankapfel war, wuchs ich auf doppelt genähte Weise in einem Spannungsfeld auf.«

Dieses doppelte Spannungsfeld – kaschubisch-deutsche Familie im deutsch-polnisch-kaschubischen Danzig – bildet die Grundlage und Motivation für das Schaffen des Schriftstellers und Künstlers Günter Grass.

Zeitlebens wird sich Grass mit dem Verhältnis von Polen und Deutschen befassen, und dies auf allen Ebenen, im literarischen, künstlerischen und politischen Bereich. Sein Den-

So isses nu mal mit de Kaschuben, Oskarchen. Die trefft es immer am Kopp. Aber ihr werd ja nun wägjehn nach drieben, wo besser is, und nur de Oma wird blaiben. Denn mit de Kaschuben kann man nich kaine Umzüge machen, die missen immer dablaiben und Koppchen hinhalten, damit de anderen drauftäppern können, weil unserains nich richtich polnisch is und nich richtig deitsch jenug, und wenn man Kaschub is, das raicht weder de Deitschen noch de Pollacken. De wollen es immer genau haben!
Aus ›Die Blechtrommel‹ (1959)

2 Der dreijährige Günter Grass mit Großmutter und Mutter. Foto, 1930

ken und Handeln ist geprägt von der Präambel: »Am Anfang stand das Verbrechen.« Die Schuld, die die Deutschen mit dem Überfall auf Polen am 1. September 1939 auf sich geladen haben, »gehört auf immer zu unserem nationalen Selbstverständnis«.

Die Geschichte der Familie Grass läßt sich nur unvollständig rekonstruieren. Aufgrund der Kriegseinwirkungen sind die meisten Dokumente zerstört, alte Familienfotos und sonstige Relikte sind entweder in den letzten Kriegstagen in Flammen aufgegangen oder mußten, als die Familie vertrieben wurde, zurückgelassen werden. Der Großvater väterlicherseits, Friedrich Grass, stammte aus einer protestantischen, seit langem in Danzig ansässigen Handwerkerfamilie, deren Vorfahren aus Österreich gekommen sein sollen. Von Beruf Tischlermeister, war er Eigentümer eines Mietshauses in der Elsenstraße in Danzig-Langfuhr, in dessen Hof – wie in ›Hundejahre‹ beschrieben – seine Tischlerei untergebracht war. Der Ehe des Großvaters mit Mathilde Obermüller entstammten Wilhelm Grass (1899–1979) sowie ein Bruder und eine Schwester. Wilhelm Grass hatte während des Ersten Weltkrieges als Lehrling auf der Torpedo-Werft gearbeitet, doch konnte er aufgrund seiner schwachen Gesundheit, die ihn vor der Einberufung im

Nicht auf Strohdeich und Bürgerwiesen,
nicht in der Pfefferstadt – ach, wär ich doch
geboren zwischen Speichern auf dem Holm! –
in Strießbachnähe, nah dem Heeresanger
ist es passiert, heut heißt die Straße
auf polnisch Lelewela – nur die Nummer
links von der Haustür blieb und blieb.
Und Sand klatschnaß, zum Kleckern: Gral ...
In Kleckerburg gebürtig, westlich von.
Das liegt nordwestlich, südlich von.

3 Die Mutter mit Günter und Schwester Waltraud. Foto, um 1931

letzten Kriegsjahr bewahrte, die Lehre nicht abschließen. Statt dessen absolvierte er eine Ausbildung zum Bürokaufmann und war dann als Vertreter für Papierwaren tätig, als er seine spätere Frau Helene Knoff kennenlernte.

Helene Grass, geborene Knoff (1898–1954), war kaschubisch-katholischer Herkunft. Ihr Vater arbeitete als Schlosser in der Danziger Gewehrfabrik. Da er einen großen Teil des

[...] Getauft geimpft gefirmt geschult.
Gespielt hab ich mit Bombensplittern.
Und aufgewachsen bin ich zwischen
dem Heilgen Geist und Hitlers Bild.
Im Ohr verblieben Schiffssirenen,
gekappte Sätze, Schreie gegen Wind,
paar heile Glocken, Mündungsfeuer
und etwas Ostsee: Blubb, piff, pschsch ...

Aus ›Kleckerburg‹ (1965)

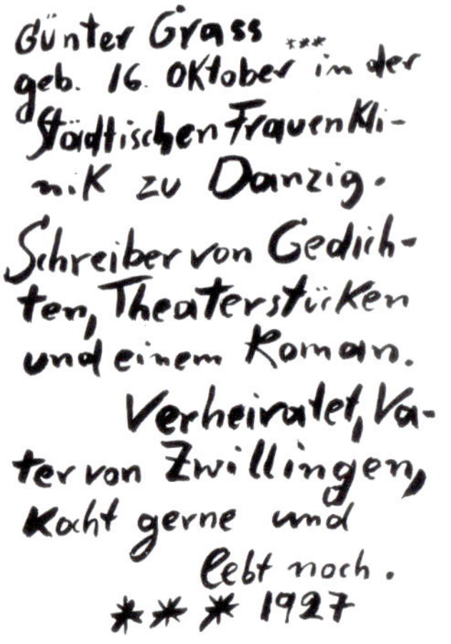

4 Von Grass eigenhändig verfaßte Kurzvita

Lohnes in Alkohol umsetzte, eröffnete die Mutter in ihrer Parterrewohnung im Brunshöfer Weg in Danzig-Langfuhr ein Geschäft, um das Auskommen der Familie zu sichern. Der Ehe entstammten fünf Kinder: Helene, Betty, Artur, Paul und Alfons. Zwei der Brüder fielen zwanzigjährig im Ersten Weltkrieg. Der dritte, Alfons, erlag im Krieg einer Infektionskrankheit. Auch die Eltern starben während des Krieges: der Vater gleich zu Beginn bei der Schlacht östlich von Tannenberg 1914 und die Mutter gegen Kriegsende.

Nach dem Krieg standen Helene und ihre Schwester Betty allein da. Mit dem Geschäft der Mutter war der Grundstein für Helenes Lebensweg gelegt. Sie hatte eine Lehre als Ver-

Der Freistaat Danzig
Am Ende des Ersten Weltkrieges erklärte der Versailler Vertrag Danzig zur »Freien Stadt«. Grundlage hierfür war die Forderung des amerikanischen Präsidenten Woodrow Wilson nach Errichtung eines polnischen Staates mit freiem Zugang zum Meer unter internationaler Garantie. Aufgrund der strategisch und wirtschaftlich bedeutsamen Lage Danzigs an der Mündung des wichtigsten polnischen Flusses war Polen keinesfalls gewillt, die Stadt dem Deutschen Reich zu überlassen; andererseits war die Mehrheit der Bevölkerung deutsch, so daß eine vollständige Vereinnahmung durch Polen auch nicht denkbar war. Diverse Verträge regelten schließ-

5 Danzig. Foto, 1944

käuferin bei »Kaiser's Kaffee« absolviert und übernahm das Geschäft ihrer Mutter. Nach der Heirat mit Wilhelm Grass bezog das junge Paar im Labesweg 13 in Langfuhr eine Parterrewohnung. Von dort aus führte Helene Grass noch einige Jahre den mütterlichen Lebensmittelladen weiter, bis sich das Ehepaar Grass entschloß, im Labesweg einen eigenen Laden zu eröffnen. Das Kolonialwarengeschäft betrieb die Mutter, während der Vater nach Beendigung seiner Laufbahn als Vertreter die Einkäufe auf dem Großmarkt erledigte und sich um die Schaufensterdekoration, den Haushalt und das Kochen kümmerte – wie Alfred Matzerath in der ›Blechtrommel‹.

lich die Beziehungen zwischen Danzig und Polen. Der 1920 gegründete Freistaat Danzig war einem Hohen Kommissar des Völkerbundes unterstellt, der über strittige Fragen zwischen Danzig und Polen zu befinden hatte sowie ein Vetorecht gegen von Polen für Danzig abgeschlossene internationale Verträge besaß. Die Rechte Polens in bezug auf Danzig betrafen auswärtige Angelegenheiten, völkerrechtliche Verträge, Zoll und Eisenbahn, während der Freistaat über eine autonome Währung verfügte. Ab 1933 bemühten sich Danzig wie Polen um eine Loslösung des Freistaates vom Völkerbund. Nach dem deutschen Überfall auf Polen wurde Danzig am 1. September 1939 dem Deutschen Reich angegliedert.

Günter Grass kam in der Städtischen Frauenklinik von Danzig zur Welt und wuchs in der Wohnung hinter dem Geschäft auf. Der Labesweg 13 und der Vorort Langfuhr waren seither nicht nur für Grass im doppelten Sinn Nabel der Welt, sondern wurden es für die gesamte ›Danziger Trilogie‹ und damit für zahllose Leser. Der Kolonialwarenladen ist das Zuhause von Oskar Matzerath; er ist das Zentrum nicht nur der ›Blechtrommel‹, sondern wird zum Stellvertreter der Welt schlechthin.

Die Verhältnisse der jungen Familie waren beengt. Die Wohnung hinter dem Laden bestand aus zwei Zimmern, einem Familienschlafzimmer und einem Wohnzimmer. Das bedeutete, daß Günter und seine Schwester Waltraud, die 1930 geboren wurde, keinen noch so »winzigen Verschlag« für sich hatten. Ihr eigener Bereich bestand aus jeweils einer Nische unter den Fensterbrettern im Wohnzimmer. Im Familienschlafzimmer bekamen die Kinder natürlich alles von den Eltern (»den fortgesetzten Streit, die Liebe im Bett«) mit.

In Selbstaussagen betont Grass immer wieder die identitätsstiftende Rolle seiner kaschubischen Herkunft. Die kaschubischen Verwandten seiner Mutter lebten westlich des Freistaates Danzig nahe dessen Grenze in der Gegend von Karthaus/Kartuzy. Kokoschken war das zweite Dorf nach Ramkau hinter der polnischen Grenze. Dort hatten sie einen kleinen Hof außerhalb des Dorfes mit ein paar Kartoffeläckern. Als Nebeneinnahme brachten sie, wie Grass sich erinnert, »von der dort liegenden Ziegelei aus Ziegelsteine in den Freistaat hinein, so daß ich die kaschubischen Verwandten als Kind öfters gesehen habe«. Zum mütterlichen Verwandtschaftszweig gehörten der Lieblingscousin der Mutter, Franz, und dessen Mutter, eine Schwester von Helenes

Da ich nun mal aus einer deutsch-kaschubischen Mischehe stamme, weiß ich, wie lachhaft das »reine Deutschtum« und das »reine Polentum« sind; mehr noch, mir ist vertraut, wie nahrhaft, besonders, was kulturelle Feldfrüchte betrifft, Mischböden sind.

Rede anläßlich der Verleihung des Viadrina-Preises der Europa-Universität, Frankfurt/Oder (2001)

Meine Mutter war katholisch, mein Vater Protestant lutherischer Kirche. Also eine Mischehe […]. Wobei sich natürlich jeweils der stärkere Teil – und das ist der katholische Teil – durchzusetzen pflegte. So war es auch bei uns zu Hause. Eine katholische Erziehung, aber auf lässige Art und Weise […]. Und so fiel es mir nicht schwer, gläubig katholisch zu sein und gleichzeitig auch meiner Veranlagung, meinen Träumen, meinen Verstiegenheiten entsprechend, das im Katholizismus zu suchen und auch zum Teil zu finden, was mir heute noch eine gewisse Bedeutung vermittelt: ein optischer, ein akustischer, ein riechbarer Reiz, etwas Heidnisches, das sich – im Gegensatz zur protestantischen Kirche – dort gehalten hat, mit polnischem Hintergrundsland.

Im Gespräch mit Robert Stauffer (1982)

Mutter. Diese Großtante, Anna Krause bzw. Krauze, war Vorbild für Anna Koljaiczeck, Oskars Großmutter in der ›Blechtrommel‹. Den Kontakt hielten die beiden Familien bis in die Kriegsjahre aufrecht, so, wie es in der ›Blechtrommel‹ beschrieben wird. Zu Hause sprach die Mutter mit den Kaschuben, die ins Geschäft kamen, kaschubisch, und fluchte, wenn sie fluchte, ebenfalls auf kaschubisch. Als Kind sprach Grass neben ein paar kaschubischen Brocken etwas polnisch, doch nichts davon blieb hängen, denn schon ab 1937 war es nicht mehr opportun, in der Öffentlichkeit und der Schule polnisch zu sprechen: »Da war die Stimmung schon sehr aufgeheizt.«

Grass schildert die Situation seiner Vorfahren mütterlicherseits folgendermaßen: »Von den Deutschen verachtet, vom zentral regierten polnischen Staat als Minderheit nicht ausreichend anerkannt, lebten sie wie zwischen Baum und Borke. Und weil sie dies schon lange taten, waren sie, seß-

Die **Kaschuben** (benannt nach ihrer Tracht, polnisch »kaszuba«, Pelzrock) sind eine von den altslawischen Pomoranen in Nordwestpolen abstammende westslawische Bevölkerungsgruppe. Heute gehören ihr ca. 300 000 Menschen an, die hauptsächlich in Ostpommern und Westpreußen, zwischen Weichsel und Stolpe, nördlich der Tucheler Heide, leben.

haft seit Jahrhunderten, im Überleben geübt. Immer wieder ging die Geschichte über sie hinweg. Wenn es schlimm kam, duckten sie sich.« Von den Nazis nicht als »Volksdeutsche« anerkannt, aber auch nicht den Polen zugerechnet, waren sie nicht nur zu Zeiten des Dritten Reiches eine mißachtete Randgruppe – im besten Fall ausgegrenzt, im schlimmsten verfolgt. Von diesen Frühprägungen leitet Grass sein Eintreten für Minderheiten ab, wie es sich unter anderem in der 1997 in Lübeck gegründeten »Stiftung zugunsten des Romavolkes« zeigt.

Das Aufeinandertreffen von städtischen Kleinbürgern und Landbevölkerung sowie von Deutschen, Kaschuben und Polen ist ebenso anschaulich wie nachdrücklich in der ›Blechtrommel‹ gestaltet. Die Sympathien des Ich-Erzählers der ›Blechtrommel‹ wie auch die von Grass selbst waren auf seiten der Kaschuben, also der mütterlichen Seite. Zu seiner Mutter Helene hatte Grass zeitlebens ein sehr enges Verhältnis.

Grass wurde in der Herz-Jesu-Kirche in Langfuhr katholisch getauft und entsprechend erzogen. Dies vermittelte ihm nicht nur fundierte Kenntnisse des katholischen Ritus, wie sie insbesondere in die ›Danziger Trilogie‹ einflossen, sondern auch den Blick auf die verborgenen heidnischen Elemente des Katholizismus. Als Heranwachsender war er Meßdiener, so daß sich sein Leben zwischen Hitler und dem »Heilgen Geist« abspielte – wie es bei Tausenden seiner Generation der Fall war. Daß Grass irgendwann zwischen dem vierzehnten und neunzehnten Lebensjahr seinen Glauben verlor, lag weniger an dieser Konstellation als an ersten, durch Lektüre gewonnenen Einblicken in Geschichte und Religionsgeschichte, die ihn zunehmend zweifeln ließen. Als

6 Mit Eltern und Schwester. Foto, um 1933 ▶

sein Religionslehrer auf seine Fragen barsch reagierte, schwanden allmählich die letzten Glaubensreste.

Eher ungewöhnlich für seine Herkunft hingegen war eine andere Vorliebe: Grass las als Kind und Jugendlicher sehr viel, wie besessen und schier alles, dessen er habhaft werden konnte. Eine besondere Eigenart seiner Lesetechnik waren die Zeigefinger im Ohr – ein wichtiger Lärmschutz in den beengten Wohnverhältnissen. Doch dies hatte auch Vorteile, »denn so lernte ich früh, mich inmitten von Personen und umgeben von Geräuschen dennoch zu konzentrieren. [...] Solche frühe Einübung in konzentriertes Verhalten ist mir noch heute geläufig; doch nie wieder habe ich so besessen gelesen.« Da Helene Grass Mitglied in einem Buchclub war, stammten die Bücher, die der Junge verschlang, zunächst aus dem mütterlichen Schränkchen. Hier standen Dostojewski, Tolstoi, Hamsun, Raabe, Vicki Baum, ›Rasputin und die Frauen‹, Fallada, Dahn. Anregungen gab es aber auch von seinem Onkel väterlicherseits, dem Tischlereitechniker Friedel Grass, der in einer Anschlußwohnung bei den Großeltern lebte und als einziger in der Familie die Mittelschule besucht hatte. Auch er verfügte über einen Bücherschrank, der dem lesehungrigen Jungen offenstand. Grass entdeckte dort ›Im Westen nichts Neues‹, von dem weder er noch der

Onkel wußten, daß es verboten war. Grass las das Buch zeitgleich mit Ernst Jüngers ›In Stahlgewittern‹, das gerade im Deutschunterricht besprochen wurde. Nachdem ihm der mütterliche Bücherschrank nichts Neues mehr bieten konnte, besorgte Grass sich seinen Lesestoff in der nahe der St.-Petri-Oberschule gelegenen Stadtbibliothek, darunter auch Kunstbände und Künstlermonographien. Dennoch blieb der Einfluß der Mutter bestimmend, denn sie, so der Sohn, »liebte das Schöne, lauschte dem Volksempfängerradio Opern- und Operettenmelodien ab, hörte gerne meine vielversprechenden Geschichten, ging oft ins Stadttheater und nahm mich manchmal mit«.

Die Mutter von Günter Grass, »eine kunstsinnige Frau«, die Klavier spielte, erkannte früh das Talent ihres Sohnes und förderte es nach Kräften. Grass hat immer wieder betont, an seiner Mutter »eine gute Stütze« gehabt zu haben. Den Grund dafür sieht er selbst in der »schwärmerischen Haltung des Kleinbürgers den Künstlern gegenüber, diese Mischung aus Grausen und Bewunderung«, die dazu beigetragen habe, diese Dinge bei ihm zu fördern. Hinzu kam wohl auch der Umstand, daß die drei Brüder der Mutter künstlerische Begabungen aufgewiesen hatten: Einer, Artur Knoff, strebte den Schriftstellerberuf an, Paul wollte Maler oder Bühnenbildner werden, während Alfons Kellner war und einen Zug zum Kochen hatte. Im Sohn der Schwester nun, die selbst musische Neigungen hatte, vereinten sich die verlorenen Talente der jung gestorbenen Brüder. So hat die Mutter, obgleich sie kritisch war und sah, daß zum Beispiel die Schularbeiten liegenblieben, seinen Bestrebungen immer Verständnis entgegengebracht. Der Vater hingegen konnte die künstlerischen Ambitionen des Sohnes zunächst nicht

Artur Knoff, einer der Brüder von Grass' Mutter Helene, dessen Berufsziel es war, Schriftsteller zu werden, war 1917 als Soldat im Alter von 22 Jahren durch einen Bauchschuß ums Leben gekommen. Von ihm hatte Grass als Junge auf dem Dachboden im Labesweg beim Stöbern in einem Koffer Gedichte gefunden, die, »wenn ich mich recht erinnere, in Eichendorff-Art geschrieben« und in den ›Danziger Neuesten Nachrichten‹ abgedruckt waren. Die Gedichte und der Umstand, sie gedruckt vor sich zu sehen, beeindruckten den Jungen sehr.

nachvollziehen und erwartete von ihm etwas Solides, das erkennbar auf Existenzsicherung abzielte.

Im ›Rückblick auf die Blechtrommel‹ schildert Grass, daß seine Mutter ihren »zwölf-dreizehnjährigen Sohn, der gerne Lügengeschichten auftischte und ihr Reisen nach Neapel und Hongkong, Reichtum und Persianermäntel versprach, spöttisch Peer Gynt genannt« habe. »Fünf Jahre nach ihrem Tod erschien die ›Blechtrommel‹ und wurde zu dem, was sich Peer Gynt womöglich unter Erfolg vorgestellt haben mag. Immer schon hatte ich meiner Mutter irgendwas beweisen wollen; doch erst ihr Tod setzte den Antrieb frei.«

Jedenfalls, so Grass, habe für ihn bereits im Alter von zwölf Jahren festgestanden, daß er Künstler werden wolle. Ob Bildhauer, Bühnenbildner oder etwas anderes: Vor allem war da der »vitale und vulgäre Wunsch, Künstler zu werden«. In dieser Zeit begann er auch zu schreiben, erste Gedichte und Erzählungen. 1940 schrieb die Hitlerjugend-Zeitschrift ›Hilf mit!‹ einen Erzählwettbewerb aus, woraufhin der Dreizehnjährige, »auf Anerkennung versessen«, sich sofort daran machte, seinen ersten Roman zu verfassen. Der spielte im 13. Jahrhundert, trug, beeinflußt durch die Familie mütterlicherseits, den Titel ›Die Kaschuben‹ und nahm in doppelter Hinsicht ein vorzeitiges Ende. Am Ende des ersten Kapitels waren schon alle Helden tot, und Grass wurde nicht preisgekrönt, denn da er, so Grass, »offenbar die Adresse fehleinschätzend, etwas Melodramatisches über die heroisch gegen Brandenburg und Po-

7 Grass vor dem Haus Labesweg Nr. 13. Foto

len kämpfenden Kaschuben geschrieben und als Fragment eingeschickt hatte, war der Glücksfall gesichert, keinen Hitlerjugend-, keinen ›Hilf mit!‹-Preis zu bekommen. Also bin ich fein raus.«

Den Ausschlag dafür, daß das ebenso vage wie ausufernde Talent nicht ziellos verging und später neben einem Brotberuf strandete, gab »der jähe Einbruch der Politik ins familiäre Idyll«. Der kaschubische Lieblingscousin der Mutter, Franz Krause, ein Beamter der Polnischen Post im Freistaat Danzig, hatte am 1. September 1939, als mit der Beschießung der Westerplatte im Danziger Hafen und der Erstürmung der Polnischen Post der Zweite Weltkrieg begann, Dienst und gehörte zu den Verteidigern des Postgebäudes, die anschließend standrechtlich erschossen wurden. Merkwürdig an dem Ganzen war für den jungen Günter Grass damals vor allem eines: »Plötzlich fehlte dieser Onkel. Plötzlich und anhaltend sprach man nicht mehr von ihm. Er blieb ausgespart.« Nach dem »Vorfall« wurde der Kontakt zu den kaschubischen Verwandten nur noch von der Mutter aufrechterhalten, »und etwas, das vorher selbstverständlich war, war auf einmal etwas Anrüchiges«. Eben diese Lücke, dieses Schweigen war es, das sich bei Grass festsetzte und viele Jahre später Form annahm – in Gestalt des Jan Bronski in der ›Blechtrommel‹.

1933 kam Grass in die Volksschule. Wie alle seine Altersgenossen erlebte er die nationalsozialistische Indoktrination ab dem Grundschulalter. Mit zehn Jahren war Grass Mitglied des Jungvolks, mit vierzehn Jahren in der Hitlerjugend. Sämtliche damit verbundenen Rituale und Aktivitäten gehörten zu seinem Alltag, und wie alle anderen wurde er eingeschworen auf nationalsozialistische Glaubenssätze.

Nationalsozialismus in Danzig
Im Freistaat Danzig bildeten die Deutschnationalen nach wechselnden Regierungskoalitionen 1930 eine Minderheitsregierung unter Ernst Ziehm, die auf einer Duldung durch die zwölf Abgeordneten der NSDAP basierte. Nach Auflösung des Danziger Volkstages im April 1933 errang die NSDAP bei den nachfolgenden Wahlen 50,03 Prozent der Stimmen. Von da an wurde zielstrebig auf die »Heimholung ins Reich« hingearbeitet, die am 1. September 1939 zugleich mit dem deutschen Überfall auf

Grass' Vater war seit 1936 Mitglied der NSDAP und, so Sohn Günter im Rückblick, der »typische opportunistische Mitläufer«, der eintrat, weil die Konkurrenz auch eingetreten war, während die Mutter der NS-Frauenschaft beigetreten war. So reichte die »Zustimmung zum völkischen Aufschwung« bei Grass bis in die eigene Familie hinein.

Die Eltern, die selbst nur die Volksschule besucht hatten, schickten Günter und seine Schwester Waltraud auf das Gymnasium, wofür sie teures Schulgeld zahlen mußten. Sie wollten den Kindern den Weg aus den kleinbürgerlichen Verhältnissen ebnen und nahmen dafür mancherlei Opfer auf sich, was Grass, wie er selbst sagte, »mit miserablen Schulleistungen gelohnt« hat. Denn er war nur in den Fächern gut, die ihn wirklich interessierten: Deutsch, Kunst, Geschichte. Zweimal mußte er die Schule wechseln aufgrund von Verweisen wegen »unziemlichen Verhaltens«. Vom Gymnasium Conradinum, das eine zentrale Rolle in ›Katz und Maus‹ spielt, wechselte er auf die St.-Petri-Oberschule und von dort auf St. Johann. Da die Schulen in verschiedenen Stadtteilen lagen, lernte der junge Grass die gesamte Stadt, ihre Gassen und Winkel gründlich kennen.

Die Schulverweise hatten nichts mit einem politischen Bewußtsein oder »Widerstand« zu tun. Grass hat sich selbst bei vielen Gelegenheiten als »dumme[n], unbeirrbare[n] Halbwüchsige[n]« bezeichnet und immer wieder warnend betont, wie unreflektiert er einer der vielen Mitläufer gewesen ist, die er in der ›Blechtrommel‹ so treffend beschrieben hat. Denn auch bei ihm, dem Sechzehnjährigen, habe Joseph »Goebbels' Fangfrage: ›Wollt ihr den totalen Krieg?‹ […] opferbereite Weihestimmung« ausgelöst. Überlegenheitsformeln und Eroberungsfanfaren, Sondermeldungen, Erfolgsrausch

---

Polen vollzogen wurde. Die Judenverfolgung im Freistaat Danzig verlief trotz der Oberhoheit des Völkerbundes ähnlich wie im Deutschen Reich selbst.

und eine Tapferkeit, die sich an militärischen Leistungen maß, bestimmten den Alltag, gingen den Jugendlichen in Fleisch und Blut über.

Die wirtschaftlichen Verhältnisse im Freistaat waren in den dreißiger Jahren deprimierend. Die Abwertung des Guldens um mehr als 40 Prozent im Jahre 1935 verschärfte die Situation einmal mehr. Mit Kriegsbeginn wurde zudem die Rationierung von Lebensmitteln eingeführt. Auch der Laden im Labesweg lief schlecht. Abends, nach Ladenschluß, sortierte Helene Grass die eingenommenen Lebensmittelmarken und klebte sie auf alte Zeitungen. Sohn Günter half manchmal dabei. Doch auch in dieser Zeit gab es Anregungen zur künstlerischen Entwicklung. Grass las wie besessen, zeichnete viel und schrieb. Er ging so oft wie möglich ins Kino, wofür er sein ganzes Taschengeld ausgab. Auch hier ließ er Langfuhr, das immerhin über zwei Kinos verfügte, bald hinter sich. Da ein Cousin der Mutter, Walter Grisella, Kinovorführer im Tobis-Palast in der Langgasse war, konnte der Dreizehnjährige vom Vorführraum durch das Guckloch Filme sehen, die er als Jugendlicher offiziell nicht hätte sehen dürfen.

Drei seiner Lehrer hatten besonderen Einfluß auf Grass und hinterließen in seinem späteren Werk Spuren. So sein Deutschlehrer Professor Oswald, Vorbild für Oswald Brunies in den ›Hundejahren‹, der eines Tages verschwunden war: »Es gab Gerüchte um ihn, aber es blieb im dunkeln. Das war ja unter anderem ein Zeichen dieser Zeit – und in dieser Mentalität war ich völlig eingemeindet –, daß nicht nachgefragt wurde. Die einzige, die es in ›Hundejahre‹ macht, ist Tulla.« Grass' Kunstlehrerin war das ungewöhnliche Talent ihres Schülers aufgefallen. Sie förderte es nach

Richard Stachnik (1894–1982), katholischer Geistlicher, Religionslehrer am Städtischen Gymnasium Danzig, Studienrat und seit 1942 Lateinlehrer an St. Petri. 1933 bis zu ihrer Zwangsauflösung 1937 Vorsitzender der Danziger Zentrumspartei. 1933 Wahl zum Abgeordneten des Danziger Volkstages. 1937 kündigte ihm die nationalsozialistische Regierung den »Wartestand zur Pension« mit Wirkung vom 1. April 1939 an; Entbindung von seiner seelsorgerischen Tätigkeit. Stachnik war mehrfach für kurze Zeit im KZ Stutthof.

Kräften, indem sie ihn zu sich nach Hause einlud, wo er Kataloge mit inzwischen als »entartet« verfemter Kunst kennenlernte. Was er hier sah, hat den Heranwachsenden überaus beeindruckt. Er erwarb sich erste Kenntnisse der Moderne, auf denen er nach Kriegsende aufbauen konnte. Von Bedeutung war auch der Lateinlehrer Richard Stachnik, der als Vorsitzender der Zentrumspartei in Danzig in Opposition zur NSDAP stand und in dieser Rolle für Grass im nachhinein ein politisch-moralisches Vorbild abgab.

8 Grass (rechts) in Arbeitsdienstuniform. Foto, 1944

1943 wurde Grass als Fünfzehnjähriger Luftwaffenhelfer und in einer Kaserne im Kaiserhafen stationiert, womit die Schule vorzeitig beendet war. Im Sommer 1944 leistete er den Reichsarbeitsdienst in der Gegend von Berendt, wo er an Karabinern und leichten Maschinengewehren ausgebildet und als Holzfäller eingesetzt wurde.

Bald nach der Entlassung aus dem Arbeitsdienst erfolgte Anfang September 1944 die Einberufung zur Wehrmacht – einen Monat vor Grass' siebzehntem Geburtstag. Er wurde als Panzergrenadier und am Sturmgeschütz ausgebildet. Die Front rückte unterdessen immer näher. In den folgenden Wochen zwischen der Ausbildung und seinem Einsatz im

1946 Flucht in den Westen. 1946–1953 Religionslehrer in Herne. Er trieb die Heiligsprechung der Dorothea von Montau (1347–1394) voran. 1951 gründete er die Dorotheengesellschaft sowie die Zeitschrift ›Der Dorotheenbote‹. Dorothea von Montau ging als eine von neun Köchinnen ebenso in den ›Butt‹ (1977) ein wie Stachnik selbst.

»Mittelabschnitt« gab es, so Grass, »ein Hin- und Hergeschiebe von sogenannten Marschkompanien«. Diese Marschkompanien fungierten als Sammelstellen, die die sechzehn- und siebzehnjährigen Frischausgebildeten mit Soldaten aus anderen Militärteilen zusammenfaßten und an die Front schickten. Grass' Kompanie kam in der Gegend von Lauban zum Einsatz. Im »Mittelabschnitt« galt der sogenannte Schörner-Befehl, wonach jeder Soldat, der sich ohne Marschbefehl von der Truppe entfernt hatte, standrechtlich hinzurichten sei. In jedem Ort und Städtchen hingen entlang der Hauptstraße meist ganz alte oder ganz junge Leute an den Bäumen, versehen mit einem Schild: »Ich bin ein Feigling!« Der Oberbefehlshaber der Heeresgruppe Mitte und Urheber des Befehls, Ferdinand Schörner, ist später in den Roman ›örtlich betäubt‹ (1969) eingegangen.

Als Grass an die Ostfront kam, geriet seine Kompanie unter Beschuß einer sowjetischen Granatwerferbatterie, einer sogenannten Stalinorgel. »Der sowjetische Beschuß mag drei Minuten lang gedauert haben. Danach war über die Hälfte der Kompanie tot, zerfetzt, verstümmelt. Die meisten Toten, die Zerfetzten, Verstümmelten waren wie ich siebzehn Jahre alt.« Grass hatte nur deshalb überlebt, weil er unter einen Panzer gekrochen war.

Ausgerechnet an Hitlers Geburtstag am 20. April 1945 wurde Grass an einer Straße zwischen Spremberg und Senftenberg verwundet – gemeinsam mit einem Friseur, den er zuvor in einer von russischen Soldaten umlagerten Kiefernschonung getroffen hatte. Nachdem es ihnen gemeinsam gelungen war, zu entkommen, erreichten sie im allgemeinen Rückzugswirrwarr eine Straße, auf der Panzereinheiten der »Division Großdeutschland« mit Sturmge-

Als ich mit meinen siebzehn Jahren
und einem Kochgeschirr in der Hand,
gleich jenem, mit dem meine Enkeltochter Luisa
auf Pfadfinderreise geht, am Rand
der Straße nach Spremberg stand
und Erbsen löffelte,

schützen nach Osten und Flüchtlingstrecks nach Westen zogen. Neben dieser Straße am Rande eines Braunkohlentagebaus befand sich eine Feldküche, wo Grass und sein Begleiter sich gerade Erbsensuppe austeilen ließen, als plötzlich auf der anderen Seite des Tagebaus russische Panzer durchbrachen und die Straße beschossen: »Es war ein grauenhaftes Schauspiel: Die Panzer der ›Division Großdeutschland‹ mußten wenden, um in Schußrichtung zu kommen, da Sturmgeschütze keine drehbare Kuppel haben. Sie forderten die Flüchtlinge auf, die Wagen zu verlassen, um sie wegschieben zu können. Doch die gingen nicht runter, und einige Wagen sind mit Mann und Maus runtergeschoben worden. Die Sturmgeschütze schossen zurück, es kamen die ersten Einschläge, genau dort, wo die Feldküche und die Panzer waren, und das hatte für mich das fröhliche Ergebnis, daß ich, was sich erst später herausstellte, leicht verwundet wurde. Ich hörte nur ein Klirren, flog in die Luft, hatte Schmerzen, weil es mir den Stahlhelm abgerissen hatte, die Erbsensuppe war natürlich verschüttet.« Die ging Jahrzehnte später in ein Kurzgedicht ein. Der Friseur war an beiden Beinen schwer verwundet. In einem Sanitätskraftwagen bat er Grass, nachzuprüfen, ob bei ihm noch alles »dran« sei. Nach befriedigender Antwort ließ er sich eine Zigarette aus seiner Jacke geben und rauchte. Dieses Erlebnis verarbeitete Grass später im Schicksal des Hausmeisters Kobyella in der ›Blechtrommel‹.

Grass selbst bemerkte erst später eine leichte Verletzung an seiner linken Hand, eine Streifwunde am Bein und einen Splitter in der Schulter, der sich noch heute dort befindet. Der Krieg war für ihn beendet. Danach hielt auch der siebzehnjährige Grass, wie so viele andere, noch an zwei Legen-

schlug eine Granate ein:
Die Suppe verschüttet,
doch ich kam
leicht angekratzt nur
und glücklich davon.

Aus ›Fundsachen für Nichtleser‹ (1997)

den fest, die ihn daran hinderten, tatsächlich das Ende als solches zu erkennen: die Legende von der Wunderwaffe, mit deren Einsatz man tagtäglich zu rechnen habe, sowie die Legende, »daß es demnächst wieder, gemeinsam mit den Amerikanern, gegen die Russen losginge«.

Bei Marienbad lag Grass zunächst im Lazarett; von dort kam er in amerikanische Kriegsgefangenschaft. Das erste Lager befand sich in der Oberpfalz, das zweite in Bad Aibling, wo 150 000 Gefangene unter freiem Himmel kampierten. Grass sah Fotos aus Bergen-Belsen und erfuhr auf diese Weise erstmals, was ein Konzentrationslager war. Er hatte zwar von deren Existenz gewußt, konnte aber nicht glauben, was er sah. Wie seine gleichaltrigen Mitgefangenen beharrte auch er darauf: »Das ist unmöglich, das können Deutsche nicht gemacht haben.« Das änderte sich auch nicht, als er während der amerikanischen Kriegsgefangenschaft im Rahmen des »Re-Education Program« durch das KZ Dachau geführt wurde. Selbst angesichts der Öfen und der Duschen »wollten [wir] nicht begreifen; wir […] glaubten nicht«. Der Krieg war zu Ende, das Aufwachen aber hatte gerade erst begonnen.

Das Ende des Spuks. Nach dem Nationalsozialismus: Aufwachen und allmähliches Begreifen, Neuanfang im Westen

Der 8. Mai 1945 bedeutet einen tiefen Einschnitt in Grass' Lebenslauf. Nüchtern blickte er später auf den damals Siebzehnjährigen zurück: »Bis dahin war meine Erziehung als Drill im Sinne nationalsozialistischer Zielvorstellungen verlaufen. Gewiß waren gegen Kriegsende diffuse Zweifel aufgekommen, doch von Widerstand keine Rede. Kritik rieb sich allenfalls am Zynismus militärischer Befehlsgewalt, an Parteibonzen, die als Drückeberger angesehen wurden, und an unzureichender Verpflegung. Außer der Waffentechnik des Tötens hatte ich bis dahin zweierlei gelernt: Ich kannte die Angst in- und auswendig und wußte, daß ich nur zufällig am Leben geblieben war; zwei Einsichten, die sich bis heute nicht verflüchtigt haben, die ich nicht wachhalten muß, die, einmal gewonnen, besonders als Kenntnis der Angst, Gewinn sind.«

Die Entlassung aus der Kriegsgefangenschaft war noch nicht eine Entlassung aus der nationalsozialistischen Indoktrination, unter der seine Generation aufgewachsen war. Erst das Geständnis des ehemaligen Reichsjugendführers Baldur von Schirach im Nürnberger Prozeß löste den Bann. Als von Schirach zugab, von allem gewußt zu haben, glaubte ihm Grass und kam davon ab, alles, was er zuvor über die Verbrechen der Deutschen gehört hatte, als Propaganda abzu-

Es ist, als gewönnen die in nur zwölf Jahren begangenen Verbrechen mehr und mehr an Gewicht, je größer die zeitliche Distanz zu den pauschal als Schande bezeichneten Untaten wächst.

Aus ›Die Zukunft der Erinnerung‹ (2001)

tun. »Dann, nach und nach, brach ein Rüstbrett nach dem anderen ein. Im Grunde ist das ein Prozeß, der bis heute anhält, weil das Unfaßliche, daß so etwas geschehen konnte, das Ausmaß – geschützt durch Nichtwissenwollen und dementsprechend auch Nichtwissen, was Einzelheiten betraf –, in den letzten Konsequenzen immer größere Kreise zieht.«

Was der eigene Anblick der KZ-Tötungsmaschinerie nicht vermocht hatte, ermöglichte das persönliche Geständnis eines der Angeklagten: Die Glaubwürdigkeit der NS-Führer wog auch jetzt noch schwerer als der eigene Augenschein. Dieser denkwürdige Mechanismus ging später in ›Die Blechtrommel‹ ein, als Alfred Matzerath angesichts des brennenden Danzig seinen Augen nicht glauben will und erst am Radioapparat dreht, um die Bestätigung des Brandes durch das Medium zu erhalten. Wahr ist erst, was gesendet wird. Von dort aber kommt nur noch Rauschen.

Was es bedeutete, so vollkommen von einer Ideologie umfangen gewesen zu sein, erschloß sich erst über Jahrzehnte, auch wenn Millionen Deutsche im Westen nach dem »Zusammenbruch« und dem radikalen Wechsel der herrschenden Systeme dies einfach meinten abschütteln zu können. In der damaligen Ostzone sah das anders aus, und Grass hat

In ›Kopfgeburten‹ hat Grass sich vorgestellt, wie seine Biographie ausgesehen hätte, wäre er zehn Jahre früher geboren:
Jahrgang 1917. Abgesehen von der Tatsache, daß die Wahrscheinlichkeit, als Angehöriger dieses Jahrgangs, der gleich zu Kriegsbeginn wehrpflichtig war, den Krieg zu überleben, äußerst gering sei, spräche »nichts (oder nur Gewünschtes) gegen meine zielstrebige Entwicklung zum überzeugten Nationalsozialisten. Aus kleinbürgerlicher, die halbkaschubische Herkunft verdrängender Familie, deutsch-idealistisch erzogen und auf das Prinzip der Reinheit vergattert, hätte ich mich für großräumige Ziele begeistern und mir (im Namen der Volksgemeinschaft) subjektives Unrecht als objektives Recht erklären lassen. […]

Dank meiner Mitgift, dem rigorosen Schreibtalent, wäre mir zu den Ereignissen der Bewegung (Machtergreifung, Erntedankfest, Führers Geburtstag) und später zum Kriegsverlauf Gereimtes und Hymnisches eingefallen, zumal die Poetik der Hitlerjugend […] spätexpressionistische Wortballungen und gestische Metaphern erlaubte. Meine Texte zu Morgenfeiern sind vorstellbar. […]

mehrfach darauf hingewiesen: »Diese Generation hatte in der DDR keine Chance, ihre sehr frühe ideologische Festlegung [...] zu überwinden. [Dort] wurde das Braunhemd ausgezogen und das Blauhemd angezogen.« Der Wechsel der Farbe von Braun zu Blau korrespondiert mit dem Wechsel der Bilder von Hitler zu Stalin in der Schule, wie es Uwe Johnson in seinen ›Frankfurter Poetikvorlesungen‹ beschrieben hat. Und wie dies aussieht, wissen Zuschauer von Schlöndorffs ›Blechtrommel‹-Verfilmung: Je nach politischer Großwetterlage hängt über dem Matzerathschen Klavier mal Beethoven, mal Hitler. Während viele andere seiner Generation auf diesen Wechsel mit dem fortgesetzten Bedürfnis nach einer Ideologie reagierten, antwortete Grass auf den gleichen Schock vollkommen anders. Er nahm eine grundlegend skeptische und zutiefst mißtrauische Haltung gegenüber jeglicher Ideologie ein, eine Haltung, die er konsequent durchgehalten und mit der er sich in Deutschland bisweilen unbeliebt gemacht hat. Eine Haltung, die vielleicht zu seinen größten Lebensleistungen zählt und eine der Grundlagen des Werkes darstellt.

Anfang 1946 wurde Grass aus der Kriegsgefangenschaft entlassen. Bald darauf setzte der Prozeß ein, in dessen Ver-

> Wahrscheinlich wäre mir ab Stalingrad – jetzt sechsundzwanzig Jahre alt – ein trostloses Lichtlein aufgegangen: dem Oberleutnant oder dem Gefreiten. Verwickelt in Partisanenerschießungen, Vergeltungsschläge und Säuberungsaktionen, als Augenzeuge unübersehbarer Judendeportationen hätte ich meiner spätexpressionistischen Reimkunst oder der Beschwörung der Schachtelhalme neue Töne – ortlose Trauer, verzweifelte Wortwahl, Dunkles, Vieldeutiges – beigemengt. Wahrscheinlich wären mir zum Rückzug (im Vergleich zu meiner Schreibphase während der Zeit der raumfressenden Siege) sogenannte »allzeit gültige Verse« gelungen.
>
> Und in dieser Stillage, die vierundvierzig noch meinem Verleger und der Zensur genehm gewesen wäre, hätte ich (Überleben vorausgesetzt) zwanglos die bedingungslose Kapitulation, die angebliche Stunde Null, womöglich auch ein zwei Jahre Gefangenschaft überbrücken und mich der neuen, kargen und kalorienarmen, der pazifistischen bis antifaschistischen Inhalte annehmen können; wie es geschehen ist laut hundert und mehr Biographien.
>
> *Aus ›Kopfgeburten oder Die Deutschen sterben aus‹ (1980)*

lauf ihm allmählich klar wurde, »was man, überdeckt von Fanfarenruf und Ostlandgeschwafel, mit meiner Jugend angestellt hatte. Jetzt erst, und Jahre später in immer erschreckenderem Maße, begriff ich, welch unfaßliche Verbrechen im Namen der Zukunft meiner Generation begangen worden sind.«

Hier liegt der Motor für sein unermüdliches politisches Engagement, die Basis für sein Selbstverständnis als Künstler und Bürger und für die Kraft, sich als Querdenker und manchmal Spielverderber zu präsentieren. Jahrzehnte später sollte Grass, im Rückblick auf sein Werk, seine Poetikvorlesung unter die Überschrift ›Schreiben nach Auschwitz‹ stellen.

Grass hat sich gegen den »nachgeholten Antifaschismus« gewehrt, mit dem viele ältere Deutsche sich von Schuld befreien wollten. Grass, der zu jung gewesen war, um sich wirklich zu verstricken, will die Wunde offenhalten und auch für sich selbst keine selbstverständliche Schuldlosigkeit reklamieren. Vielmehr blieb er sich selbst gegenüber stets skeptisch. Wäre er etwas älter gewesen, hätte er als Mitläufer, so seine Vermutung, wohl alles mitgetragen. Die Last dieser Erkenntnis prägte seither sein Bewußtsein, eine, wie Heinrich Vormweg schrieb, »Grundvoraussetzung seines Lebens, seiner Existenz«.

Für die Entlassung aus der Kriegsgefangenschaft mußte man eine Zieladresse nennen. Da Grass in Westdeutschland keine hatte, erlaubte ihm ein Mitgefangener aus Köln-Mülheim, seine Adresse in der damaligen Britischen Zone anzugeben. Beide wurden zu den Engländern ins Munsterlager in der Lüneburger Heide überstellt. Dank seines Splitters in der Schulter wurde Grass ausgemustert und tatsächlich entlassen. Im vollkommen zerstörten Köln betätigte er sich so-

Diese Ideologie, der Nationalsozialismus, hat uns ja nicht nur verblendet, sondern auch dumm entlassen. Das mußte nachgearbeitet werden, behindert durch ein Handikap, das für viele heute vielleicht ganz unverständlich ist, denn bei mir hat die Schulzeit mit fünfzehn Jahren aufgehört.

Im Gespräch mit Klaus Stallbaum (1990)

fort auf dem Schwarzmarkt. Die Mutter seines Freundes, den die Briten, weil er arbeitstauglich war, nach England ins Bergwerk geschickt hatten, füllte Vierfruchtmarmelade in Halbpfundpackungen – wie im dritten Buch der ›Blechtrommel‹ beschrieben. Grass war ihr dabei behilflich. Sein eigenes Schwarzmarktkapital bestand aus Westwallabzeichen, die er an amerikanische Soldaten verkaufte, sowie aus Feuersteinen, die jetzt ein Vermögen wert waren. Beides hatte er in Marienbad in einer verlassenen Parteizentrale gefunden.

Nun folgte ein unstetes Umherziehen auf der Suche nach Arbeit, Nahrung, Unterkunft, Zukunft und nach der Familie. Von Köln aus gelangte Grass ins Bergische, wo ein Bauer ihm riet, ins Saarland zu gehen. Dort aber gab es nichts zu essen, also trampte er weiter durch die Westzonen. Als er im Frühjahr 1946 in Göttingen war, traf er auf dem Bahnhofsvorplatz einen ehemaligen Mitschüler des St.-Johann-Gymnasiums, der nun sein Abitur nachholen wollte und Grass zu sich nach Hause einlud. Dort konnte er unterkommen. Und dort versuchte er auch, wieder in die Schule zu gehen, gleichfalls mit dem Ziel, das Abitur zu machen. Dieser Versuch dauerte genau zwei Stunden und bewahrte Grass nicht nur vor dem Schulabschluß, sondern erhielt in seinem Gedächtnis bald den Status eines Schlüsselerlebnisses. Grund für den Abbruch war der Geschichtsunterricht, die zweite Stunde nach Latein. Ein kleiner, drahtiger Lehrer fegte ins Klassenzimmer, fing an zu reden und sagte: »Wo waren wir stehengeblieben? Bei der Emser Depesche.« Mit genau diesem Thema hatte für Grass der letzte Unterricht, bevor er in den Krieg zog, geendet. Eine solche Geschichtsstunde, als wäre zwischenzeitlich nichts geschehen, war für ihn das Signal, aufzustehen und zu gehen.

Das große Entsetzen über das Ausmaß der geduldeten, direkt oder indirekt geförderten, in jedem Fall mitzuverantwortenden Verbrechen kam erst später, mehrere Jahre nach der angeblichen Stunde Null, als es schon wieder aufwärtsging. Dieses Entsetzen wird bleiben.

Aus ›Aus dem Tagebuch einer Schnecke‹ (1972)

Diese Erfahrung sollte später gewichtige Folgen haben: Als in der Aufbauphase seiner Karriere und im Vorfeld der ›Blechtrommel‹ die Zwillinge Raoul und Franz 1957 geboren wurden, gab es für Grass angesichts der Notwendigkeit, die Familie zu ernähren, nur eines: weitermachen, schreiben, drucken und verkaufen. Die häufig gewählte und angesichts ökonomischer Zwänge verlockende Alternative wäre das Geldverdienen als Redakteur bei einem der zahlreichen Rundfunksender gewesen, immer vorausgesetzt, man hatte das Abitur. Und eben das besaß Grass ja nicht. Der zweite Effekt dieses Erlebnisses war sein geschärfter und zunehmend kritischer Blick auf die Entwicklungen im Nachkriegsdeutschland. Alle Tendenzen, sich nach dem Wegräumen der Trümmer wieder gemütlich einzurichten und die Vergangenheit unter den frisch erworbenen Teppich zu kehren, registrierte er genau und ließ nicht ab, dagegen anzureden und anzuschreiben.

Nach dem Schulerlebnis erhielt Grass auf dem Göttinger Bahnhof von einem anderen Kumpel »Ratschläge, wo es Schwerstarbeitermarken gab, wenn man eine Arbeit sucht«. Daraufhin begann er als Koppeljunge bei der Burbach Kali AG im Werk Siegfried I neben dem Dorf Groß-Giesen bei Sarstedt in der Nähe von Hildesheim. Dort arbeitete er ein dreiviertel Jahr. Als Koppeljunge mußte er »die Loren mit dem Steinsalz zusammenkoppeln und mit dem Zug auf den zwanzig Kilometer langen Förderstrecken mitfahren«. Dabei hatte er die ledernen Wettertüren, die es alle zwei Kilometer gab, aufzuschlagen und wieder zu schließen, damit keine Zugluft entstand, »also abspringen, die Tür aufmachen, zumachen, dann wieder aufspringen«. Wenn die Arbeiter während der zahlreichen Stromsperren unter Tage festsaßen

Ohrendruck wird durch die Seilfahrtgeschwindigkeit, der leicht brenzliche Geruch durch die Reibung des fallenden Korbes an den Spurlatten der Schachtförderanlage erklärt. Zugluft von unten fingert immer südlicher und findet ins Drillichzeug, durch Hosenbeine. Matern will bemerkt haben, daß Pluto zittert; aber Brauxel meint, jedermann zittere, der in knapp einer Minute so tief zu fallen habe.

Aus ›Hundejahre‹ (1963)

und warteten, wurde viel diskutiert. Für Grass war das die politische Schulung schlechthin: »Mit unseren Karbid-Lampen saßen wir ohne Strom neunhundert Meter unter Tage in irgendeinem Schacht, auf irgendeiner Fördersohle. Eine buntgewürfelte Gesellschaft. Kleine harmlose Nazis, verbitterte Kommunisten und Altsozialdemokraten, die gradlinig von Bebel bis Schumacher dachten. Ich hörte zu und lernte dort viel.« Die Diskussionen waren Nachhilfeunterricht über die Schwächen der Weimarer Republik, denn regelmäßig gab es Streit zwischen den drei politischen Richtungen, wobei sich die Nazis ebenso regelmäßig mit den Kommunisten gegen die Sozialdemokraten verbündeten. In dieser Zeit erlebte Grass im zerstörten Hannover auch Kurt Schumacher. Obwohl die schrille Stimme ihn erschreckte und auch abstieß (»er hatte die Stimme der Politiker der zwanziger und dreißiger Jahre«), stimmte er doch mit den vorgetragenen Überzeugungen überein.

Mit diesen Erfahrungen war die frühe Prägung abgeschlossen. Das Bewußtsein der Bürde seiner Generation, Auschwitz als Zäsur, die Absage an jegliche Ideologie, der Zweifel als Prinzip und das politische Engagement – all das war angelegt. Nun mußte es reifen und nach Ausdrucksmöglichkeiten suchen. Und an denen sollte es nicht mangeln.

Im Dezember 1946 fand Grass seine Eltern wieder, die aus Danzig in die Nähe von Köln geflüchtet waren. Auf den Anschlaglisten des Roten Kreuzes am Bürgermeisteramt in Groß-Giesen hatte er die Adresse entfernter Verwandter entdeckt, mit deren Hilfe er seine Großeltern in Lüneburg aufspüren konnte. Die wiederum wußten, daß seine Eltern und seine Schwester kürzlich aus der sowjetisch besetzten Zone in den Westen gekommen

9 Kurt Schumacher bei einer Kundgebung der SPD auf dem Frankfurter Römerberg im Mai 1946. Foto

waren. Sie waren als Flüchtlinge im Kreis Bergheim/Erft eingewiesen worden. Sogar eine genaue Adresse gab es. Grass kündigte umgehend und fuhr zu seinen Eltern. Nicht mit leeren Händen, sondern ausgestattet mit »zwei großen Bromflaschen voller Sirup [...] und mit drei Kilo Butter«.

Seine Familie war bei einem Großbauern untergebracht und »bewohnte« die ungeheizte Futterküche. Die Verhältnisse waren erbärmlich. Wie sich herausstellte, hatten die Eltern ihr Geschäft im Labesweg nach Einmarsch der Russen schließen müssen, bevor es von einem KZ-Überlebenden übernommen wurde. Sie hatten Wohnung, Laden und Haus zu verlassen und zogen zu den Großeltern in die Elsenstraße, wo das Haus aufgrund der Einweisung noch weiterer Familienmitglieder hoffnungslos überfüllt war. Im Juli 1945 erhielten die Eltern die Ausweisung, »mußten weg und sind gemeinsam mit meinen Großeltern mit einem Güterwagentransport in Richtung Deutschland gebracht worden«. Mit einem solchen Güterwagentransport endet die ›Blechtrommel‹-Verfilmung. Während Oskar Matzerath da das Fotoalbum der Familie hat retten können, konnte die Familie Grass auch das Briefmarkenalbum von Sohn Günter retten. Das sollte noch nützlich werden, denn gegen die Briefmarken konnte Grass später auf dem Schwarzmarkt Malutensilien eintauschen.

Während seine nunmehr sechzehnjährige Schwester »ein junges Fräulein« geworden war und bald eine Bürolehre anfing, war seine Mutter »gesundheitlich gebrochen«. Der Vater hatte Pläne mit dem Sohn und besorgte ihm eine Lehrstelle als Bürolehrling in dem Braunkohlenwerk, wo er selbst in der Pförtnerloge beschäftigt war – Fortuna Nord in Niederaußem, welches ebenfalls in die ›Blechtrommel‹ ein-

10 Grass als Steinmetz in Düsseldorf. Foto 1948 ▶

ging. Das Verhältnis zu seinem Vater war bald so angespannt und die Wohnsituation so unzumutbar, daß Grass nur vierzehn Tage blieb und, entschlossen, Künstler zu werden, durch tiefen Schnee zum fünf Kilometer entfernten Bahnhof stapfte und nach Düsseldorf fuhr. Denn dort, so hatte er in einer Zeitung gelesen, sollte die Kunstakademie demnächst wieder geöffnet werden: »Ich dachte, sie sei schon offen. Und da habe ich mich dann durchgefragt, in Düsseldorf fuhr keine Straßenbahn, nichts, das war alles erstorben in Kälte. Ich kam dann auch zu dem Kunstakademie-Bau, der war leer, zur Hälfte war er sowieso zerstört. Da traf ich dann einen alten Mann mit Künstlerschlapphut, wie sich später herausstellte: Professor Enseling, und dem sagte ich auf die Frage, was ich suche, ich möchte Bildhauer werden. Da sagte er: ›Wir haben geschlossen wegen Kohlenmangel. Aber gehen Sie mal hier raus und dann zweimal rechts, da ist das Arbeitsamt, und da lassen Sie sich [...] eine Praktikantenstelle geben als Steinmetz und Steinbildhauer. Und wenn Sie damit fertig sind in zwei Jahren, da kommen Sie wieder her, da haben wir auch wieder Kohle.‹«

Also machte Grass von 1947 bis 1948 eine Lehre als Steinmetz in Düsseldorf, zuerst bei der Firma Göbel, wo er das Arbeiten mit Marmor, Kalkstein und Granit lernte, und später bei Moog, wo er in Sandstein und Basalt-Tuff arbeitete. Dafür erhielt er eine Mark in der Stunde. Wie später Oskar Matzerath meißelte er fürs erste vor allem Grabsteine und besserte als Steinbildhauer zusammen mit seinen Kollegen Juppi Müller und Kurt Räder Fassaden aus. Unterkunft fand er auf Vermittlung seines Chefs in einem Zehnbettzimmer des Caritas-Heims im Stadtteil Rath, ein von Franziskanern geleitetes Haus für Nichtseßhafte, Lehrlinge und alte Menschen. Letztere saßen ihm Modell bei seinen Zeichenstudien. Ein Franziskaner, Pater Stanislaus, bemerkte Grass' literarisches Interesse, stellte ihm die Klosterbibliothek zur Verfügung und machte ihn auf einzelne Werke aufmerksam. Mit dem Heimleiter, Prior Fulgentius, führte Grass viele Gespräche über das Christentum. Er erhielt damals geistige Anregungen, die sein wachsendes politisches Wissen ergänzten. Den Kontakt zu Prior Fulgentius hielt Grass bis in ›Blechtrommel‹-Zeiten aufrecht.

Sein unbeirrter Weg in die Künste so kurz nach dem Krieg, als zerbombte Städte und Hunger den Alltag bestimmten, war verblüffend und paßte dennoch gut in diese Zeit, die Heinrich Vormweg treffend beschrieb: »Schon hatte in den Ruinen der deutschen Städte mit Re-Education, Theatereröffnungen, Zeitschriftengründungen, fast wunderbarer Vermehrung der jungen Dichter, Schriftsteller, Künstler die Zeit der kulturellen Euphorie begonnen, die fast so bezeichnend ist für die frühen Nachkriegsjahre, wie es der Hunger war, und zu einem guten Teil gewiß eine Folgeerscheinung dieses Hungers.« Nicht nur der enorme Nachholbedarf trieb

11 Studentenausweis der Akademie der Künste, Düsseldorf ▶

die Menschen in die Veranstaltungshäuser. Theater und Kino waren für die meisten auch die einzigen geheizten Orte. Genau zu diesem Zeitpunkt fand sich an anderer Stelle im zerstörten Deutschland zum ersten Mal die Gruppe 47 zusammen, die im Leben von Günter Grass eine zentrale Rolle spielen sollte. Zur gleichen Zeit, im Herbst 1947, wurden die Protokolle der Wannsee-Konferenz von 1942 zur »Endlösung der Judenfrage« entdeckt.

Für Grass, so vage seine Vorstellungen von Kunst damals noch sein mochten, war eben die Kunst die Rettung, denn der »Abfall in ein nahezu zynisches Verhalten und in Verachtung allen Erwachsenen gegenüber war kaum noch zu überbieten«. Die Zielstrebigkeit, mit der er seinen Wunsch verfolgte, Künstler zu werden, gab ihm Halt und Richtung. Mit den Portraitzeichnungen der alten Leute aus dem Caritas-Heim, von denen keine erhalten ist, und mit Arbeiten in Sandstein, Marmor und Muschelkalk schaffte er die Aufnahme an der Düsseldorfer Kunstakademie und begann nach der Gesellenprüfung als Steinmetz und Steinbildhauer im Wintersemester 1948/49 sein Studium der Graphik und Bildhauerei. Zunächst studierte er bei dem Bildhauer Sepp Mages, wo er vor allem Handwerkliches lernte. Aus dieser Zeit erhalten ist u. a. der Bronzeguß der Erstsemesterarbeit, die 90 cm hohe Skulptur ›Mädchen‹. Grass' wachsender Drang nach künstlerischer Eigenständigkeit traf bei Mages nicht auf Gegenliebe, und es kam bald zu Spannungen. Grass stieß sich an Mages' Formensprache, die, »wie unberührt vom Zeitgeschehen, klassizistisch geblieben war«.

So wechselte er zu Otto Pankok, bei dem er bis Ende 1952 insgesamt zweieinhalb Semester Zeichnen studierte. Unter den Pankok-Studenten, einer »Ansammlung begabter und verrückter, schräger und bunter Vögel«, fühlte Grass sich wohl. Die Klasse galt als »rebellisch« im Vergleich zur konservativeren Mages-Klasse. Die Pankok-Schüler verstanden sich mehr oder weniger als Linke und waren zugleich »unvorstellbar fleißig und kreativ«. Unter Pankoks »mal brummiger, mal lässiger, insgesamt unakademischer Anleitung« war es möglich, Versäumtes nachzuholen und zu experimentieren. Der Professor ließ sich selten blicken, war mit seiner eigenen Arbeit beschäftigt und wirkte dennoch ungeheuer anregend auf seine Schüler, die durch ihn erst zur modernen Malerei geführt wurden. Pankok, der nie farbig malte, hatte sich insbesondere durch seine Holzschnitte einen Namen gemacht. Eindruck auf den jungen Grass machten »großformatige Kohlezeichnungen zumeist mit Zigeuner-

12 Die Bildhauerklasse von Sepp Mages an der Düsseldorfer Kunstakademie, rechts Günter Grass. Foto, um 1950

Otto Pankok (1893–1966), spätexpressionistischer Maler, Graphiker, Bildhauer, gestaltete vor allem sozialkritische Themen, setzte sich für die Roma und Sinti ein, engagierte sich in der Anti-Atombomben- und der Friedensbewegung, die er mit der Stiftung seines Werkes motiven«. Jahrzehnte später hat Grass den von seiner Stiftung für das Volk der Roma und Sinti ins Leben gerufenen Preis nach Otto Pankok benannt. Bei der Gelegenheit bekannte Grass, daß Pankok ihn durch seine bis in seine Holzschnitte hinein konsequent pazifistische Haltung »mehr geprägt hat, als ich damals wahrhaben wollte«. In der ›Blechtrommel‹ portraitiert Grass seine beiden Düsseldorfer Lehrer Mages und Pankok als das Gegensatzpaar Maruhn und Kuchen.

1951 bezog Grass seine erste eigene »Wohnung«. Sie bestand aus einem fensterlosen Badezimmer in der Jülicher Straße 7, in dem es der Student bei aller Anspruchslosigkeit nicht lange aushielt, obwohl es das erste eigene Zimmer in seinem Leben war. Grass spielte als Mitglied einer dreiköpfigen Jazzband, die er 1948 zusammen mit Horst Geldmacher und Günther Scholl gegründet hatte, im Düsseldorfer Altstadtlokal Csikos in der Andreasstraße. Er bediente mit Fingerhüten das Waschbrett. Horst Geldmacher, genannt »das Flötchen«, der auch in der Jülicher Str. 7 wohnte und als Münzer Aufnahme in die ›Blechtrommel‹ fand, spielte verschiedene Arten von Blockflöten und Dudelsack. Als dritter Mann spielte Günther Scholl, ebenfalls Kunststudent, Gitarre und Banjo. Die Band trat fast jeden Abend in den Pausen der ungarischen Zigeunerkappelle auf, die die Hauptattraktion des Lokals darstellte. Im Lokal verkehrten damals noch vor allem Künstler, Schauspieler und Journalisten. Viele der Kommilitonen und gute Freunde gehörten zur Stammkundschaft, unter ihnen auch Franz Witte – laut Grass einer der begabtesten jungen Düsseldorfer Maler und ebenfalls Pankok-Schüler –, mit dem Grass sein Atelier in der Hochschule teilte, sowie Trude Esser, die mit Grass in der Bildhauerklas-

›Christus zerbricht das Gewehr‹
finanziell unterstützte.

13 Otto Pankok, Selbstportrait. Holzschnitt

se von Mages war. Der Wirt des Lokals, Otto Schuster, zog schon bald die aufstrebende Düsseldorfer Gesellschaft an. Der »Zwiebelkeller« mit dem Wirt Schmuh in der ›Blechtrommel‹ vermittelt ein eindrückliches Bild von der Klientel. Schuster gab später bei Grass ein Portrait in Auftrag, das als Original im Csikos hing. Ein Bronzeguß danach zierte nach Schusters Tod seinen Grabstein.

Das Spielen in der Jazzband erlaubte nicht nur aufschlußreiche Einblicke in das Wesen der rheinischen Fröhlichkeit, sondern besserte auch Grass' schmale Kasse auf. Dazu kamen Einkünfte aus der Arbeit als Schaufensterdekorateur, dem Bau von Karnevalswagen, dem Ausbessern bombengeschädigter Fassaden wie z. B. am Carsch-Haus und diversen anderen »Jobs«. Daran erinnerte sich der erschöpfte Wahlkämpfer Grass 1969, als er in Trier an der eingerüsteten Porta Nigra vorbeikam: »Wieder Steinmetz sein und Fassaden flicken«, notierte er in seinem Tagebuch. Den Grundstock seiner Einkünfte bildete ein Stipendium von monatlich

14 An der Kunstakademie Düsseldorf. Foto, 1948/49

15 Düsseldorf 1951/52. Links Grass, daneben Franz Witte

16 Text- und Notenseite ▶ aus ›O Susanna. Ein Jazzbilderbuch‹. Bilder: Horst Geldmacher. Deutsche Texte: Günter Grass. Musikarbeit: Herman Wilson (1959)

50 DM aus der Knappschaftskasse seines Vaters, der den Sohn unterstützte, obwohl er dessen Berufswunsch nicht billigte. Bis heute allerdings ist sich der Sohn nicht sicher, ob der Vater »je eins meiner Bücher ganz gelesen hat«.

Mit Geldmacher teilte Grass sich in seinem letzten Düsseldorfer Jahr eine Wohnung in der Stockumer Kirchstraße 11, die zugleich als Atelier diente. Die Freundschaft zwischen den beiden ging über die Düsseldorfer Zeit hinaus. 1959 gab Grass zusammen mit Geldmacher und dem Jamaicaner Herman Wilson ein »Jazzbilderbuch« heraus, ›O Susanna‹, eines der ersten dieser Art. Illustriert mit Bildern von Horst Geldmacher, stellt es Blues, Balladen, Spirituals und Jazz zusammen, denn: »Der Jazz ist eine starke und bildhafte Musik, eine Forderung, die auch Bilderbücher erfüllen sollen.« Die erklärte Absicht hierbei war, den Inhalt der Lieder »einem großen Leserkreis, ja sogar schon den Kindern zugänglich zu machen«. Die Musikarbeit stammte von Herman Wilson und die Übersetzung der englischen Texte von Grass.

Zusammen mit Geldmacher nahm Grass später eine Single-Schallplatte mit dem Titel ›Feder und Flöte‹ auf, die im Luchterhand Verlag erschien. Das Geburtstagsständchen für Willy Brandt enthält »dreizehn Gedichte wie Stegreif-Kom-

positionen«, wobei Grass spricht und Geldmacher flötet – unter der »Auf- und Nach-Sicht« von Konrad Jule Hammer.

Zum Düsseldorfer Freundeskreis gehörten Künstler wie Germán Beccera, Herbert Zangs und Hannes Esser, der Bruder von Trude. Ein Heidegger-Anhänger brachte Parodien des Heidegger-Jargons in den Kreis, die Grass in ›Hundejahre‹ wieder aufgriff. Viele Düsseldorfer Details dieser Zeit flossen aber vor allem in die ›Blechtrommel‹ ein: Düsseldorf wird hier der Ort des beginnenden Wirtschaftswunders; der »Zwiebelkeller«, die Darstellung der Kunstszene und etliche fiktive Charaktere leben von Grass' eigenen Erlebnissen und Erfahrungen.

Unterstützung erfuhr Grass in dieser Zeit von seiner Schwester Waltraud, die in Düsseldorf als Hebamme in einem Krankenhaus tätig war. Grass besuchte sie dort häufig, und Waltraud machte ihn mit der »Küche des Hauses und vielen hilfreichen Krankenschwestern bekannt«, so daß er im Krankenhaus »in jeder Hinsicht verköstigt« wurde. Hier rührt Oskar Matzeraths Vorliebe für Krankenschwestern her.

Grass las weiterhin alles, was verfügbar war: »Baudelaire, Trakl, Apollinaire, Lorca, Rilke, Ringelnatz«, er zeichnete, bildhauerte, jazzte, besuchte die großen Kunstausstellungen – wenn nötig per Anhalter –, ging ins Theater, ins Kino, schrieb die ersten Gedichte. Und er begab sich auf Reisen, in deren Verlauf erstmals Oskar Matzerath auftauchte und Grass die Bekanntschaft der Schweizerin Anna Schwarz machte. 1951

17 Das Czikos. In dem aus dem Jahr 1690 stammenden schmalen Haus in der Düsseldorfer Altstadt, dessen Restaurant über zwei Etagen lief, trat Grass mit seiner Jazzband auf.

18 Die Jazzband mit Günther Scholl, Grass und Horst Geldmacher

unternahm er eine Reise – ganz in Anlehnung an die klassischen italienischen Bildungsreisen – nach Florenz, Perugia, Rom, Palermo: »Ich reiste per Autostopp, lebte, weiß nicht wovon, zeichnete und schrieb Gedichte.« Hier entstand eine Fülle von Skizzen, Aquarellen und auf gerissenem Packpapier getuschten und mit trockenem Pinsel gewischten Zeichnungen, die idyllische Landschaften darstellen.

Im Frühjahr und Sommer 1952 trampte Grass durch Frankreich. Aus der Begegnung mit der Pariser Moderne entstanden Aquarelle, von denen heute noch etwa zwei Dutzend erhalten sind. Erst in den neunziger Jahren arbeitete Grass wieder mit Wasserfarben. In Frankreich malte er wiederum auf Packpapier; alles andere war zu kostspielig. Alsbald aber stand das Zeichnen ganz im Vordergrund. »Die Farbe, wenn sie überhaupt vorkam, ordnete sich der Linie unter.« Der junge Bildhauerschüler zeichnete viel, doch diesmal mit einem »selten abbrechenden, alles miteinander verknotenden

19 ›Feder und Flöte‹. Single-Schallplatte mit Gedichten und Stegreif-Kompositionen für Willy Brandt, zusammen mit Horst Geldmacher

Strich« – eine Vorform der Knotengebilde von Oskars Pfleger Bruno in der ›Blechtrommel‹.

Im übrigen konzentrierte er sich aufs Schreiben. »Sprache hatte mich als Durchfall erwischt. Neben (ich glaube) reichlich epigonalen Gesängen über den entschlafenen Steuermann Palinurus entstand ein langes und auswucherndes Gedicht, in dem Oskar Matzerath, bevor er so hieß, als Säulenheiliger auftrat.« Im Arbeitstagebuch der Jahre 1953/54 findet sich »Der Säulenheilige« ebenso wie »Das Kartenhaus«, eine Vorform des Kapitels »Die Polnische Post«. Der Grundstein der ›Blechtrommel‹ war damit gelegt.

›Der Säulenheilige‹ sei als Gedicht schlecht gelungen und wichtig an ihm einzig, so Grass im Rückblick, die Suche nach einer entrückten Perspektive. Auf der Rückreise von Südfrankreich im Spätsommer 1952, als er in Lenzburg in der Schweiz eine Bekannte besuchte und seine spätere Frau Anna Schwarz kennenlernte, entdeckte er beim nachmittäglichen Kaffeetrinken zwischen den Erwachsenen einen dreijährigen Jungen, »dem eine Blechtrommel anhing. Mir fiel auf und blieb bewußt: die selbstvergessene Verlorenheit des Dreijährigen an sein Instrument, auch wie er gleichzeitig die Erwachsenenwelt [...] ignorierte.« So entstand der Säulen-

›Der Säulenheilige‹
Ein junger Mann, Existentialist, wie es die Zeitmode vorschrieb. Von Beruf Maurer. Er lebte in unserer Zeit. Wild und eher zufällig belesen, geizte er nicht mit Zitaten. Noch bevor der Wohlstand ausbrach, war er des Wohlstandes überdrüssig: schier verliebt in seinen Ekel. Deshalb mauerte er inmitten seiner Kleinstadt (die namenlos blieb) eine Säule, auf der er angekettet Stellung bezog. An langer Stange versorgte ihn seine schimpfende Mutter mit Mahlzeiten im Henkelmann. Ihre Versuche, ihn zurückzulocken, wurden von einem Chor mythologisch frisierter Mädchen unterstützt. Um seine Säule kreiste der Kleinstadtverkehr, versammelten sich Freunde und Gegner, schließlich eine aufblickende Gemeinde. Er, der Säulenheilige, allen enthoben, schaute herab, wechselte gelassen Stand- und Spielbein, hatte seine Perspektive gefunden und reagierte metapherngeladen.

Aus ›Rückblick auf die Blechtrommel‹ (1973)

heiligen-Zyklus, zu dem das Gedicht ›Frühling‹ gehört, das noch deutlicher auf die ›Blechtrommel‹ verweist und zugleich »die Düsseldorfer Butzenscheibenwirklichkeit antippt«.

Grass hat später im Rückblick auf seine frühen italienischen und französischen Zeichnungen den »keine Unterbrechung duldenden Strich« ebenso kritisch betrachtet wie in seinen frühen Gedichten den »Aufmarsch von Metaphern, die einander auf die Hacken treten«.

Nach der Rückkehr nach Deutschland stand fest, daß es Zeit für einen Wechsel war. Grass fühlte sich von seinem Lehrer Otto Pankok nicht genug gefordert, auch suchte er jemanden, bei dem er seinen Drang, Konkretes zu gestalten, ausleben konnte. Anläßlich einer Ausstellung im Herbst 1952 in Düsseldorf hatte Grass Karl Hartungs Kleinplastiken gesehen, die ihn aufgrund ihrer Formgebung so ansprachen,

◄ 20 Germán Beccera, Franz Witte, ›Das große Blechtrommelbild‹, 1958 (Ausschnitt). Vom Wirt des Czikos, Otto Schuster, in Auftrag gegeben, stellt das großformatige Bild in verfremdeter Form den Düsseldorfer Freundeskreis dar, darunter die in die ›Blechtrommel‹ eingegangenen Personen. Rechts Grass mit Hut, links daneben Günther Scholl. Der in Düsseldorf lebende Kolumbianer Beccera gehörte ebenfalls zu dieser Freundesgruppe. Öl auf Leinwand, Stadtmuseum Düsseldorf daß er sich durch Vermittlung seines Freundes, des Malers und Bildhauers Ludwig Gabriel Schrieber, im November 1952 bei Hartung an der Hochschule für Bildende Künste in Berlin bewarb.

Dieser Wechsel entsprach nicht nur dem Wunsch nach einem neuen Lehrer, sondern war durchaus politisch unterlegt. Der Wegzug von Düsseldorf bedeutete eine erste konkrete Reaktion auf die sich ausbreitende Wirtschaftswundermentalität. Düsseldorf hat bei Grass keinen guten Eindruck hinterlassen. Die Stadt, die sich, so Grass später, angestrengt bemühte, »nicht nur als neureich, vielmehr als Klein-Paris zu gelten«, die als eine der ersten Städte das »Wir sind wieder wer« spielte, nahm fortan im Werk von Grass einen bemerkenswert negativen Status ein.

21 Aquarell von 1952

Berlin und Paris

Am 1. Januar 1953 fuhr Grass mit kleinem Gepäck im Zug nach Berlin, das für ihn die Bedeutung einer offengebliebenen, nicht heilenden Wunde hatte: »Das Jahr 1953 ist schon ein Jahr des bewußten Wechsels, raus aus Düsseldorf, aus den zu schnellen Veränderungen Westdeutschlands, hin nach Berlin, um wieder der damals sehr deutlichen Nachkriegsrealität in Berlin konfrontiert zu sein.« Grass schätzte diese Stadt, die wie ein Seismograph auf politische Veränderungen reagierte und weltweite Krisen zu spiegeln vermochte wie kaum eine andere: »Dabei ist der Ort sperrig. Wer ihn rasch in Besitz nehmen will, wird Unzulänglichkeiten erfahren. Rasche Urteile – wie Berlin ist krank, stirbt ab oder aus – können der verurteilten Stadt nichts anhaben, weil Berlins Krankheiten zugleich Quellen seiner Vitalität sind, weil das Aus- oder Absterben seinen ohnehin brüchigen Charme zeichnet.«

Das Knappschaftsstipendium, das bis zum Studienende 1956 lief, betrug nun 60 DM. Durch diverse Gelegenheitsarbeiten wie z. B. das Anfertigen von Totenmasken verdiente Grass hinzu. Im Gespräch sagte er später, daß es in diesen großen Städten – das galt auch für die Zeit danach in Paris – viele gab, die so wenig Geld hatten: »Und wir haben alle gelebt!«

Er wohnte in einem möblierten Zimmer in der Schlüterstraße und begann sogleich mit der Fortsetzung seines Studiums. Von seiner »Fixierung aufs Gegenständliche« mußte er seinen Lehrer Karl Hartung erst überzeugen und seinen

Gäbe es Berlin nicht, müßte es sich erfinden; und genau besehen ist Berlin auch – bei aller augenfälligen Realität – eine sich fortschreibende Fiktion.

Aus ›Berlin – eine sich fortschreibende Stadt‹ (1983)

Platz finden im Streit zwischen den Gegenständlich-Figurativen und den Informell-Gegenstandslosen, der die Kunstwelt und auch die Akademie spaltete. Grass entschied sich für das Gegenständliche, das auch der damalige Direktor der Hochschule der Künste, Karl Hofer, vertrat. Hinter der Begeisterung für das Abstrakte vermutete Grass eine politische Haltung, die ihm unangemessen erschien, weil sie, wie er glaubte, gekennzeichnet war vom Wegsehen. Das hatte er gerade in Düsseldorf erlebt, und darin witterte er früh eines der Grundübel der Nachkriegsgesellschaft, was seiner Polemik gegen das Abstrakte fortan die bekannte Verve verlieh. Grass fertigte nun Landschaftsaquarelle und Stilleben in Anlehnung an Schrieber sowie die ersten Lithographien an und zeichnete, radierte und formte: Vögel, Hühner, Hähne sowie den ersten Butt. Grass, der die Grundlagen seines Handwerkes bereits in Düsseldorf gelernt hatte, eignete sich hier die Überzeugung an, daß Kunst Handwerk sei, eine Einstellung, die fortan sein Verständnis von künstlerischer Arbeit prägen sollte. Entsprechend der von Grass als Mode empfundenen Bevorzugung des Abstrakten honorierte der Kunstbetrieb gegenständliche Arbeiten zunächst nicht. Die Jury des Künstlerbundes lehnte seine eingereichten Zeichnungen ab mit der Begründung, daß sie zu gegenständlich seien.

Seine Lyrik bekam in Berlin ebenfalls eine neue Gegenständlichkeit. Auch hier galt es, sich einen Platz in den Zeitströ-

men zu erschreiben. Die Vielfalt dessen, was er nach 1945 an Literatur verschlungen hatte, das plötzliche Entdecken der Moderne ließen Grass von einem Stil in den nächsten taumeln. Aber schon die Einflüsse, die seine frühe Lyrik prägten, wichen von dem herrschenden Gegensatz zwischen Bertolt Brecht und Gottfried Benn ab. Für Grass, der sich »schwankend zwischen Ringelnatz und Trakl« sah, waren »eher die Frühexpressionisten prägend, Jakob van Hoddis z. B., unter den Surrealisten vielleicht am stärksten Apollinaire, auch einige Gedichte von Arp, die aus dem Dadabereich kamen«.

Allmählich brachten ihm seine künstlerischen Arbeiten auch die ersten Einkünfte ein: Er verkaufte zwei oder drei Plastiken und ein paar Zeichnungen.

Die verstärkte Hinwendung zur Literatur erfolgte auch auf äußeren Anstoß hin. Sein Freund Ludwig Gabriel Schrieber, der als Kunstprofessor ebenfalls nach Berlin gegangen war, gab Karl Hofer einige Grass-Gedichte, der sie seinerseits Gottfried Benn vorlegte. Dieser wiederum soll das Talent erkannt, aber zum Prosaschreiben geraten haben. Grass jedoch fuhr unbeirrt fort, zu modellieren und Gedichte, Theaterstücke und Ballettlibretti zu schreiben. Die Sprache der unmittelbaren Nachkriegszeit wurde von den Intellektuellen als vom Nationalsozialismus korrumpiert empfunden. Konzepte wie »Kahlschlag« und »Stunde Null« waren verbreitet, wurden von Grass aber rundweg abgelehnt. Schrieber war es, der ihn auf etliche wichtige Bücher hinwies und dem Lesehunger des jungen Künstlers in dieser Zeit eine Richtung gab. Mit Schrieber blieb Grass bis zu dessen Tod 1975 verbunden; ihm setzte er in der Figur des Lud im ›Butt‹ ein Denkmal.

1953 traf Grass in Berlin Anna Schwarz wieder, die hier Ballett studierte. Bald tauchte sie in seinen Gedichten und Zeich-

◀ 22 Die erste Skulptur, die Grass in Berlin in Bronze gießen ließ und verkaufte

milie, die Bildungsidealen gegenüber nicht nur aufgeschlossen war, sondern sie auch gerne förderte. So sahen die Schwiegereltern die Ehe ihrer Tochter mit einem womöglich vielversprechenden, in jedem Fall aber mittellosen Künstler gelassen und waren darauf eingestellt, die beiden zu unterstützen. Doch das kam für Grass nicht in Frage. Sein Ehrgeiz war angestachelt.

Im Winter des gleichen Jahres starb seine Mutter Helene an Krebs. Sie wurde auf dem Friedhof, der im ›Blechtrommel‹-Kapitel »Fortuna Nord« eine Rolle spielt, begraben. Den Durchbruch ihres Sohnes erlebte sie nicht mehr, lernte aber ihre Schwiegertochter noch kennen. Inzwischen war das junge Ehepaar Grass in die Königsallee 35 im Grunewald gezogen, eine ausgebombte Villa, deren Souterrain bewohnbar war. Anna und Grass' Schwester Waltraud kamen auf die Idee, eine Auswahl seiner Gedichte bei einem Lyrikwettbewerb des Süddeutschen Rundfunks einzusenden. Prompt erhielt ›Lilien aus Schlaf‹ den dritten Preis hinter Gedichten von Christine Busta und Wieland Schmid. Das bedeutete 350 DM, wovon Grass sich einen Wintermantel kaufte, und einen Freiflug nach Stuttgart, wo er das Gedicht im Rundfunk las.

Ein Mitglied der Jury, zugleich Mitglied der Gruppe 47, war beeindruckt von Grass und schlug Hans Werner Richter

Lilien aus Schlaf

Zwischen den Lilien aus Schlaf
Müht sich des Wachenden Schritt.
Wüßt er die Zahl nur
Das findige Wort
Könnt er der Wolke
Den Regen befehlen.
Trockenes Horn.
Lachenden Tieres trockenes Horn
Spießt du der Liebenden
Traurige Zettel.
[…]
Der Venus Blut käuflich in grauen Tabletten.
Magernde Sterne
Jagen die Dichter.
O diese Rufe im Schnee
Ringe aus Gold und Geschrei
Punkt
In der Landschaft aus Horn. […] *Erstdruck in ›Akzente‹ (1955)*

vor, das junge Talent zu einer Gruppentagung einzuladen. So kam Grass Mitte Mai 1955 zur Frühjahrstagung der Gruppe 47, die in der Jugendleiterschule im Haus am Rupenhorn in Berlin stattfand. Hans Werner Richter, Initiator und Leiter der Gruppe, erinnerte sich später an »eine finstere Type mit Schlägermütze«. Aus der bildenden Kunst stammend, kannte Grass in den literarischen Zirkeln zunächst naturgemäß wenig Leute. Er las Gedichte, die gut aufgenommen wurden. So war er »von dem unter zukünftigen Schriftstellern seltenen Glück geschlagen, keinen Verleger suchen zu müssen«. Umringt von Leuten, die ihm verheißungsvolle Verlagsnamen ins Ohr raunten, dachte Grass, das Goldene Zeitalter habe begonnen. Das aber ließ noch auf sich warten, denn zunächst hörte er nichts von diesen Verlagen – bis sich Wochen später ein Lektor vom Luchterhand Verlag zurückhaltend meldete mit der Vermutung, daß Grass sicher längst einen Vertrag unterschrieben habe. Im Jahr darauf kam es zur ersten Buchveröffentlichung.

Ebenfalls dank seiner Lesung bei der Gruppe 47, bei der er Walter Höllerer kennenlernte, konnte der Lyriker, der eigentlich Bildhauer war, in der von Höllerer und Hans Bender herausgegebenen Zeitschrift ›Akzente‹ einige Gedichte veröffentlichen, die wiederum anderweitig nachgedruckt wurden und

In der ersten Strophe des Gedichtes versucht der Wachende den Übergang in den Schlaf zu finden, die andere Form (Lilie) anzunehmen und alles zurückzulassen, das in dieser Form keine Herberge finden würde. Sein Gedächtnis (darauf bezieht sich die Textstelle »Lachenden Tieres trockenes Horn«) sollte zurückbleiben. Er sucht nach einer Möglichkeit, nach Zahl und Mittel: Er möchte es mit dem Regen löschen. Doch dieses Tier-»Gedächtnis« zeigt immer wieder ungebeten sein geräumiges Horn vor, diesen Spieß, der alles aufbewahrt: Daten, Gespräche, die kurzen Beziehungen zwischen Namen, welche am Sonntag beginnen, am Montag enden, den ganzen Terminkalender, dem kein Schlafloser entgeht. [...] Diese Deutung eines Gedichtes kann und darf nicht mehr sein, ein Hinweis. Denn setzt das Gedicht nicht erst dort an, wo der alles erklärende Finger der Logik nicht mehr hinreicht? Die letzten Beziehungen zwischen Schlüssel und Schloß, der Augenblick, da das Ohr zur Muschel wird, am Strand liegt und den Lärm des Sandes vernimmt, das fast Unsagbare gehört dem Gedicht.

›Der Autor sagt zu seinem Gedicht‹,
zuerst in ›Frankfurter Neue Presse‹ (3. September 1955)

Die Gruppe 47

Das erste Treffen der Gruppe 47 fand Anfang September 1947 auf Initiative von Hans Werner Richter im Allgäu statt. Richter, zuvor im Gefangenenlager Camp Ellis in Illinois Redakteur der Lagerzeitung und in die Redaktion der Kriegsgefangenenzeitschrift ›Der Ruf‹ abkommandiert, gründete nach seiner Entlassung nach Deutschland zusammen mit Alfred Andersch die Halbmonatsschrift ›Der Ruf. Unabhängige Blätter der jungen Generation‹, die nach der 16. Ausgabe von den amerikanischen Besatzungsbehörden verboten wurde. Monate später lud er die ›Ruf‹-Autoren, darunter Werner Kolbenhoff, Wolfdietrich Schnurre, Walter Mannzen, Alfred Andersch und Günter Eich, ein ins Haus der Lyrikerin Ilse Schneider-Lengyel bei Füssen, wo die neue literarische Zeitschrift ›Der Skorpion‹ vorbereitet werden sollte. Hier kam es zu den ersten Lesungen. Beim nächsten Treffen im November präsentierte Richter die Probenummer von ›Der Skorpion‹, die jedoch keine Lizenz erhielt. Damit war die Zeitschrift gestorben, der Literatenkreis aber geboren. Der Name der Gruppe stammte von dem Schriftsteller Hans Georg Brenner in Anlehnung an die spanische »generación de 98«.

Bis 1956 traf sich die Gruppe zweimal jährlich, im Frühjahr und im Herbst, ab 1956 einmal im Herbst für drei Tage. Neben Schriftstellern wie Günter Eich, Wolfdietrich Schnurre, Wolfgang Weyrauch, Walter Höllerer, Wolfgang Hildesheimer, Ilse Aichinger, Ingeborg Bachmann, Alfred Andersch, Martin Walser, Günter Grass, Hans Magnus Enzensberger u. a. wurden auch Verleger, Feuilletonchefs und Rundfunkredakteure, Komponisten und ausländische Publizisten geladen. Als Grass 1958 in Großholzleute seinen Gruppenpreis erhielt, waren schon 70 Teilnehmer dabei, bald darauf schwoll die Gruppe auf 130 an.

Richter als Gründer und Leiter der Gruppe lud in Form einer Postkarte ein, die zu erhalten für junge Schriftsteller entscheidend für ihre weitere Laufbahn war. Der Vorlesende saß auf einem Stuhl neben Richter der Gruppe gegenüber, genannt der »elektrische Stuhl«. Denn die Urteile fielen drastisch aus. »In den ersten Jahren hielten die Zuhörer die Daumen nach unten, wenn sie eine Vorlesung nicht mehr hören wollten. Dann mußte der Leiter der Tagung den Vorlesenden unterbrechen und auf seinen Stuhl zurückschicken. Er war durchgefallen. Es war dabei völlig gleichgültig, ob es sich um einen Freund, einen Prominenten, einen Unbekannten oder um den Gründer der Gruppe 47 selbst handelte«, berichtete Richter 1962. So mußte sich Richter tatsächlich einmal selbst unterbrechen und auf seinen Gruppenleiterstuhl zurückschicken. Dabei entschied das Urteil über Karrieren. Schnell erlangte die Gruppe 47 außerordentliche Bedeutung. Spektakulär waren die Tagungen im Ausland, so 1964 in Schweden und 1966 in Princeton in den USA, wo sie jeweils von großem Medieninteresse begleitet wurden.

24 Titelbild des ›Spiegels‹ zur Gruppe 47 vom 24. Oktober 1962. In der Mitte Hans Werner Richter, oben rechts Grass

Die letzte Tagung fand 1967 im Landgasthaus »Zur Pulvermühle« bei Erlangen statt, ein nach der Hektik des Treffens in den USA im Jahr zuvor von Richter bewußt beschaulich gewählter Ort. Doch auch hier spielte die Politik eine Rolle. Studenten aus Erlangen waren angereist, die mit Spruchbändern und einem Megaphon (»Die Gruppe 47 ist ein Papiertiger«) das Treffen zu stören versuchten. Einige der Schriftsteller gesellten sich zu den Studenten, was Richter übelnahm. Die Ära der Gruppe 47 fand damit ihr Ende, ihr Mythos aber war längst geboren. Dreimal noch kam es zu Treffen, 1972, 1977 und 1990. Der legendäre Preis der Gruppe 47 wurde zwischen 1950 und 1967 insgesamt zehnmal vergeben. Den letzten Preis stifteten Grass und Böll als ehemalige Preisträger: Er ging mit 6000 DM an den Kölner Autor Jürgen Becker.

Grass hat der Gruppe und ihrem Leiter Hans Werner Richter mit der 1979 erschienenen Erzählung ›Das Treffen in Telgte‹ ein einzigartiges Denkmal gesetzt – sie ist Richter zum 70. Geburtstag gewidmet. Hier erfährt man viel über Riten und Abläufe der Treffen. Passend zum literarischen Streit, von dem die Gruppe lebte, wählte Grass für den Umschlag des ›Text + Kritik‹-Sonderbands zur Gruppe 47 die Radierung ›Großer Hahnenkampf I‹ von 1978 aus.

Hans Werner Richter (1908–1993), Schriftsteller; seit 1930 Mitglied der KPD, ab 1933 für ein Jahr im Pariser Exil, dann von den Nazis in Berlin geduldet. Tätigkeit im Buchhandel, ab 1939 Soldat. 1946/1947 Mitherausgeber der Zeitschrift ›Der Ruf‹, 1947 Gründung der Gruppe 47. 1958 Gründung des Komitees gegen Atomrüstung e. V. Präsident der Europäischen Föderation gegen Atomrüstung. Werke u. a.: ›Die Geschlagenen‹ (1949), ›Spuren im Sand‹ (1953), ›Brief an einen jungen Sozialisten‹ (1974), ›Das war die Gruppe 47‹ (1979)

lebhafte Leserzuschriften auslösten. Hier erschien auch Grass' erste Erzählung, ›Meine grüne Wiese‹. Beim Leseabend während eines deutsch-österreichisch-schweizerischen Schriftstellertreffens im Sommer 1955 hatten seine Gedichte ebenso Erfolg wie bald darauf bei der Herbsttagung der Gruppe 47 Mitte Oktober 1955 auf Schloß Bebenhausen bei Tübingen, wo Grass diesmal »mit präziser Prosa und neuen Gedichten« erschienen war, wie die ›Frankfurter Allgemeine Zeitung‹ zu berichten wußte.

Zur gleichen Zeit fand Grass' erste Ausstellung statt: Vom 19. Oktober bis 8. November 1955 zeigte die Galerie Lutz & Meyer in der Neckarstraße 36 in Stuttgart Zeichnungen und Plastiken. Dieser Kontakt war durch den in Stuttgart lebenden Lyriker Ludwig Greve zustande gekommen, der auch die Ausstellung eröffnete. Sie erhielt in der ›Frankfurter Allgemeinen Zeitung‹ eine doppelspaltige, überaus positive Besprechung, die auch Grass' Zeichnung ›Heuschrecken vor den Hochhäusern‹ abdruckte. Das Ineinandergreifen von Dichten und Zeichnen wird betont, beide Disziplinen hätten den gleichen Impuls: Grass' »Griff läßt nur die harten Konturen oder das Knochengerüst der Dinge bestehen, eine klirrende Landschaft der Kieselkristalle. Alles Umrahmende und Beschwichtigende fällt ab. Dieses Knochengerüst der Dinge aber geht unmerklich über in das feinste allgemeine Linienspiel.« Auch vermag der namenlose Kritiker Späteres zu erahnen, wie z. B. den Hang zum Märchenerzählen: »In der Plastik zeigt er, im Umriß einer Taube und in den Rundungen einer Krebsgestalt, wie er seine Härte aufzufangen sucht in einem modernen Märchenstil«, um zu dem Fazit zu gelangen: »Grass überrascht durch Energie und sicheren Strich.« Ihm sei eine staunenswerte Probe gelungen, »die der Berliner zum ersten

Vom 19. Oktober bis 8. November 1955
zeigen wir
ZEICHNUNGEN UND PLASTIKEN
von
GÜNTER GRASS BERLIN
Wir beehren uns, Sie zur Eröffnung am 19. Oktober um 18 Uhr einzuladen.
Galerie Lutz & Meyer, Stuttgart, Neckarstraße 36
Geöffnet werktags von 9 bis 18 Uhr

25 Einladungskarte zur ersten Kunstausstellung 1955

Male und mit mancher Mühe von seiner ›Insel‹ herüber gebracht hat an einen etwas versteckten Ort; man sollte nicht daran vorbeigehen, und man sollte ihr weitere Chancen geben.«

Allmählich also stellte sich Erfolg ein, der eng mit der Gruppe 47 verknüpft war. Ihre Bedeutung für Grass' weiteren Werdegang ist wohl kaum zu überschätzen. Seit seinem ersten Besuch im Frühjahr 1955 hat Grass an allen Tagungen teilgenommen und in der Gruppe »die besten Freunde, aber auch die besten Feinde« gefunden. Peter Rühmkorf, Ingeborg Bachmann und Hans Magnus Enzensberger zählen mit zu den wichtigsten Weggefährten aus seiner Generation. Grass empfand die Auseinandersetzungen bei den Tagungen stets als fair, und dennoch hatte er als bildender Künstler, der er ebenfalls war, »Schwierigkeiten mit der bloßen literarischen Atmosphäre«. Er schätzte an der Gruppe 47 vor allem den Werkstattcharakter und die »Art von Disziplinierung« durch Hans Werner Richter, die es ermöglichte, die unterschiedlichsten Erzählstile vom Kühl-Modernen bis zum Rückgriff ins 19. Jahrhundert auszuhalten. War das Kulturleben der jungen Bundesrepublik, deutscher Tradition entsprechend, zerstükkelt, vereinzelt und dezentral, vermittelten die Treffen die Illusion einer »literarischen Hauptstadt«.

Nachdem Grass 1956 an der Kunsthochschule zum Meisterschüler ernannt worden und mit Anna in die Uhlandstraße 168 umgezogen war, erschien die erste Buchveröffentlichung des Bildhauers und Zeichners, ›Die Vorzüge der Windhühner‹, mit Gedichten und Zeichnungen. Grass sagte dazu im Rückblick: »Ich hatte mich freigeschrieben.« Der Band bildet mit den Gedichten ›Die

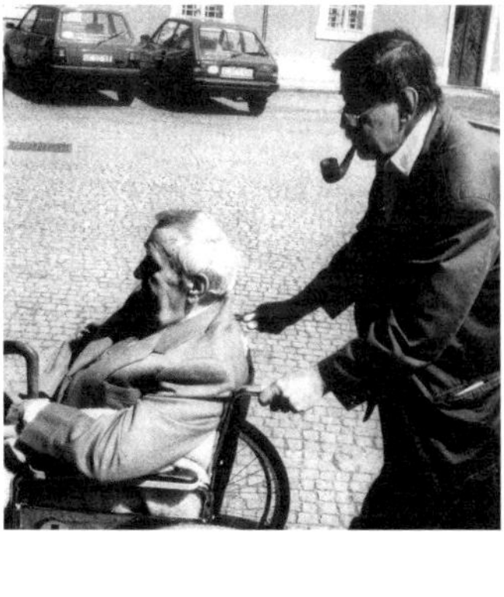

26 Mit Hans Werner Richter beim letzten Treffen der Gruppe 47 im Jahr 1990 im tschechischen Dobče bei Prag. Foto

›Die Vorzüge der Windhühner‹ (1956)
In diesem ersten Gedichtband kommen bereits die prägenden Elemente des weiteren Werkes vor: die Lust am Gestalten, an der Freiheit der Kunst, das Chaos des Lebens, Krieg, Auschwitz als »Bleigewicht«. Das für die Sammlung titelgebende programmatische Gedicht ›Die Vorzüge der Windhühner‹ stand bei der ersten Ausgabe in der Buchklappe. Als bei einem späteren Nachdruck die Vita des Autors auf die Buchklappe gesetzt wurde, vergaß man es. Seit der folgenden Ausgabe leitet es die Sammlung ein. Es ist eine Hymne auf das Gedichteschreiben und das Glücksempfinden angesichts der eigenen, überbordenden Phantasie, auf deren Fülle Verlaß ist. Die Windhühner sind frei, nicht festlegbar, »sind Allegorie und Schlüssel zugleich und bleiben dennoch sie selbst«. Die Kunst huldigt keinem Zweck, sie kann sich weder erklären noch muß sie verstanden werden.

Viele der Bildmotive, die in dem Gedichtband erstmals auftauchen, weisen zu Themen der später sogenannten ›Danziger Trilogie‹ (1959–1963) eine große Nähe auf. Das letzte Gedicht des Bandes, ›Blechmusik‹, gestaltet ein für das Gesamtwerk wichtiges Motiv: das Leben als ein »Leben zum Tode«, als etwas grundsätzlich Chaotisches, »dem man versucht, in Sisyphosarbeit Perspektiven beizubringen«. Es ist ein Gedicht über die Vergänglichkeit, das Versöhnung nur dem anbietet, der die Vergangenheit alles Irdischen annimmt und akzeptiert.

Vorzüge der Windhühner‹, ›Polnische Fahne‹ und ›Blechmusik‹, die der Autor strategisch am Anfang, in der Mitte und am Schluß plaziert hat, den Schlüssel zum Verständnis des nun entstehenden Werkes. Lange Zeit vermißten etliche Interpreten einen »Wegweiser zum Sinn der Gedichte«. Sie erschließen sich erst dann, wenn man die Vielseitigkeit des Künstlers Grass berücksichtigt. Denn alle künstlerischen Ausdrucksformen korrespondieren miteinander, stehen in

Etabliert als Epiker und zuerst berühmt geworden als Autor der ›Blechtrommel‹, begreift Grass **Gedichte als die »Keimzelle«** seines künstlerischen Schaffens. Seine früheste künstlerische Ausdrucksform war, mit Graphik und Bildhauerei, die Lyrik: Kristallisationspunkt der verschiedenen Disziplinen und »das genaueste Instrument, mich neu kennenzulernen und neu zu vermessen«. Er hat schon immer »Versemachen als Klarstellen« verstanden. Die allmähliche Hinwendung zur Prosa kam erst später und für Grass selbst unerwartet. Bereits in der frühen Lyrik einem Dialog und kommentieren sich gegenseitig, ja korrigieren einander. Bei Grass ist es oft das Wiederauftauchen desselben Bildes zu einem späteren Zeitpunkt in einem anderen Medium und Kontext, das auf den »Sinn« verweist.

In wirtschaftlicher Hinsicht war das Ergebnis dieser Erstveröffentlichung äußerst bescheiden. Grass konnte dafür keine Einnahmen verbuchen. Noch 1959 erhielt er vom Luchterhand Verlag eine Abrechnung, aus der hervorgeht, daß von den 2613 Exemplaren der Erstauflage am 31. Dezember 1958 ein Lagerbestand von 1983 zu verzeichnen war, was 630 verkaufte Exemplare bedeutete. Fröhlich und fast mit ein wenig Sehnsucht nach der Unbeschwertheit dieser frühen Zeit sollte Jahrzehnte später der siebzigjährige Grass über die »unbekümmerte Erfolglosigkeit« berichten. Trotzdem hatte er mit

Die Vorzüge der Windhühner
Weil sie kaum Platz einnehmen
auf ihrer Stange aus Zugluft
und nicht nach meinen zahmen Stühlen picken.
Weil sie die harten Traumrinden nicht verschmähen,
nicht den Buchstaben nachlaufen,
die der Briefträger jeden Morgen vor meiner Tür verliert.
Weil sie stehen bleiben,
von der Brust bis zur Fahne
eine duldsame Fläche, ganz klein beschrieben,
keine Feder vergessen, kein Apostroph …
[…]
Oft bei Ostwind,
wenn die Zwischenwände umblättern,
ein neues Kapitel sich auftut,
lehne ich glücklich am Zaun,
ohne die Hühner zählen zu müssen –
weil sie zahllos sind und sich ständig vermehren.

aber finden sich Beispiele für erste Annäherungen an ein episches Konzept. Jeder der ersten drei Gedichtbände hat jeweils einen Prosaband angekündigt. Die Gedichte ›Der Säulenheilige‹ (1952) und ›Polnische Fahne‹ (1955) kündigen die 1959 erschienene ›Blechtrommel‹ an. Die Jenny-Handlung in ›Hundejahre‹ klingt schon in dem Gedicht ›Die bösen Schuhe‹ aus ›Die Vorzüge der Windhühner‹ an, und als Vorläufer für ›Hundejahre‹ entstand z. B. ›Die Vogelscheuchen‹ in ›Gleisdreieck‹. Dieses Verfahren wieder holte sich auch später immer wieder.

dem später immer wieder neu aufgelegten Band eine gewisse Aufmerksamkeit erzielt, seine Gedichte fanden Anerkennung. Sogar im Deutschen Demokratischen Rundfunk wurde am 17. August 1958 aus den ›Windhühnern‹ gelesen. Und bereits 1958 übersetzte der New Yorker Jerome Rothenberg fünf ausgewählte Gedichte für die amerikanische Anthologie ›New Young German Poets‹, die 1959 bei City Lights Book in San Francisco erschien.

Im gleichen Jahr, in dem der erste Gedichtband erschien, 1956, wurde auch Grass' erster Essay ›Die Ballerina‹, der für

Zeichnen und Schreiben
Bereits 1963 erkannte ›Der Spiegel‹ in seiner Titelgeschichte die enge Verzahnung von Zeichnen und Schreiben bei Grass, indem er darauf hinwies, daß seine Graphik und Lyrik motivisch eng mit dem übrigen Werk verknüpft sind: »Was in den Zeichnungen Figur, in den Versen Metapher ist – ein Arsenal extrem privater Fetische und höchst subjektiver Symbole: Nonnen, Puppen, Hühner, Köche, Vogelscheuchen –, findet sich, zur Erzählung oder zur Szene entfaltet, in den Romanen und Stücken wieder.« Das sich in der Folgezeit weiterentwickelnde Miteinander von Lyrik, Dramatik, Prosa und bildender Kunst hat bei Grass einen starken wechselseitigen Bezug. Er selbst spricht von »Begegnungen zwischen verschiedenen Disziplinen: Zeichnen, Schreiben, Lesen, Kochen, Nichtstun«, die in je verschiedener Gewichtung ihre je bestimmte Funktion übernehmen. »Jede Form produziert ihren Inhalt und umgekehrt.« Hierbei dient das Wechselspiel insbesondere zwischen Graphik und Lyrik nicht nur der gegenseitigen Befruchtung, sondern vor allem der Kontrolle: »Die geschriebene Metapher kommt oft leichtfertig aufs Papier; wenn ich sie dann zeichnerisch überprüfe, hält sie oft nicht stand, oder sie muß revidiert werden.« Erstmals wohl im Band ›Mit Sophie in die Pilze gegangen‹ (1976) setzte Grass Zeichnungen, »Figurationen und Situationen, die ich mir bildhaft deutlich machen will und vergegenwärtige«, in das Manuskript. Dieses Verhältnis hat sich ständig weiterentwickelt, bis schließlich, zur Zeit der Entstehung des Romans ›Die Rättin‹ (1986), die »Lyrik als Schrift Eingang ins Bild« und in den Roman gefunden hat und mit der Integration kalligraphischer Elemente die Vereinigung von Zeichnen und Schreiben auf gleichem Blatt vollzogen wurde. Grass zeichnete, malte und schrieb also immer gleichzeitig. Einzig die Bildhauerei gab er für längere Zeit auf, denn: »Das ist so anstrengend wie Romanschreiben. Da muß man acht Stunden arbeiten und hat dann gerade eine Kniescheibe fertig.«

die Entwicklung und das Verständnis seiner Ästhetik wichtig ist, in der Zeitschrift ›Akzente‹ veröffentlicht. Außerdem erfolgte 1956 der Umzug nach Paris. Anna Grass wollte dort ihre Ausbildung bei einer russischen Ballettmeisterin fortsetzen, und Günter Grass hatte ein größeres Prosavorhaben im Kopf.

27 ›Windhuhn 2‹. Rohrfeder und Tusche, 1955

In Paris fanden beide Anfang September zunächst Unterkunft bei Mme. Aubron in der Rue Alibert Nr. 11, im Oktober zogen sie in die Avenue de Châtillon Nr. 36, um schließlich im Dezember, kurz vor Weihnachten, eine Wohnung im Hinterhof der Nr. 111 an der großen, von der Place d'Italie nach Süden führenden Avenue d'Italie im 13. Arrondissement zu beziehen. Es war eine kleine Zweizimmerwohnung, die über einem Heizkeller lag, den Grass als Atelier nutzte. Dort begann er zunächst mit Plastiken, die aber bald eintrockneten, denn die Fülle der literarischen Aktivitäten und Erprobungen, mit denen er beschäftigt war, ließ dem Bildhauer keine Zeit. Dazu gehörte später auch die Arbeit an einem Prosamanuskript unter wechselnden Titeln, wie ›Der Trommler‹, ›Der Blechtrommler‹, woraus schließlich ›Die Blechtrommel‹ wurde. Ermutigt hatte ihn dazu ein älterer Kollege aus der

Günter Grass wurde am 16. Oktober 1927, an einem Sonntag, in Danzig geboren. Seine Verehelichung mit Anna Margareta im Jahre 1954 ist das bisher grösste Ereignis seit seiner Geburt. Zuvor floh er aus Westdeutschland nach Berlin. Hier geht es ihm gut.

Auszug aus dem Werbezettel des Luchterhand Verlages zu ›Die Vorzüge der Windhühner‹ (1956)

Westdeutschen Rundfunk Köln, um Gedichte zu lesen. Das Honorar wurde gleich anschließend bar ausgezahlt: 50 DM für den Text und weitere 50 DM für den Vortrag. Grass freut sich noch in der Erinnerung über »diese herrliche Art, Lyrik zu lesen gegen Bargeld«. Auch hatte er immer eine Rolle oder Mappe mit Zeichnungen und Lithographien zum Verkauf dabei. Grass schmiedete Pläne, knüpfte und pflegte Kontakte zuhauf: Gedichte für Anthologien, Essays für die ›Akzente‹, die 1956 bereits wiederholt Honorare angewiesen hatten. Es gab zahlreiche Verhandlungen über Theateraufführungen, die – auf der Grundlage eines Autorenvertrages vom Juni 1957 mit der Gustav Kiepenheuer Bühnenvertriebs GmbH über die Stücke ›Hochwasser‹, ›Die bösen Köche‹, ›Onkel, Onkel‹ und ›Noch zehn Minuten bis Buffalo‹ – von Maria Sommer geführt wurden. Mehrere Bühnen zeigten Interesse an seinen Stükken. Es war die Zeit der von Grass als wunderbar befreiend und produktiv erlebten Studententheater, und tatsächlich sind seine Stücke selten an Stadttheatern gespielt worden.

Im März 1957 ließ die Wissenschaftliche Buchgesellschaft Darmstadt anfragen, ob Grass für einen Prospekt des neu gegründeten Kunstkreises einige Blätter zur Auswahl schicken wolle. Auch das Theaterstück ›Hochwasser‹ entpuppte sich allmählich als Erfolg, nachdem es 1957 in Frankfurt uraufge-

»Der Autor als fragwürdiger Zeuge«

Grass hat sich mehrfach zu Fragen des Arbeits- und Schreibprozesses geäußert; er versteht sich als Handwerker, doch weist er wiederholt darauf hin, man möge Äußerungen zur Entstehungsgeschichte seiner Texte mit Vorsicht betrachten, und betont den »skeptischen Vorbehalt, daß mein Erinnerungsvermögen, was Arbeitsvorgänge betrifft, sehr löchrig ist. Dafür gibt es einen ganz einfachen Grund: Nach Abschluß eines Manuskriptes schiebe ich alles, nicht nur das Material, das ich angehäuft habe, sondern auch das, was an Vorüberlegungen und Zwischenüberlegungen notwendig war, zur Seite, um Platz zu schaffen für neue Taten und Untaten.« In ›Rückblick auf die Blechtrommel‹ (1973) bezeichnet sich Grass schon im Untertitel als »fragwürdigen Zeugen«, der »allenfalls Restbestände zuhauf kehren« und versuchen kann, »jene konstruktiven Lügen zu vermeiden, die als Stecklinge das Treibhaus Germanistik produktiv machen«. Hier gibt er an, er habe alle Vorarbeiten und Fassungen in den Heiführt worden war. Immer wieder gab es Aufträge und Anfragen aufgrund der Uraufführungsberichte. Am 24. Mai 1957 wurde das Stück dank des Kontaktes zu Helmut Heißenbüttel im Süddeutschen Rundfunk gesendet, was ein Honorar von seinerzeit beachtlichen 600 DM einbrachte. Gleichfalls 1957 erschien in der Frankfurter Studentenzeitung ›Diskurs‹ die kurze Erzählung ›Eingemauert‹, die später mehrfach unter dem Titel ›Stier oder Liebe‹ abgedruckt wurde. Durch den Verkauf von Zeichnungen und Lithographien bei den Tagungen der Gruppe 47 erschloß sich Grass zusätzliche Einkommensquellen.

Die wichtigste Person für seinen Werdegang in jener Zeit war zweifelsohne Walter Höllerer, der unermüdliche Förderer, Mentor und bald auch Freund. Höllerer wickelte für Grass in Berlin viele Geschäfte ab, vermittelte, besorgte Vorschüsse, die er schickte, überwies oder bei Besuchen in Paris mitbrachte, stellte der Schwester Waltraud vorübergehend seine Wohnung zur Verfügung und füllte sogar den Toto-Schein für den Fußballfan Grass aus (»vielleicht gewinnt Schalke. Werde mir Mühe geben, nicht ›abseits‹ zu stehen«, so in einem Brief an Höllerer). Höllerer war es auch, durch dessen Vermittlung Grass im März 1957 das Angebot vom Suhrkamp Verlag erhielt, eine Werbeanzeige und ein Buchhandelsplakat für das neue Buch von Ippolito Nievo, ›Pisana oder Die Be-

zungsofen in seinem Arbeitsraum in der Avenue d'Italie geworfen: »Bei aller mir damals möglichen Verstiegenheit ist es dennoch nie meine Absicht gewesen, Germanisten und deren Geilheit nach Sekundärem mit Textvarianten zu füttern.« Jedoch hat 1970 der englische Germanist John Reddick in jener Avenue d'Italie 111 wahrhaftig den sprichwörtlichen zurückgelassenen Koffer gefunden – angefüllt mit Papieren von Grass aus den Pariser Jahren, u. a. mit Teilen jener Manuskriptfassungen der ›Blechtrommel‹, die angeblich im Ofen verschwunden waren. Die in Anlehnung an Goethes ›Urfaust‹ fälschlicherweise sogenannte ›Urtrommel‹, eine maschinengeschriebene Vorfassung, korrekterweise als derzeit erste erhaltene Fassung zu bezeichnen, lagert seit Gründung des dortigen Literaturarchivs durch Walter Höllerer als Geschenk von Grass in Sulzbach-Rosenberg, während sich im Archiv der Akademie der Künste Berlin-Brandenburg handschriftliche Fassungen mehrerer Kapitel, datiert auf das Frühjahr 1958, befinden.

kenntnisse eines Achtzigjährigen‹, zu illustrieren. Und notfalls kam Höllerer, stets zum richtigen Zeitpunkt, nach Paris und half, so Grass, »seiner Natur entsprechend, durch Aufträge und Manuskriptannahme«. Er »lud uns zum Essen ein, kaufte für Anna ein Kleid. Er war der rettende Engel.«

Im Unterschied zu vielen seiner Kollegen schrieb Grass nie Hörspiele, Features, Nachtstudio- oder sonstige Beiträge für Rundfunksendungen, doch hatte er im Auftrag der Berliner Meierei Carl Bolle in Alt-Moabit eine Festschrift zu deren fünfundsiebzigjährigem Firmenjubiläum verfaßt. Ein Freund von Grass und Schüler von Schrieber, Karl Oppermann, hatte aushilfsweise in der Werbeabteilung der Meierei Bolle gearbeitet und Grass als Verfasser vorgeschlagen. Unter dem Titel ›Heiden bekehren oder Milch verkaufen?‹ wird der Tatsache, daß Bolle den Berlinern und insbesondere den infolge der Mangelernährung unter permanentem Kalziumdefizit leidenden Kindern ihre Milch »bis kurz vor den Frühstückstisch« bringt, etwas Missionarisches abgerungen und somit ein Bezug zum ursprünglichen Berufswunsch des Firmengründers, der Missionar werden wollte, hergestellt. Es gelingt dem hier noch unbekannten, unter »Gras« firmierenden Texter, der später mit dem ›Butt‹ ein 700-Seiten-Märchen zu Papier bringen sollte, auf 25 schmalen Zeilen ein »Milchmärchen« (»Es war einmal ein Mann, der hatte dreißig Kühe«) unterzubringen. Die

Grass hatte in Paris ein »Exposé für einen Werbefilm über Bolle-Pommersche Selbstbedienungsläden« entworfen, was ein farbiger Zeichentrickfilm werden sollte, in dem die australischen Känguruhs anhand ihrer Beutel demonstrieren, wie das Prinzip der Selbstbedienungsläden funktioniert. Der Autor damals zur Begründung, warum es ein Zeichentrickfilm sein sollte: So seien die weitreichendsten Möglichkeiten gegeben, »eine heiter absurde Phantasie sichtbar zu machen, ohne den Zuschauer durch lautstarke Werbeslogans an die Wand zu drücken«.

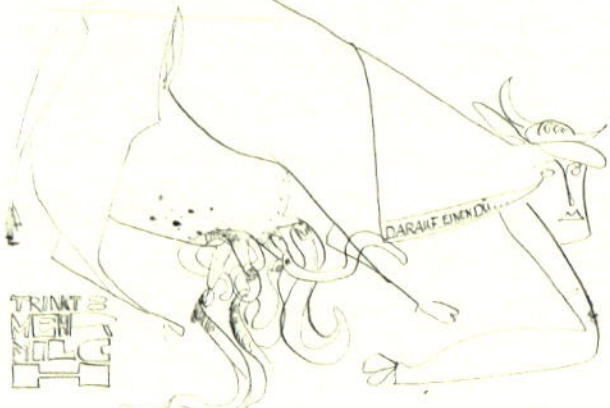

28 Skizze mit Kuh, die Aale säugt: »Trinkt mehr Milch«

unverkennbare Handschrift des Schriftstellers Grass wird hier bereits sichtbar. Das Honorar von 250 DM erhielt er im Frühjahr 1957. Es war Grass' erste große Auflage: 350 000 Exemplare wurden verteilt. Als der Autor sich schon längst einen Namen gemacht hatte, legte die Firma die Festschrift erneut auf – allerdings ohne Grass darüber zu informieren. Der allerdings forderte das ihm zustehende Honorar ein. Es wurde auf ein Sonderkonto überwiesen und kam einem guten Zweck zu.

Die finanzielle Situation erforderte ein ständiges Lavieren, ohne daß Grass sich dabei vom Schreiben und Zeichnen abbringen ließ. Auch die Geburt der Zwillinge Franz und Raoul am 4. September 1957 im schweizerischen Lenzburg förderte die Zielstrebigkeit des jungen Familienvaters. Eine Ausstellung von Zeichnungen, Aquarellen und Plastiken in Berlin, 1957 veranstaltet vom Amt für Kunst im Bezirksamt Tempelhof, deren Eröffnung mit der Lesung von Lyrik und kurzer Prosa verbunden war, sowie im gleichen Jahr die Veröffentlichung des Essays ›Der Inhalt als Widerstand‹ in ›Akzente‹ brachten ihm Aufmerksamkeit und Einkünfte. Bei Grass herrschte, wie er an Höllerer im November 1957 schrieb, »Sonntagsstimmung«.

Das Paris dieser Jahre war sehr bewegt. Kunst und Literatur fanden in den Cafés statt, die Auseinandersetzung zwischen Sartre und Camus bestimmte die Diskussionen. Grass schloß zahlreiche neue

29 **Walter Höllerer** (*1922 in Sulzbach), 1941–1945 Militärdienst, Studium der Germanistik, Philosophie und Komparatistik. 1949 Promotion. 1958 Habilitation. 1959 Professur an der TU Berlin. Seit 1954 Mitglied der Gruppe 47; 1954–1967 mit Hans Bender Herausgeber der Zeitschrift ›Akzente‹, ab 1961 Herausgeber der Zeitschrift ›Sprache im technischen Zeitalter‹. 1963 Gründung des Literarischen Colloquiums Berlin. 1977 Gründung des Literaturarchivs Sulzbach-Rosenberg. Von 1981 an Mitherausgeber des Jahrbuchs ›Literatur im technischen Zeitalter‹.

Bekanntschaften. Höllerer vermittelte ihm die Adressen von Roland Barthes (»einem sympathischen und einflußreichen Kritiker«), Alain Robbe-Grillet (»einem Romancier, mit dem Sie sich gut verstehen dürften«) und Paul Celan. Mit letzterem freundete Grass sich bald an. Die Gegensätze zwischen beiden waren groß. Grass erlebte den knapp formulierenden Lyriker als wunderbaren Erzähler mit der großen Sehnsucht, Prosa zu schreiben. »Das war eine merkwürdige Konstellation, diese Freundschaft. Er hatte eine viel, viel geschlossenere Bildung. Ich war zu dem Zeitpunkt wüst, sehr sprunghaft, mit ungeheuren Löchern belesen und verdanke ihm eine Menge Hinweise.« Im Februar 1958 schrieb er an Höllerer über Celan: »Ich sehe ihn oft und herzlich.« Die »schwierige Freundschaft« mit Celan hatte einen tiefen Eindruck bei Grass hinterlassen.

Viele Bekanntschaften dieser Zeit waren fruchtbar für die Arbeit, etwa mit dem Bildhauer Harry Kramer, dem Mann einer mit Anna befreundeten Ballettänzerin, mit dem Grass eine »praktische Freundschaft« verband, denn »dessen mobile Figuren [verhalfen] meinen Vogelscheuchen zur Mechanik«. Auch Marcel Luitpart lernte Grass über seine Frau kennen. Mit dem Choreographen begann eine längere produktive Zusammenarbeit.

Die Sommermonate verbrachte die Familie Grass regelmäßig im Tessin am Lago Maggiore. Im Haus der Schwieger-

30 **Paul Celan** (1920–1970) Lyriker und Übersetzer. 1942/1943 Arbeitslager in Rumänien. Lebte seit 1948 in Paris. Gehört zu den herausragenden Lyrikern des 20. Jahrhunderts, Autor der berühmten ›Todesfuge‹. Verfaßte bedeutende Übersetzungen aus mehreren Sprachen (u. a. Rimbaud, Valéry, Mandelstam, Shakespeare).
Werke u. a.: ›Mohn und Gedächtnis‹ (1952), ›Von Schwelle zu Schwelle‹ (1955), ›Die Niemandsrose‹ (1963), ›Atemwende‹ (1967), ›Lichtzwang‹ (postum 1970), ›Schneepart‹ (postum 1971)

eltern in Alto Campascio schrieb Grass im Sommer 1958 »unter einer Weinlaubpergola an einem Steintisch« an der ›Blechtrommel‹.

Zu einem bemerkenswerten Zwischenfall kam es im Frühsommer des Jahres 1958, als Grass mit einem befreundeten deutschen Bildhauer in Paris beim Spaziergang auf der Straße von »mit Knüppeln und Schusswaffen bewaffneten Uniformierten verhaftet« wurde, wie er im Brief an Höllerer vom 9. Juni berichtete. Es war der Vorabend der Regierungsübernahme durch General de Gaulle, und an jenem Tag wurden etwa 6000 Menschen festgenommen, in den Palais du Sport verbracht und von hier aus auf die Polizeikeller der einzelnen Arrondissements verteilt – als vorbeugende Maßnahme. »Ganze vierundzwanzig Stunden, bis der General gewählt war, durften wir recht eng beieinander mit allen Sorten jüngerer Franzosen in einem Keller zubringen.« Dabei war es ihm nicht einmal möglich, seine Frau Anna zu informieren. Viel Zeit zur Empörung oder Erholung blieb nicht, denn kurz darauf, in der zweiten Juniwoche 1958, reiste Grass nach Danzig – das erste Mal, seit er die Stadt 1944 verlassen hatte. Die offizielle Einladung von Andrzej Wirth hatte Höllerer vermittelt.

Danzig, dessen Alt- und Rechtstadt während des Krieges zu 80 Prozent zerstört worden war, befand sich immer noch in einem desolaten Zustand. Einzig ein Teil der Altstadt war bereits restauriert. Grass fiel vor allem die »karge Versorgungssituation« sowie der in diesen Jahren starke Alkoholkonsum auf. Auch wurde die Stadt von anderen Menschen bewohnt: Die Deutschen, vormals die Mehrheit der Bevölkerung, waren ver-

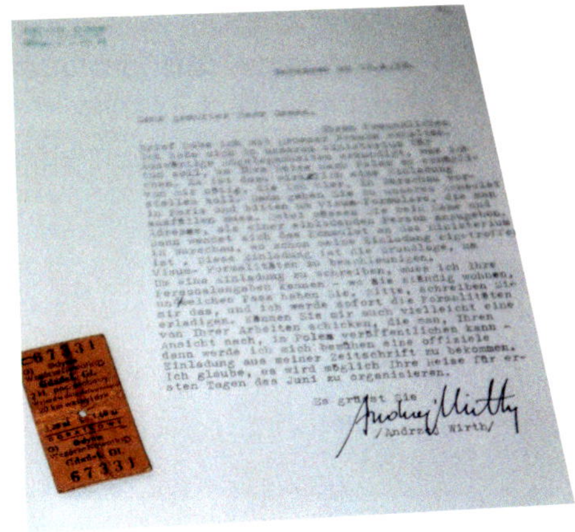

31 Das offizielle Einladungsschreiben von Andrzej Wirth und Grass' Zugfahrkarte von Gdynia nach Gdańsk. Literaturarchiv Sulzbach-Rosenberg

Die Schwaden dichten Pfeifen- und Zigarettenrauchs waren abgezogen. Im Landgasthof »Adler« zu Großholzleute im Allgäu schwang unter Hirschgeweihen der Schriftsteller Hans Werner Richter eine Kuhglocke und mühte sich ab, ein gutes Schock Literaten, Literatinnen und Literaten-Ehefrauen zur Ruhe und Raison zu bringen.

Im Sessel rechts neben ihm, die Lippen unter dem schwarzen Schnauzbart zu verbissenem Lächeln verzerrt, beide Hände an einen Packen Manuskriptpapier geklammert, erprobte währenddessen ein junger Autor Atemtechniken. Nach einem letzten Blick in den Halbkreis grinsender, flüsternder und gähnender Gesichter begann er zu lesen.

Er las vom Blechtrommelgnom Oskar Matzerath und vom Alltagsleben im Irrenhaus, von Verbrecherjagd und kaschubischer Leidenschaft bei der Kartoffelernte.

Nach den ersten Sätzen hatte sich Schadenfreude in Beifallsgelächter verwandelt, übernächtigt Gähnende zwangen sich zur Konzentration. Spätestens am Ende der Lesung war offenkundig, daß das kritische Auditorium [...] vom Talent des Oskar-Urhebers überzeugt war: Günter Grass hatte – und die Beckmesser des literarischen Meistersingens bescheinigten es ihm – mit seiner Probe aus dem noch unfertigen Roman ›Die Blechtrommel‹ reüssiert.

Tags darauf, zum Abschluß des ländlichen Dichterkongresses im Oktober 1958, promovierte Grass in freier und geheimer Wahl zum siebenten Preisträger der Gruppe 47.

Beschreibung von Grass' Lesung aus der ›Blechtrommel‹ vor der Gruppe 47 im Jahr 1958, in »Richters Richtfest«. ›Spiegel‹-Titelgeschichte zur Gruppe 47 (24. Oktober 1962)

32 Treffen der Gruppe 47. Foto, 1962

dem Fall eine stattliche und höchst willkommene Summe, die die Fertigstellung des Manuskripts sicherte. Wie immer hatte Grass zur Tagung Zeichnungen und Graphiken mitgebracht oder diesmal vielmehr mitbringen lassen – von Höllerer aus Berlin, den Grass im Brief vom 22. Oktober 1958 dringend im P. S. darum bat: »Wegen Geschäften mit Gruppe!« (dreimal unterstrichen). Solche Geschäfte waren nun nicht mehr nötig. Der Durchbruch des Schriftstellers Günter Grass kündigte sich an.

Zuvor hatte Grass bereits einen anderen Preis gewonnen: den Förderpreis des Kulturkreises im Bundesverband der Deutschen Industrie e. V. Höllerer war hier einmal mehr vermittelnd tätig gewesen aufgrund seiner freundschaftlichen Verbindung zu Mitgliedern der Kreises. Anfang 1958 hatte er

33 Grass mit Hans Werner Richter bei einer Lesung vor der Gruppe 47. Foto, 1962

bei Grass erst einmal vorgefühlt, ob ein Preis aus Industriekreisen akzeptabel wäre. Grass zeigte sich nicht zimperlich. Seine Antwort im Februar 1958 lautete: »Lieber Walter, das mit den 2500 Eiern gefällt mir. Ich ziere mich auch gar nicht und würde den Preis, ohne mit sonst was zu zucken, annehmen.«

Wann Grass tatsächlich mit der Manuskriptarbeit an der ›Blechtrommel‹ begann und ob sie wirklich die oft angegebenen dreieinhalb Jahre umfaßte oder ob einer eigentlichen, relativ kurzen Schreibphase eine längere Inkubationszeit voranging, läßt sich heute nicht mehr exakt rekonstruieren. Alles deutet aber darauf hin, daß die intensivste Schreibphase ungefähr von Februar 1958 bis Februar 1959 dauerte, wie insbesondere der Briefwechsel mit Walter Höllerer belegt. Schrieb ihm Grass noch im November 1957: »Gehe schwanger mit dickem Roman«, so hieß es am 24. März 1958: »ich habe mich jetzt episch dickärschig hingesetzt und meinen Roman angefangen«, um im Mai zu verkünden: »Meinem Roman geht es gut«, während Anna Grass im Juli 1958 an Höllerer zu berichten wußte: »Grass ist tief im Roman, manchmal vollkommen zugeschneit«, und mit gleichem Datum: »Schon 2 Verleger bestürmten den Grass und seinen Roman hier.« Irgendwann im frühen Frühjahr 1958 ist also eingetreten, was Grass in seinem späteren ›Rückblick auf die Blechtrommel‹ beschrieben hatte: »Mit dem ersten Satz: ›Zugegeben: Ich bin Insasse einer Heil- und Pflegeanstalt …‹ fiel die Sperre, drängte Sprache, liefen Erinnerungsvermögen und Phantasie, spielerische Lust und Detailobsession an langer Leine, ergab sich Kapitel aus Kapitel, hüpfte ich, wo Löcher den Fluß der Erzählung hemmten, kam mir Geschichte mit lokalem Angebot entgegen, sprangen Döschen und gaben Gerüche frei, legte ich mir eine wildwuchernde Familie zu.« Wie zugeschneit. Die Inkubations-

---

Lieber Herr Grass,
schönsten Dank für Ihre Zeilen vom 9. März und die Zusendung des Kapitels ›Brausepulver‹ aus Ihrem Roman. Ich habe es mit beträchtlichem Vergnügen gelesen – erstaunlich war mir auch hier wiederum, wie glücklich Sie auch hier wieder die Fußangeln und Fallstricke des üblichen realistischen Erzählens vermeiden. Ich bin sehr gespannt, wie sich der Roman im ganzen darstellen wird. Daß wir das ›Brausepulver‹ in den NDH [neue deutsche Hefte]

zeit mündete anscheinend in einen eruptiven Schreibprozeß, unterbrochen nur durch die so wichtige Reise nach Polen.

Im Februar 1959 war die Manuskriptarbeit an der ›Blechtrommel‹ abgeschlossen. Kurz darauf einigte Grass sich mit dem Luchterhand Verlag, mit dem er eine längere Auseinandersetzung gehabt hatte. Nach der Auszeichnung durch die Gruppe 47 hatte Grass von mehreren Verlagen Angebote erhalten und rege Verhandlungen geführt, um sich mit Günter Neske aus Pfullingen zu einigen, was nach Bekanntwerden wiederum den Mitbieter Siegfried Unseld von Suhrkamp betrübte. Doch kam ohnehin alles anders, denn der Luchterhand Verlag, der 1956 ›Die Vorzüge der Windhühner‹ herausgebracht hatte und nach Grass' fulminantem Auftritt bei der Gruppe 47 nun einen großen wirtschaftlichen Erfolg vermutete, bestand auf der damals noch üblichen Erfüllung der Optionsklausel. Der für die ›Windhühner‹ abgeschlossene Standardvertrag besagte, daß der Autor nachfolgende Manuskripte zuerst dem Vertragspartner anzubieten habe. Luchterhand setzte alles daran, den Autor ans Haus zu binden, und drohte eine juristische Auseinandersetzung an. Doch dann einigten sich der Luchterhand-Verleger Eduard Reifferscheid und Grass, und ›Die Blechtrommel‹ erschien bei Luchterhand – nachdem Grass die Streichung der Optionsklausel durchgesetzt hatte.

Nun ging das Buch in den Druck, Anfragen für eine italienische und eine amerikanische Übersetzung waren bereits eingegangen. Die Unterbringung der damals noch üblichen Vorabdrucke in Zeitschriften oder beim Rundfunk gestaltete sich allerdings unerwartet schwierig. Die Auszüge aus der ›Blechtrommel‹ passierten nicht immer die interne Zensur der Medien. Das gab Grass einen kleinen Vorgeschmack auf die Zukunft. In schöner Regelmäßigkeit baten sich windende

bringen können, glaube ich freilich nicht – es braust wirklich zu sehr.

Rudolf Hartung, Mitherausgeber der ›neuen deutschen hefte‹, im Brief an Grass (17. März 1959)

Redakteure, grundsätzlich und ausnahmslos begeistert von Erzählstil und Thema, um andere Auszüge, die von einer Zeitschrift leichter zu verkraften seien.

Eigentlich sollte jetzt ein viermonatiges Stipendium in den USA folgen. Doch daraus wurde nichts. Es zeigte sich, daß die Arbeitsbedingungen im feuchten Kellerraum in der Avenue d'Italie ihren gesundheitlichen Tribut gefordert hatten. Bei der für das Visum obligatorischen Gesundheitsprüfung durch das amerikanische Generalkonsulat stellte man Tuberkulome fest, Lungenknötchen, die zwar nicht gefährlich waren, dennoch auskuriert werden mußten. Mit Tuberkulomen gab es kein Gesundheitszeugnis. Grass, der sich schon »riesig auf den Ozeandampfer« gefreut hatte, ging nun statt in die USA mit Frau und Kindern wieder zurück nach Berlin. Aber nicht nur die Tuberkulome ließen eine Klimaveränderung ratsam erscheinen. Insgesamt hatte die Familie Grass, die wegen der zwei kleinen Kinder ab und zu Pariser Krankenhäuser aufsuchen mußte, keinen guten Eindruck von den dortigen Zuständen gewonnen. Auch das war neben der politischen Entwicklung, die Grass zunehmend bedenklich erschien, ein Grund zur Rückkehr. So bezog die Familie, dank der ›Blechtrommel‹ erstmals mit Geld ausgestattet, eine Viereinhalbzimmerwohnung in der Karlsbader Straße 16 in Berlin-Schmargendorf.

Die ›Danziger Trilogie‹

Im Herbst des Jahres 1959 erschien ›Die Blechtrommel‹. Zur Buchmesse in Frankfurt waren Günter und Anna Grass von Paris aus mit dem Zug angereist. Dort wurden auch ›Billard um halbzehn‹ von Heinrich Böll und ›Mutmaßungen über Jakob‹ von Uwe Johnson präsentiert. Damit war ein völlig neuer Ton in der deutschen Nachkriegsliteratur angeschlagen – oder vielmehr: Nun erst schien es sie überhaupt zu geben. In der Tat war es der Beginn einer neuen Ära, in der die Literatur sich kritisch mit dem Nationalsozialismus und der auf Verdrängung beruhenden Wiederaufbaumentalität der Nachkriegszeit befaßte.

Der Erfolg, der sich nun einstellte, übertraf selbst die kühnsten Erwartungen. Die unmittelbare Aufnahme war enthusiastisch, die ersten Kritiken waren überschwenglich. Grass zersinge »die ganze dünnwandige Nachkriegsliteratur« mit einem Handstreich, hieß es, er habe das »Kunstgewerbe einer gepflegten literarischen Mittelmäßigkeit« hinweggefegt. Grass sprenge »formal wie thematisch den herkömmlichen, provinziellen

34 Auf dem Balkon der Wohnung in der Karlsbader Straße. Foto, 1962

Rahmen«, schrieb Hans Dollinger, während Rolf Becker den ungewöhnlichen Erfolg des Buches mit der »ganz unerwarteten, überraschenden Art seiner Qualität« erklärte. Kurt Lothar Tank sprach von einem »Geniestreich«. Dies bedeutete eine neue Qualität in der Nachkriegsliteratur, hier war ein Autor von außergewöhnlicher Begabung am Werk. ›Die Blechtrommel‹ wurde nicht nur rasch ein Bestseller, sondern bald auch in den Kanon der Weltliteratur aufgenommen. Die erste Übersetzung erschien in Frankreich 1961 und erhielt den Preis des »Meilleur livre étranger«.

›Die Blechtrommel‹ war geeignet, an vielen Tabus der von erstarrten Konventionen gekennzeichneten Gesellschaft gegen Ende der fünfziger Jahre zu rütteln. In die Begeisterung mischte sich ablehnende Entrüstung. Obzönität und Blasphemie waren die häufigsten Vorwürfe. Erfolg und Skandal lagen dicht beieinander. Wilhelm Horkerl bemerkte im ›Deutschen Pfarrblatt‹: »Das Sexuelle beherrscht weite Romanstrecken

›Die Blechtrommel‹ (1959)

Die kürzeste Inhaltsangabe der siebenhundertseitigen ›Blechtrommel‹ stammt von Grass selbst: »Junge, dreijährig, stellt Wachstum ein«, erläuterte er gegenüber Marcel Reich-Ranicki im Jahr 1958 während seiner Polenreise. Erzählt wird die fiktive Autobiographie von Oskar Matzerath, die der am Buchende dann Dreißigjährige als Insasse einer Heil- und Pflegeanstalt zu Papier bringt. Dabei erinnert sich Oskar, der eine »Mischung aus Identifikation und Distanzierung« hervorruft, an sein Leben mit Hilfe einer Blechtrommel. Bereits bei seiner Geburt im Danziger Labesweg ist

Oskar geistig vollständig entwickelt und nur körperlich der Neugeborene. Mit drei Jahren stellt er das Wachstum ein und beobachtet die Welt aus seiner Perspektive – von unten. Schutz, Trost, Ausdrucks- und Protestmittel ist ihm dabei die Blechtrommel, die er von seiner Mutter zum dritten Geburtstag erhalten hat. Aufgewachsen im kleinbürgerlichen Milieu zwischen Deutschen, Polen und Kaschuben, erzählt Oskar die Zeit zwischen 1924 und 1954 mit Vor- und Rückgriffen. Dabei entsteht ein Panorama deutscher Geschichte. Oskar, der Verweigerer, proin einer solchen deftigen Nacktheit und grandiosen Un-Verschämtheit, daß man manchmal kaum weiterlesen kann«, während die in Lübeck erschienene Zeitschrift ›Unser Danzig‹ schrieb: »Von der Kirchenschändung bis zur allerübelsten Pornographie, es wird alles dargeboten, was verletzen kann, und es hinterläßt, bei aller Bewunderung vor der glänzenden Form und lebendigen Milieuschilderung, ein Gefühl des Widerwillens. Einem jungen Menschen darf man diesen Roman nicht in die Hand geben.«

Auch Hans Magnus Enzensberger kam in seiner oft zitierten ›Blechtrommel‹-Besprechung auf die »verbotene Sphäre« zu sprechen, »wo sich Ekel und Sexualität, Tod und Blasphemie begegnen«, und wußte klug vorausschauend zu bemerken: Was Grass' »brüske Eingriffe legitimiert, ja zu künstlerischen Ruhmestaten macht, das ist die vollkommene Unbefangenheit, mit der er sie vornimmt. Grass jagt nicht, wie Henry Miller, hinter dem Tabu her: Er bemerkt es einfach nicht. Zu

testiert gegen die Erwachsenenwelt und verstrickt sich dennoch in sie. Am Tod seiner Mutter ist er nicht unschuldig, und auch seine beiden mutmaßlichen Väter treibt er ins Grab. Mit seiner späteren Stiefmutter zeugt er, mutmaßlich, einen Sohn. Dem Euthanasieprogramm der Nazis entkommt er, indem er als Künstler im Fronttheater bis zum Atlantikwall gelangt. Nach der Flucht in den Westen bei Kriegsende ist Oskar erst auf dem Schwarzmarkt erfolgreich, dann in Düsseldorf als Steinmetz tätig, als Aktmodell und als Schlagzeuger einer Jazzband, bis er als Trommler zu Wohlstand kommt und als mutmaßlicher Mörder einer Krankenschwester verhaftet und eingewiesen wird. Am Ende schließt sich der Kreis. Oskar sitzt mit seiner Blechtrommel und den beschriebenen 500 Blatt Papier auf seinem ihm Trost und Schutz bietenden Anstaltsbettchen, wird bedroht von der baldigen Entlassung in die unwirkliche Welt und »hat keine Worte mehr«. »Als höchste und letzte Stufe seiner künstlerischen Entwicklung hat Oskar die ›Kunst des Zurücktrommelns‹« erlernt, was den Pikaroroman (s. Seite 88) auch zu einem Künstlerroman macht. Mit höchster Sprachkraft hat Grass hier ein wesentliches Stück deutscher Geschichte gestaltet. Groteske, Phantastik und detailgenauer Realismus bei immer neuen Tonstufen und Sprachschichten gestalten den umfangreichen Stoff und zielen, unter Verzicht auf jegliche Ideologie und unter »Ablehnung allen Moralisierens«, auf einen zutiefst moralischen Kern.

Unrecht wird man ihn der Provokation verdächtigen. Er ist dem Skandal weder aus dem Weg gegangen, noch hat er ihn gesucht; aber gerade dies wird ihn hervorrufen.«

Aus heutiger Sicht läßt sich die damalige Aufregung nur schwer nachvollziehen. Sie bestätigte jedoch, daß es eine Zeit war, in der vieles verborgen und unter den Teppich gekehrt wurde. Noch im gleichen Jahr, 1959, verweigerte der Bremer Senat Grass den ihm von einer unabhängigen Jury bereits zuerkannten Bremer Literaturpreis, dotiert mit 8000 DM. Den Stadtvätern waren die Schriften des Preisträgers zu anrüchig.

Grass wurde über Nacht berühmt. Er hatte sich sofort den Ruf »eine[r] Art Kraftmeier des Fabulierens« erschrieben. Dabei kennzeichnen seine Werke ein hohes Maß an Artistik und Ironie mit strengen, genau kalkulierten Formen und Strukturen. Wie Grass sich diese Ästhetik erarbeitet hat, läßt sich aus dem Essay ›Der Inhalt als Widerstand‹ von 1957 ersehen. Der auf »der Straße« liegende Inhalt – die geschichtlichen Erfahrungen seiner Generation – bedarf der Artistik, mithin des künstlerischen, formalen Könnens, das den Inhalt bearbeitet und gestaltet. Dabei sieht sich Grass immer in der langen Tradition der Literaturgeschichte: »Literatur kommt von Literatur her«, lautet einer der Sätze, mit denen er seinen Ort beschreibt. Die Formen und Strukturen, die die großen Stoffmassen ordnen, sind so geschickt in die Erzählungen eingebettet, daß erst der genaue, analysierende Blick sie freizulegen vermag. Grass hat es gleich von Anfang an verstanden, in der Prosa dem Credo seines Lehrmeisters Alfred Döblin zu entsprechen: »Das Ganze darf nicht erscheinen wie gesprochen, sondern wie vorhanden.« Ausweis hierfür ist eine Passage in der ›Blechtrommel‹, in der der Ich-Erzähler hintergründig die erzähltheoretischen Verhältnisse der Zeit ironisiert, sich über alle

---

Wenn es noch Kritiker in Deutschland gibt, wird ›Die Blechtrommel‹, der erste Roman eines Mannes namens Günter Grass, Schreie der Freude und der Empörung hervorrufen. […] Mit seinem […] Roman hat sich Grass einen Anspruch darauf erworben, entweder als satanisches Ärgernis verschrien oder aber als Prosaschriftsteller ersten Ranges gerühmt zu werden. Unserem literarischen Schrebergarten, mögen seine Rabatten sich biedermeierlich oder avanciert-tachistisch geben, zeigt er, was eine Harke ist. Dieser modischen Parameter hinwegsetzt, seine eigene Position nicht nur findet und behauptet, sondern zugleich die Wahrnehmungsperspektive des Helden erkennen läßt: »Man kann eine Geschichte in der Mitte beginnen und vorwärts wie rückwärts kühn ausschreitend Verwirrung anstiften. Man kann sich modern geben, alle Zeiten, Entfernungen wegstreichen und hinterher verkünden oder verkünden lassen, man habe endlich und in letzter Stunde das Raum-Zeit-Problem gelöst. Man kann auch ganz zu Anfang behaupten, es sei heutzutage unmöglich, einen Roman zu schreiben, dann aber, sozusagen hinter dem eigenen Rücken, einen kräftigen Knüller hinlegen, um schließlich als letztmöglicher Romanschreiber dazustehn. Auch habe ich mir sagen lassen, daß es sich gut und bescheiden ausnimmt, wenn man anfangs beteuert: Es gibt keine Romanhelden mehr, weil es keine Individualisten mehr gibt, weil die Individualität verlorengegangen, weil der Mensch einsam, jeder Mensch gleich einsam, ohne Recht auf individuelle Einsamkeit ist und eine namen- und heldenlose einsame Masse bildet. Das mag alles so sein und seine Richtigkeit haben. Für mich, Oskar, und meinen Pfleger Bruno möchte ich jedoch feststellen: Wir beide sind Helden, ganz verschiedene Helden, er hinter dem Guckloch, ich vor dem Guckloch.« (›Die Blechtrommel‹)

Ein weiteres zentrales Merkmal der ›Blechtrommel‹ ist ihre realistisch-phantastische Erzählweise, die Verbindung historischer und realistischer Elemente mit dem Phantastischen, dem Märchen- und Mythenhaften, besonders kenntlich an Oskars Fähigkeit des Glaszersingens, das ihm Schutz und Aufmerksamkeit gewährt und neben dem Trommeln Ausdruck seiner Kunst ist. »Ich muß das Phantastische so genau wie möglich beschreiben, ich muß es mit möglichst viel Realität beschwe-

Mann ist ein Störenfried, ein Hai im Sardinentümpel, ein wilder Einzelgänger in unsrer domestizierten Literatur, und sein Buch ist ein Brocken, wie Döblins ›Berlin Alexanderplatz‹, wie Brechts ›Baal‹ [...], an dem Rezensenten und Philologen mindestens ein Jahrzehnt lang zu würgen haben, bis es reif zur Kanonisation oder zur Aufbahrung im Schauhaus der Literaturgeschichte ist.

Hans Magnus Enzensberger, ›Wilhelm Meister, auf Blech getrommelt‹, in Süddeutscher Rundfunk Stuttgart (18. November 1959)

Absicht gerieben. Schweigen wollte, konnte keiner. Ging es doch darum, die deutsche Sprache aus dem Gleichschritt zu bringen, sie aus Idyllen und blaustichiger Innerlichkeit herauszulocken. Uns, den gebrannten Kindern, kam es darauf an, den absoluten Größen, dem ideologischen Weiß oder Schwarz abzuschwören. Zweifel und Skepsis standen Pate.«

Dabei ist ihm Danzig-Langfuhr das Beispiel der Welt, ganz so, wie es in ›Hundejahre‹ beschrieben ist: »Es war einmal eine Stadt, die hatte neben den Vororten Ohra, Schidlitz, Oliva, Emaus, Praus, St. Albrecht, Schellmühl und dem Hafenvorort Neufahrwasser einen Vorort, der hieß Langfuhr. Langfuhr war so groß und so klein, daß alles, was sich auf dieser Welt ereignete oder ereignen könnte, sich auch in Langfuhr ereignete oder hätte ereignen können.« Und auch das Aufkommen des Nationalsozialismus ließ sich hier gut studieren, erfolgte es doch im Freistaat Danzig »langsam und zum Mitschreiben für später«, wie es in ›Aus dem Tagebuch einer Schnecke‹ heißt.

Gleichwohl war die ›Blechtrommel‹ keineswegs als Beitrag zur sogenannten Vergangenheitsbewältigung gemeint. Zum Schreiben hat Grass viel bewogen: der Tod der Mutter; die Ehe mit Anna sowie der Hintergrund des angeheirateten großbürgerlich-schweizerischen Familienverbundes; der Ekel vor dem allzu schnellen Wiederaufbau glatter Fassaden, wie er ihn vor allem in Düsseldorf erlebte und von nun an mit dieser Stadt verband; die Konfrontation mit den neuen Realitäten in Berlin; das anhaltende Gefühl nagender Schuld; das

Bewußtsein, nur zufällig überlebt zu haben; der Verlust der Heimat; der Onkel aus der Kindheit, über dessen Tod niemand sprach; die in Mode kommende Dämonisierung des Nationalsozialismus, wonach dieser quasi »über Nacht« über die Deutschen gekommen sei, wie von »Erdgeistern« gemacht; der Wunsch, diesen Metaphernwust wegzuschieben.

All dies zusammen bildete den Auslöser, den Grass brauchte, um die unbewältigte Stoffmasse, die er mit sich trug, zu bearbeiten. Aber keineswegs war es die »damals billige [...] Forderung nach ›Bewältigung deutscher Vergangenheit‹«. »Denn mein Versuch, den eigenen (verlorenen) Ort zu vermessen und mit Vorzug die Ablagerungen der sogenannten Mittelschicht (proletarisch-kleinbürgerlicher Geschiebemergel) Schicht um Schicht abzutragen, blieb ohne Trost und Katharsis. Vielleicht gelang es dem Autor, einige neu anmutende Einsichten freizuschaufeln, schon wieder vermummtes Verhalten nackt zu legen, der Dämonisierung des Nationalsozialismus mit kaltem Gelächter den verlogenen Schauer regelrecht zu zersetzen und der bis dahin ängstlich zurückgepfiffenen Sprache Auslauf zu schaffen; Vergangenheit bewältigen konnte (wollte) er nicht.«

Ein wesentlicher Antrieb war der Verlust der Heimat und die Anerkennung des Verlustes. Er ist für das Werk von Günter Grass kaum zu überschätzen. In Danzig liegt »die Quelle meiner Literatur begraben«, sagte er wiederholt. Die »Gewißheit vom unwiederbringlichen Verlust der Heimat« hatte »als anstiftende Kraft« die Obsession zur Folge, mit den Mitteln der Sprache all das wieder aufleben zu lassen, was nun aus politischen Gründen verloren war.

Damit waren die Grundlagen für seine »Poetik des Verlustes«, wie Volker Neuhaus formulierte, gelegt. Die verlorene,

◀ 37 Szene aus der Schlöndorff-Verfilmung von ›Die Blechtrommel‹ (1978) mit Angela Winkler, David Bennent, Daniel Olbrychski und Mario Adorf nur noch in der Imagination bestehende Heimat wird in vielen Büchern von Grass beschworen. Der Autor hat daraus die These vom »Verlust als Voraussetzung für Literatur« entwickelt. Immerhin befindet er sich in guter Gesellschaft, denn »Verlust dieser Art ist auch anderen Schriftstellern zum Mistbeet fortgesetzt obsessionshaften Erzählens geworden. Jedenfalls kamen vor Jahren Salman Rushdie und ich gesprächsweise überein, daß ihm, wie mir mein verlorenes Danzig, sein verlorenes Bombay Quelle und Müllgrube, Fixpunkt und Weltmitte ist.« Beim ›Butt‹ (1977) hatte Grass das Gefühl, dies sei sein letztes Buch über Danzig. Ebenso war es bei der ›Rättin‹ (1986). Dann aber wurde auch ›Unkenrufe‹ (1992) ein Danzig-/Gdańsk-Buch. Heute glaubt Grass nicht mehr, daß das Thema Danzig für ihn jemals beendet sein wird. Als er 1993 die Ehrendoktorwürde der Universität Gdańsk erhielt und zugleich auch zum Ehrenbürger der Stadt ernannt wurde, konstatierte er, gefeiert als Botschafter einer kritischen Annäherung, einmal mehr in seiner Dankesrede, daß seine Bücher immer wieder, »ja zwanghaft von dieser Stadt« handeln, wobei er sich nicht nur als Chronist des früheren, vergangenen, historischen Danzig begreife, sondern ebenso des zeitgenössischen Gdańsk.

Neben diesen vielen Gründen zur Niederschrift der ›Blechtrommel‹ war allerdings noch ein weiterer entscheidend: die literarische Anstiftung, wie Grass es nannte. Gemeint ist hiermit die europäische Tradition des Pikaroromans, die Grass kennen- und liebengelernt hatte. Immer wieder leitete Grass sein literarisches Herkommen von Cervantes über Fischart, Grimmelshausen, Rabelais, Döblin, James Joyce, Laurence Sterne und Dos Passos her und bekannte später in seiner Nobelpreisrede: »Ich komme [...] aus der maurisch-spani-

Der Pikaroroman
Benannt nach der spanischen Gestalt des Picaro (Spitzbube), ist der barocke Pikaro- oder Schelmenroman das Gegenstück zum höfischen Roman. Er beginnt als fiktive Autobiographie immer mit Geburt und Herkunft des Helden und verfolgt dessen Lebensstationen episodisch in chronologischer Reihenfolge. Der Pikaro erlebt häufige Glückswenden, mal ist er ganz oben, mal ganz unten. Der besondere Realismus ist ein zentrales Merkmal. Als frühester Schelmenroman gilt der spanische ›Lazarilo de

schen Schule des pikaresken Romans.« So wurde ›Die Blechtrommel‹ ein moderner Schelmenroman.

Heute ist ›Die Blechtrommel‹ das weltweit bekannteste deutschsprachige Buch der Nachkriegszeit. Die Fülle der Sekundärliteratur dazu ist mittlerweile kaum noch überschaubar. Noch 1999 bekannte die polnische Schriftstellerin Olga Tokarczuk, drei Jahre jünger als ›Die Blechtrommel‹, mit welch heißhungriger Aufregung sie als Teenager das Buch gelesen habe. Und wie nebenbei beschreibt sie das Allgemeingültige der ›Blechtrommel‹: »Ich erkannte darin nicht Geschichten und Ereignisse, sondern vielmehr das pralle Klima der Absurdität und Zufälligkeiten des menschlichen Lebens, und diese wunderbar spöttische Distanz, die uns erlaubt, bei Verstand zu bleiben und das Leben zu genießen, wie dramatisch es auch sein mag.«

Nach Erscheinen der ›Blechtrommel‹ war Grass, der seinem Freund Höllerer viel zu verdanken hatte, nun froh, auch seinerseits etwas tun zu können. Im Rahmen der von Höllerer ins Leben gerufenen Lesereihe unter dem Titel ›Literatur im technischen Zeitalter‹ trat Grass im Januar 1960 am Außeninstitut der TU Berlin auf, las aus den ›Windhühnern‹ und der ›Blechtrommel‹ und hatte damit großen Erfolg. Die Lesereihe, die von 1960 bis 1962 lief und bei der u. a. Walter Jens, Hans Magnus Enzensberger, Uwe Johnson, Max Frisch, John Dos Passos, Eugène Ionesco, Henry Miller, Alain Robbe-Grillet und Ingeborg Bachmann auftraten, war insgesamt ein großer Medien- und Publikumserfolg.

Nachdem Anna Grass es arrangiert hatte, daß Walter Höllerer in ihrem Pariser Haus eine Zweitwohnung anmieten konnte, kehrte die Familie Grass im Frühjahr 1960 zurück nach Berlin. Im zweiten Stock eines schönen und verfallenen

---

Tormes‹ (anonym, 1554). Der bekannteste deutschsprachige Schelmenroman ist der ›Simplicius Simplicissimus‹ (1668) von Grimmelshausen, der weit über die pikarischen Vorbilder hinausgeht. Die Literatur in Deutschland nach 1945 zeigte eine auffällige Wiederbelebung des Schelmenromans im erweiterten Sinne. ›Die Bekenntnisse des Hochstaplers Felix Krull‹ von Thomas Mann (1954) und ›Ansichten eines Clowns‹ von Heinrich Böll (1963) sind nur zwei Beispiele neben der ›Blechtrommel‹.

38 Grass mit seiner Frau Anna in der Karlsbader Straße 16. Foto, um 1961

Altbaus in der Karlsbader Straße 16 mietete Grass eine geräumige Wohnung an. Das Haus war im Krieg halb zerstört, die Wohnung zum Teil ausgebrannt und erst nach umfangreichen Renovierungsarbeiten bewohnbar. Im Erdgeschoß des Hauses befand sich neben einer Wäschemangel eine Tischlerei, was Reminiszenzen an Danzig-Langfuhr erlaubte. Es war eine gute Zeit: »Wir lebten ohne Telefon zeitweilig glücklich.« Nach der Geburt der Tochter Laura 1961 baute Grass den Dachboden zum Atelier aus, das durch eine Treppe mit der Wohnung verbunden war. Im Herbst 1960 erschien ein neuer Gedichtband mit Zeichnungen, ›Gleisdreieck‹.

Die Gedichte in ›Gleisdreieck‹ waren zwischen 1956 und 1960 in Paris entstanden und wurden ergänzt durch neuere Berliner Arbeiten. Im Vergleich zum ersten Gedichtband läßt sich hier sprachlich eine strukturell größere Nähe zur Prosa erkennen. Die Nonnenzeichnungen und -gedichte waren par-

Askese

Die Katze spricht.
Was spricht die Katze denn?
Du sollst mit einem spitzen Blei
die Bräute und den Schnee schattieren,
du sollst die graue Farbe lieben,
unter bewölktem Himmel sein.

Die Katze spricht.
Was spricht die Katze denn?
Du sollst dich mit dem Abendblatt,
in Sacktuch wie Kartoffeln kleiden
und diesen Anzug immer wieder wenden
und nie in neuem Anzug sein.

allel zur Arbeit am ›Blechtrommel‹-Kapitel »Am Atlantikwall« entstanden. Die Zeichnungen sind mit schwarzer Fettkreide angefertigt und heben sich von den leichten Federzeichnungen des ersten Gedichtbandes ab. Nach dem Erfolg der ›Blechtrommel‹ wurde der Band nun entsprechend opulent ausgestattet. Hier finden sich mit ›Im Ei‹, ›Askese‹ und ›Racine läßt sein Wappen ändern‹ einige für die Grasssche Metaphysik zentrale Gedichte. Die Bedeutung Berlins für Grass' politischen Kosmos deutet sich an, hier finden grundlegende Überzeugungen Eingang, wie die Betonung alles Zyklischen im Leben, wenn im Gedicht ›Stapellauf‹ die Taufe eines Schiffes zugleich den Beginn seines (späteren) Untergangs markiert. Von herausragender Bedeutung ist das programmatische Gedicht ›Askese‹, in dem Grass seine Beschäftigung mit Adornos Diktum fortführte und seine Ästhetik entwickelte, die um die Farbe Grau und »dessen unendliche Abstufungen« kreist. Grass kommentierte dies 1990: »Es galt, den absoluten Größen, dem ideologischen Weiß oder Schwarz abzuschwören, dem Glauben Platzverweis zu erteilen und nur noch Zweifel zu setzen, der alles und selbst den Regenbogen graustichig werden ließ.«

In ›Aus dem Tagebuch einer Schnecke‹ von 1972 wird dieser Zweifel – die grundsätzliche Ideologieskepsis und die Skepsis gegenüber einer Philosophie der Extreme im Hegelschen Sinne – personifiziert in der Figur des Hermann Ott. ›Askese‹ ist auch eine Stellungnahme zur Auseinandersetzung

Die Katze spricht.
Was spricht die Katze denn?
Du solltest die Marine streichen,
die Kirschen, Mohn und Nasenbluten,
auch jene Fahne sollst du streichen
und Asche auf Geranien streun.

[...]

Und an die Wand, wo früher pausenlos
das grüne Bild das Grüne wiederkäute,
sollst du mit deinem spitzen Blei
Askese schreiben, schreib: Askese.
So spricht die Katze: Schreib Askese

Aus ›Gleisdreieck‹ (1960)

zwischen Albert Camus und Jean-Paul Sartre. Grass hat sich wiederholt zu Camus bekannt.

Diese anti-ideologische Haltung ist auch Gegenstand des Gedichtes ›Im Ei‹. Es behandelt das Verhältnis von Gott, Mensch und Welt, welches bei Gedichtauftakt, wo die Henne das Ei und die Eibewohner brütet, angeblich noch in schönster Ordnung ist, jedoch von Strophe zu Strophe zunehmend in Frage gestellt wird, bis am Ende deutlich wird, daß wir nur hoffen, »daß wir gebrütet werden« – und doch zu befürchten bleibt, daß, während wir »nur noch vom Brüten reden«, jemand, »außerhalb unserer Schale, Hunger verspürt, uns in die Pfanne haut und mit Salz bestreut«. Auch das lyrische Ich durchschaut nicht Sinn und Zweck des Lebens, vielmehr entwirft es ein »absurdes Weltbild ohne Gott«. Hier deutet sich das »Loch in der Schöpfung« an, das ein vielen Grass-Werken eigenes Motiv ist und dem Sinn des Lebens nach christlichem Verständnis das absurde Dasein im Sinne Camus' gegenüberstellt. Zugleich wird das in ›Aus dem Tagebuch einer Schnecke‹ (1972) entfaltete Bild des In-der-Schwebe-Haltens von Dingen erkennbar, die sich allzu schnell verfestigen, womit auch ein Gegenanreden gegen das Verdrängen historischer Schuld gemeint ist. Das Gedicht ›Im Ei‹ sollte ursprünglich dem Band seinen Namen geben, machte aber ›Gleisdreieck‹ Platz. Der durch den Titel gegebene Bezug zu dem geteilten Berlin symbolisiert auch eine mit der Rückkehr in die Stadt einsetzende völlig neue Orientierung hin zur Politik.

Der sich zuspitzende Ost-West-Konflikt, die schwierige politische Situation im geteilten Berlin sowie die atomare Bewaffnung der Supermächte bildeten den Hintergrund für das politische Engagement von Günter Grass, das in den sechziger Jahren zunehmend Raum einnehmen sollte. Die Grundlage

Willy Brandt (1913–1992), seit 1931 in der Sozialistischen Arbeiterpartei, emigrierte 1933 nach Norwegen; journalistische Tätigkeit; wurde 1938 von den Nazis ausgebürgert und nahm die norwegische Staatsbürgerschaft an. 1940 Flucht nach Schweden, 1945 Rückkehr nach Deutschland; 1947 Wiedereinbürgerung und Mitglied der SPD; 1949–1957 und von 1969 an Bundestagsabgeordneter, 1957–1966 Regierender Bürgermeister von Berlin; 1964–1987 Parteivorsitzender, seitdem Ehrenvorsitzender; 1966–1969 Außenminister und Vizekanz-

dafür waren die politischen Eindrücke aus den fünfziger Jahren, die Grass in Paris gesammelt hatte: die Ablösung des von ihm bewunderten Mendès-France, Bekanntschaften mit Franzosen, die als Soldaten im Indochina-Krieg waren, der Ungarn-Aufstand von 1956, »das französisch-englische Abenteuer am Suezkanal«. Ab 1960 beteiligte sich Grass an den ersten Ostermärschen und demonstrierte gegen die Atombombe.

Der Beginn seines direkten politischen Engagements fiel mit der durch Hans Werner Richter herbeigeführten Bekanntschaft mit Willy Brandt zusammen. Richter hatte in Berlin ein Treffen zwischen Mitgliedern der Gruppe 47 und Brandt organisiert, von dem Grass allerdings eher zufällig erfuhr. Richter hatte ihn darüber nicht informiert, weil er Grass ohnehin für einen »Anarchisten« hielt. Eine Version lautet, daß Grass auf eigene Initiative zu dem Treffen kam, eine andere, daß Brandt Richter gebeten habe, ihn mit Grass bekanntzumachen. Jedenfalls nahm Grass an dem Treffen teil, und als Brandt am Ende in die Runde fragte, ob jemand bereit sei, sich direkt zu engagieren und Reden zu schreiben oder Formulierungshilfe zu leisten, meldete sich zum allgemeinen Erstaunen nur der »Anarchist«. Das war 1961. So begann eine intensive Zusammenarbeit und lebenslange Freundschaft zwischen Günter Grass und Willy Brandt.

Brandt war zu dieser Zeit Regierender Bürgermeister in Berlin – eine schwierige Aufgabe zu Zeiten des Mauerbaus. Zudem wurde er im Wahlkampf 1961 von Konrad Adenauer als unehelicher Sohn diffamiert. Daß diese Verunglimpfung auf keinerlei Widerspruch in der Öffentlichkeit stieß, empörte Grass. Er solidarisierte sich sofort mit Brandt, den er dafür bewunderte, daß er als knapp Zwanzigjähriger 1933 schon deutlich die Zeichen der Zeit erkannt hatte und emigriert war.

---

ler der Großen Koalition, 1969–1974 Bundeskanzler; in dieser Zeit entwickelte er die neue Deutschland- und Ostpolitik, die zur Unterzeichnung des Moskauer Vertrages (1970), des Warschauer Vertrages (1970), des Viermächteabkommens (1971), des Grundlagenvertrages mit der DDR (1972) sowie des Vertrages mit der Tschechoslowakei (1973) führte. Dafür erhielt er 1971 den Friedensnobelpreis. 1976–1992 war er Vorsitzender der Sozialistischen Internationale, ab 1977 der Nord-Süd-Kommission.

brauchte. 1961 erschien ›Katz und Maus‹, und die ursprüngliche Grundidee wurde zu ›Hundejahre‹ weiterentwickelt.

Nach seinem Erstlingsroman von fast 700 Seiten überraschte Grass nun also mit der strengen Form der Novelle. Angeregt hatte ihn dazu die Novelle ›Niebla‹ (1914, deutsch ›Nebel‹, 1929) des spanischen Schriftstellers Miguel de Unamuno (1864–1936), der das Spiel mit der Fiktionalisierung des Autors im Text entwickelt hatte und damit Einfluß auf Grass' weitere schriftstellerische Entwicklung nahm. Unamuno spielte auch mit der Form der Novelle oder »Nivolle«, was Grass veranlaßte, seine eigene »Nivolle« vorzulegen, mit der er sich durchaus auch von Goethes Novellendefinition absetzen wollte.

›Katz und Maus‹ war wieder ein unmittelbarer Erfolg. Die deutsche Originalausgabe startete gleich mit einer Auflage von 30 000, damals eine bemerkenswerte Höhe. Die Taschenbuch-Ausgabe im Rowohlt-Verlag wurde innerhalb der ersten vier Tage 36 000 Mal verkauft. Wie schon bei der ›Blechtrommel‹ war auch die Aufnahme bei der Kritik überaus positiv. Erneut aber stieß man sich an vermeintlich Blasphemischem und Pornographischem, wie dem erotisch durchtränkten Marienkult von Mahlke und der legendär gewordenen Masturbationsszene. Eben diese Szene wurde auch bei der Jahre später ausgestrahlten Verfilmung geschnitten und war prominentes Zensuropfer in vielen Übersetzungen. Hauptsächlich wegen dieser Szene hatte 1962 das Hessische Ministerium für Arbeit, Volkswohlfahrt und Gesundheitswesen einen Antrag auf Aufnahme von ›Katz und Maus‹ in die Liste jugendgefährdender Schriften gestellt, ihn aber im Dezember desselben Jahres zurückgezogen. Grass sah sich in der Auseinandersetzung mit dem Vorwurf der Blasphemie dazu genötigt, noch einmal dar-

40 Grass mit seiner Frau Anna vor dem Plan zum ›Knirscher‹ (später ›Hundejahre‹). Foto, um 1962

auf hinzuweisen, daß sich der Katholizismus in Polen, wie in vielen anderen vorwiegend katholischen Ländern, »Reste heidnischer Ursprünglichkeit« bewahrt hatte. Eben diese Dinge darzustellen, »diese spielfreudige, farbenprächtige, halb heidnische, halb christliche Welt darzustellen und in Beziehung zu setzen zur Epoche des Nationalsozialismus«, war auch Gegenstand der ›Danziger Trilogie‹.

41 Im Gespräch mit einem Grenzpolizisten. Foto, um 1961

Nach dem Erscheinen von ›Katz und Maus‹ wuchs die Korrespondenz so an, daß für Abhilfe gesorgt werden mußte. Die erhielt Grass in Gestalt von Eva Hönisch, damals Eva Genée, die sein Sekretariat mehr als 30 Jahre lang führte.

Als Vorgriff auf ›Hundejahre‹ erschien 1961 ›Das Taschenmesser – oder – Die Weichsel fließt‹ in den ›Akzenten‹. Die Familie lebte weiterhin bescheiden und vergnügt. Ohne Auto, Telefon, Fernsehen. Tanzen und Kochen waren Grass' große Leidenschaften und sind es bis heute geblieben.

1961, im Erscheinungsjahr von ›Katz und Maus‹, wurde die Mauer gebaut, ein politisches Ereignis, an dem Grass intensiv Anteil nahm. Nun lernte man ihn als öffentliche Person kennen, die sich nicht scheut zu sagen, was sie denkt. Schon im Mai 1961, als Gast auf dem V. Deutschen Schriftstellerkongreß in Ostberlin, hatte Grass die Kollegen durch seine deutliche Kritik

Seit 1962 hatte **Kurt Ziesel**, der im NS-Organ ›Wille und Macht‹ publiziert hatte, Grass mit gerichtlichen Auseinandersetzungen überzogen. Zunächst erstattete Ziesel gegen Grass Anzeige wegen der Verbreitung unzüchtiger Schriften, was 1963 zurückgewiesen wurde. Ab 1967 nannte er Grass einen »Verfasser unbeschreiblicher pornographischer Ferkeleien« und »Verunglimpfer der katholischen Kirche«. Grass klagte, und schließlich verbot das Oberlandesgericht München 1969 Ziesel, seine Behauptungen »außerhalb literaturkritischer Zusammenhänge« zu verbreiten.

an Ulbrichts DDR schockiert. Nach einigen ironischen Eingangsworten tat er etwas für die Anwesenden Ungeheuerliches, indem er die zuvor in den Raum gestellte rhetorische Frage des DDR-Kulturministers (»Wer könnte uns das Wasser reichen?«) beantwortete, indem er Un-Namen wie Musil und Kafka nannte sowie französische, englische und westdeutsche Schriftsteller erwähnte, »die in der Lage sind, Ihnen das Wasser zu reichen«. Grass verteidigte Uwe Johnson, der die DDR hatte verlassen müssen und dort nun verfemt war, indem er alle Zensurinstanzen säuberlich aufzählte, die Johnson die Arbeitsmöglichkeiten genommen und ihm die Existenzgrundlage entzogen hatten, um am Ende seiner kurzen Rede darauf hinzuweisen, daß die Freiheit des Wortes in der Bundesrepublik zwar gefährdet sei, daß es sie aber in der DDR erst gar nicht gäbe. Schon im Jahr zuvor hatte Grass anläßlich einer Lesung in Leipzig, zu der ihn Hans Mayer eingeladen hatte, öffentlich Grüße der »Unperson« Johnson ausgerichtet.

Der Mauerbau selbst veranlaßte Grass, am 14. August unverzüglich einen Offenen Brief an die Vorsitzende des Schriftstellerverbandes der DDR, Anna Seghers, zu schreiben unter dem Titel: ›Und was können die Schriftsteller tun?‹ Hierin for-

›Hundejahre‹ (1963)
Der Roman erzählt die Geschichte der Freundschaft zwischen Eduard Amsel und Walter Matern vor dem Hintergrund der Geschichte Danzigs vor und während des Nationalsozialismus sowie der Nachkriegszeit in Westdeutschland. Erzählt werden die drei Teile: »Frühschichten« von Brauksel, »Liebesbriefe« von dem gemeinsamen Freund Harry Liebenau und »Materniaden« von Walter Matern. Sie entstehen zur selben Zeit und sollen zusammen die Festschrift einer Vogelscheuchenfabrik ergeben. Dem »Autorenkollektiv« steht als Herausgeber und Mitautor der Firmenchef Brauksel vor. Da die drei Erzähler selbst Gegenstand des Erzählens und also Teil der Geschichte sind, werden die drei Erzählungen zur Ich-Erzählung, wenn auch in unterschiedlicher Ausprägung.

Walter Matern und Eddi Amsel (später Brauksel) schließen Blutsbrüderschaft und entwickeln eine Geheimsprache, die sie vor der Außenwelt abschirmt. Walter fungiert als Beschützer und Gehilfe des Halbjuden Eddi, der Vogelscheuchen »nach dem Bilde des Menschen« baut. Diese Vogelscheuchen – Sinnbild der verwahrlosten Schöpfung – eignen sich zum Verkauf bei den Bauern und derte er sie auf, kraft ihrer Person, als jemand, der tätig gegen den Krieg eingetreten ist, »gegen die Panzer, gegen den gleichen, immer wieder in Deutschland hergestellten Stacheldraht« anzureden.

Zwei Tage später verfaßte er zusammen mit Wolfdietrich Schnurre einen Offenen Brief an die Mitglieder des Deutschen Schriftstellerverbandes, die darin aufgefordert wurden, ihre Stimme gegen die militärischen Aktionen vom 13. August zu erheben. Nun war der Ton schärfer geworden: »Es komme später keiner und sage, er sei immer gegen die gewaltsame Schließung der Grenzen gewesen, aber man habe ihn nicht zu Wort kommen lassen. Wer den Beruf des Schriftstellers wählt, muß zu Wort kommen, und sei es nur durch ein lautes Verkünden, er werde am Sprechen gehindert.« Abermals wurden Ost und West zueinander in Bezug gesetzt und wurde die Rolle des Schriftstellers angesichts politischer Mißstände benannt: »Wenn westdeutsche Schriftsteller sich die Aufgabe stellen, gegen das Verbleiben eines Hans Globke in Amt und Würden zu schreiben; wenn westdeutsche Schriftsteller das geplante Notstandsgesetz des Innenministers Gerhard Schröder ein undemokratisches Gesetz nennen; wenn westdeutsche

bilden damit den Grundstock von Amsels Kapital. Amsel und Matern geben ein Gegensatzpaar ab. Amsel ist der Künstler, der Intelligentere und Elegantere, der beobachtet und sich über alles Völkische lustig macht. Matern ist der die Rollen wechselnde Schauspieler, der Täter, der Simplere, der mit den Zähnen knirscht und sich den Zeitläufen anpaßt. Er wird Kommunist, dann tritt er in die SA ein. Erst der Nationalsozialismus trennt die beiden, Matern begeht Verrat an seinem Blutsbruder, schlägt ihm bei einem nächtlichen Überfall, den er mit SA-Kameraden ausführt, sämtliche Zähne aus und läßt ihn liegen. Zur gleichen Zeit geschieht bei dem nahegelegenen Gutenberg-Denkmal etwas ähnliches. Dort mißhandelt Tulla Pokriefke, bekannt aus ›Katz und Maus‹, im Beisein einer Gruppe von Kindern ihre Freundin Jenny, ein dickliches Findelkind, das beim Studienrat Brunies lebt. Auch sie wird in einen Schneemann verwandelt und zurückgelassen. Die Opfer dieses Doppelmordes, Amsel und Jenny, erleben eine wundersame Auferstehung und gehen gemeinsam nach Berlin: Jenny als Ballerina, während Amsel als Haseloff und Goldmäulchen Ballette nach Vogelscheuchenmotiven inszeniert. Matern wandelt sich vom Mit-

damaligen Berliner Wirtschaftssenator Karl Schiller zu lesen. Der »intellektuelle Außenseiter« in seiner Partei las das Manuskript und machte Vorschläge. Grass erinnerte sich anläßlich der Rede vor der Europäischen Investitionsbank in Bremen im Herbst 2000 an diese Zusammenarbeit: »Zwar gab sich Karl Schiller nach der Lektüre entzückt, beanstandete aber die Vernachlässigung der Banken. Ohne sie laufe nichts, sagte er. [...] Allen demokratischen Bestrebungen zum Trotz sei das so. Nur wer die Banken auf seiner Seite wisse, könne reagieren. Der alte Adenauer habe das gewußt und sich schlau rückversichert.« Dergestalt belehrt, beeilte sich Grass, »die bereits während der Nazizeit mächtige Bankpotenz Hermann Josef Abs und mit ihm die Deutsche Bank, zudem die Herren Pferdmenges und Forberg ins sonst druckfertige Kapitel zu flicken.«

Mit ›Hundejahre‹, erschienen 1963, war die später sogenannte ›Danziger Trilogie‹ (der Begriff wurde von John Reddick eingeführt) abgeschlossen. Grass festigte mit dem Werk seinen Ruf als Literat von Weltgeltung. Er widmete die ›Hundejahre‹ seinem kurz zuvor verstorbenen Freund Walter Henn, mit dem er die Verfilmung von ›Katz und Maus‹ geplant hatte.

Wie schon zuvor hat Grass auch für ›Hundejahre‹ wieder umfangreiche Recherchen angestellt. Abermals war er nach Danzig gereist, war 1962 für das Bergwerkskapitel noch einmal in eine Schwestergrube des Kalibergwerks eingefahren, in dem er 1946 als Koppeljunge gearbeitet hatte. Er benutzte z. B. die ›Lagebesprechungen im Führerhauptquar-

43 Der erste ›Spiegel‹-Titel mit Grass von 1963

tier‹, das ›Kriegstagebuch des Oberkommandos der Wehrmacht‹, verschiedene Fachbücher zum Schlagballspiel sowie kynologische Fachliteratur zur Schilderung der Hunde.

Abermals war der Erfolg groß. Bereits einen Monat vor Auslieferung des neuen Romans gab es 25 000 Vorbestellungen. Zum Erscheinen von ›Hundejahre‹ widmete ›Der Spiegel‹ im September 1963 Günter Grass seine erste Titelgeschichte. Ein elfseitiger Artikel referiert unter dem Titel ›Zunge heraus‹ sachgerecht und kenntnisreich das bisherige Leben und Werk des deutschen Shooting-Stars, dem wie keinem Zweiten erstmals wieder nach dem Kriege auch internationale Reputation zuteil wurde. Zusätzlich zur ausführlichen Rezension der ›Hundejahre‹ von Enzensberger – die eine Fortsetzung seiner ›Blechtrommel‹-Besprechung des Jahres 1959 erscheint – wird der neue Roman in einem längeren Artikel gewürdigt: »An Erfindungs- und Einfallsreichtum, an Witz und Präzision (›Amsels Kniestrümpfe mit Gummizug schnürten unterm Knie die dicklichen Waden ab: rosa Fleisch war ein Puppenwülstchen‹) steht das neue Graß-Werk ›Hundejahre‹ hinter der ›Blechtrommel‹ nicht zurück. Aber auch an Überlänge und Übergenauigkeit, an heißlaufender Phantastik und drastischer Rücksichtslosigkeit kann es sich mit dem Erstlingsbuch messen.« Inhalt und Strukturmerkmale werden dargestellt, Belege angeführt, Sprachfinessen zitiert, und mit Blick sowohl auf den unmittelbaren internationalen Erfolg als auch auf die erzählte Zeit und den erzählten Ort wird zu Recht bemerkt: »Mit dem neuen Roman wird deutlich, daß Graß, unbekümmert um mögliche Grenzen des Leseinteresses, auch weiterhin und nun erst absichts- und planvoll auf der Suche nach der verlorenen Heimat schreibt.« In einer Mischung aus Erstaunen, Respekt und Genugtuung wird vor al-

Dies also ist das Buch des Jahres, der Bestseller, der Frankfurter Buchmesseschlager, das Staunen und Ärgernis der literarischen Welt.

Alfred Brugger, »Großdeutsche Hundejahre«, in ›Kempter Tagblatt‹, 14./15. Dezember 1963 lem der internationale Erfolg von Grass betont. Die französische Übersetzung ›Le tambour‹ von 1961 wurde sogleich ein Bestseller, ebenso die amerikanische Ausgabe von ›The Tin Drum‹ von 1963. Grass, daran läßt der Artikel keinen Zweifel, wird gefeiert. Nun, 1963, war die Welt noch in Ordnung, der Blick auf den vielseitigen Künstler Grass, den »Erzähler, Dramatiker, Lyriker und Graphiker«, war noch unverstellt.

Nach Erscheinen der ›Hundejahre‹ wandte sich Grass neuen Themen zu. 1963 wurde er in die Akademie der Künste Berlin gewählt, eine Wahl, die er annahm, »weil man sich in Berlin noch sinnvoll engagieren kann«. Im Gegensatz dazu

Arbeitsweisen

Schon seit der Entstehung der ›Blechtrommel‹ sind Arbeitspläne erhalten, in denen Kapiteltitel und der geplante Kapitelumfang, manchmal kurze Stichworte zum Kapitelinhalt, bereits zu einem sehr frühen Stadium bis ins Detail festgelegt wurden. Später fertigte Grass »zwischen den Jahren«, also zwischen Weihnachten und Neujahr, auch regelmäßig Jahresbilanzen an. Grundsätzlich legt Grass viele Pläne an, sei es hinsichtlich neuer Vorhaben, die, als grobe Skizze mit Titel, Gegenstand und geschätztem Umfang, beim ersten Gedanken aufs Papier kommen, sei es als Strukturplan für ein Werk.

Die Notizbücher, die von Grass überliefert sind und die ihn auf Reisen und Veranstaltungen begleiteten, bezeugen einen nicht abreißenden Strom von Einfällen. Mitte der sechziger Jahre z. B. notierte er ständig neue Ideen zu Projekten. In Flugzeugen schrieb er Gedichte und hielt einzelne Motive fest, die er später weiterentwickelte, mitunter auf Hotelpapier, wenn ein Gedichtentwurf nach der Ankunft sogleich in zweiter Fassung ausgearbeitet werden mußte. Auch sammelte Grass Formulierungen, die er auflistete (»Am Strand rollen Käfer ihre Geheimnisse«, »Meine Worte suchen nach Stühlen«, »Der Zufall, mit schmalem Hieb, traf mich«). Ebenfalls auf einem Flug (Berlin–Frankfurt) am 29. Januar 1966 entstand eine erste Fassung des später bekannt gewordenen Gedichtes ›Ja‹. Hier hieß es noch: »In einem Haus mit zwei Ausgängen / gleichzeitig jeden benutzen. / So, zwischen Schwarz und Weiß verängstigt / grämen sich Zwischentöne.« Das oft zitierte Gedichtende, das auf lyrische Weise Grass' politischen Standort beschreibt und im ›Butt‹ (1977) eine besondere Rolle spielen sollte, lautete im Entwurf: »Mein grosses Ja / beginnt jeden Satz mit kleinem nein. / Als Tauwetter die Frostschäden zeigte, / machten wir uns auf den dritten Weg.«

hatte er zuvor seine Wahl zum Mitglied des PEN-Clubs abgelehnt. Nun feierten auch seine Theaterstücke Erfolge. Ebenfalls 1963 produzierte der Hessische Rundfunk ›Goldmäulchen‹ als Hörspiel, und die Uraufführung des Stücks ›Mystisch – barbarisch – gelangweilt‹ fand in den Düsseldorfer Kammerspielen statt.

Die Familie, die inzwischen aus fünf Personen bestand, bezog im Frühsommer 1964 in der Niedstraße 13 in Berlin-Friedenau ein eigenes Haus, das ihnen Uwe Johnson, der in unmittelbarer Nachbarschaft wohnte, vermittelt hatte. Johnson und Grass hatten sich 1959 auf der Frankfurter Buchmesse kennengelernt und schätzten fortan gemeinsame Werkstattgespräche über das Schreiben. Mitte der sechziger Jahre nahm Grass den jüngeren Kollegen auf eine Vortrags- und Lesereise in die USA mit, um ihn dort zumal bei seinem Verlag bekanntzumachen. Immer wieder hat Grass seinen Ruhm bewußt für andere Schriftstellerkollegen einzusetzen versucht, ihnen so Auftrittsmöglichkeiten vor größerem Publikum verschafft oder wichtige Kontakte vermittelt. Fatalerweise erwies sich diese Fürsorge manches Mal als wenig hilfreich für die persönliche Beziehung, und auch diese USA-Reise gestaltete sich anstrengend und belastete das weitere Verhältnis zwischen Grass und Johnson. Der Werberummel um Grass war enorm. Er erhielt die Ehrendoktorwürde des Kenyon College und von der Columbia University das Angebot, als Writer-in-Residence drei Monate Studenten zu unterrichten. Dies war bis dahin noch keinem deutschen Schriftsteller angedient worden. Kein Wunder also, daß Johnson sich an der Seite seines Freundes und Kollegen nicht sehr wohl fühlte. Distanz, »heftige Nähe«, Fremdsein und Fremdbleiben wechselten einander ab, wie Grass es später in seinem Nachruf beschrieb.

Uwe Johnson (1934–1984), einer der bedeutendsten Schriftsteller der Nachkriegsliteratur, wuchs in Pommern auf; 1945 Flucht nach Mecklenburg. Gymnasialjahre in Güstrow, 1952–1956 Studium der Germanistik und Anglistik in Rostock und Leipzig (u. a. bei Hans Mayer und Ernst Bloch); 1959 »Umzug« nach Westberlin; lebte ab 1974 auf der Isle of Sheppey in England. Hauptwerke: ›Mutmaßungen über Jakob‹ (1959), ›Das dritte Buch Achim‹ (1961), ›Jahrestage‹ (1970–1983), ›Begleitumstände‹ (1980), ›Ingrid Babendererde‹ (postum 1985)

der CDU sollte gebrochen werden. Im Juni 1965 gründeten – auf Mitinitiative von Günter Grass – mehrere Schriftsteller und Intellektuelle wie Klaus Wagenbach, Klaus Roehler, Nicolas Born, Hubert Fichte, Peter Härtling und Peter Schneider das »Wahlkontor«. Vom Büro in der Hardenbergstraße 28 aus, das von der SPD zur Verfügung gestellt wurde, redigierte man Reden und formulierte Slogans sowie Aufrufe für den Kanzlerkandidaten Willy Brandt und andere SPD-Spitzenpolitiker. Dafür fand der SPD-Schatzmeister sogar einen Topf, aus dem die Dichter stundenweise bezahlt werden konnten. Gedichtet wurde aber nicht nur bei Tage und im SPD-Büro, sondern auch in der Niedstraße und in der in ›Aus dem Tagebuch einer Schnecke‹ schließlich literarisierten Kneipe »Bundeseck«. So entstanden Wahlslogans wie »Nur gegen Haarausfall wissen wir keinen Rat – SPD«.

Währenddessen nahm Grass erstmals an einem Bundestagswahlkampf für die SPD teil – wie er sagte »auf eigene Kappe und als Bürger dieses Landes«. Seine Kampagne war unabhängig von der Partei, deren Mitglied Grass gar nicht war. Unterstützung erhielt er von einer Gruppe Berliner Studenten aus dem Sozialdemokratischen Hochschulbund und dem Liberalen Studentenbund. Auch einige Kollegen wie Hans Werner Richter, Paul Schallück, Siegfried Lenz und Max von der Grün unterstützten ihn durch gemeinsame Auftritte. Manche Teile der SPD wiederum wußten diese Wahlkampfhilfe nicht genau einzuschätzen und reagierten anfangs mißtrauisch, doch angesichts der vollen Säle alsbald wohlwollend. Es war die Zeit, in der Bundeskanzler Erhard Schriftsteller als »Pinscher« bezeichnete, was Grass' Veranstaltungen weiteren Zustrom verschaffte. Grass ließ eine seiner Reden, die unter dem Motto »Dich singe ich, Demokratie« standen, mit einer Anspielung

---

Aufgaben des Wahlkontors:
Positive A. Das Programm der SPD leicht faßlich und einprägsam formulieren. Slogans. Willy Brandt aufbauen. Lokalgeschichte der Orte, in denen B. Wahlreden halten will. Bearbeitung von Wahlreden. Unterschriften bekannter Leute sammeln für eine Anzeige.

Negative A. Das Wahlprogramm der CDU miesmachen. Katalog der Regierungssünden. Antworten auf die Anzeigenserie Erdarauf beginnen: »Unser Herr Bundeskanzler nannte meinen Kollegen Rolf Hochhuth einen Pinscher. Ich werde heute eine Pinscherrede halten.«

Auf zwei Reisen im Frühsommer und Frühherbst 1965 sprach Grass 52mal vor vollen Häusern. Das hatte es noch nie gegeben. Die Resonanz war enorm. Dabei war sein Publikum keineswegs einheitlich, und oftmals mischten sich dem Begrüßungsapplaus Pfiffe und Buhrufe bei. Das waren die Anfänge des aktiven Wahlkämpfers und politischen Autors Günter Grass. Berichte über seine Wahlkampfreisen erschienen selbst in der Springer-Presse im politischen Teil statt im Feuilleton. Bevorzugt trat Grass in CDU-Hochburgen auf, so etwa in Cloppenburg in der Viehauktionshalle. Es wurde ein denkwürdiger Abend, an den sich noch 1999, anläßlich der Nobelpreisverleihung, ein damals junger, enthusiastischer Grass-Anhänger erinnerte. Die Halle war brechend voll, leidenschaftliche Buhrufe der Gegner und Repliken der Grass-Parteigänger beherrschten die Szene, bis schließlich Tumulte ausbrachen und das große Eierwerfen einsetzte. Grass wurde mehrfach getroffen. Er unterbrach kurz, setzte aber, nachdem der Eierregen ein Ende hatte, ungerührt seine Rede fort.

Das Unternehmen war auch finanziell erfolgreich. Grass verlangte Eintrittsgeld und verkaufte die als Broschüren gedruckten Reden. Vom Erlös der ersten Reise finanzierte er fünf Bibliotheken für die Bundeswehr sowie für ein Ersatzdienstlager der Wehrdienstverweigerer in Heidelberg. Die Liste von 350 Titeln hatte auf seine Bitte hin Uwe Johnson zusammengestellt. Mit dem Überschuß der anderen Reise lobte Grass einen Preis für ein Schullesebuch aus, der an Peter Glotz und Wolfgang Langenbucher ging. Der Aufklärer Grass, der sich seine Bildung zu weiten Teilen autodidaktisch angeeignet hat-

hards. Sofort Erwiderungen suchen auf Wahlreden der CDU.

Klaus Roehler, Rainer Nitsche (Hg.), ›Das Wahlkontor deutscher Schriftsteller in Berlin 1965. Versuch einer Parteinahme‹ (1990)

te, erfüllte damit seinen selbstgestellten Auftrag. Dies war der erste Schritt zum Aufbau eines im Verlauf der Jahre immer komplexer werdenden Netzes von Preisen und Stiftungen zur Nachwuchsförderung, die Grass gründen sollte. Nach der Rückkehr von seiner zweiten Wahlkampfreise wurde in der Nacht zum 16. September 1965 ein Brandanschlag auf die Tür seines Hauses in der Niedstraße verübt. Ein Zusammenhang mit seinem politischen Engagement konnte nicht nachgewiesen werden, denn der Täter wurde nie gefaßt. Jahre später sollte sich ein solcher Vorfall wiederholen, als auf die Haustür in der Lübecker Glockengießerstraße, in der sich seit 1995 Grass' Sekretariat befindet, ein Anschlag verübt wurde.

Allerdings unterlag die SPD bei den Wahlen am 19. September 1965 und schaffte den erhofften Regierungswechsel nicht. Grass reagierte verbittert. Kurz danach wurde ihm mit dem Büchner-Preis der angesehenste deutsche Literaturpreis verliehen. Die Dankesrede in Darmstadt geriet dem Geehrten zur verspäteten Wahlrede, ein zorniger Wahlverlierer trat hier auf. Grass' ›Rede über das Selbstverständliche‹ lud seine Zuhörer, unter denen er ebenfalls Besiegte oder »Geschlagene« vermutete, dazu ein, »heute und hier die Bilanz« zu ziehen und »kritisch an den Nägeln« zu kauen angesichts der »nationale[n] Pleite«. Anschließend berichtet er von seinen zweiund-

46 Grass inspiziert am Morgen des 16. September 1965 die Schäden nach dem Brandanschlag auf sein Haus in der Niedstraße 13. Foto

fünfzigmaligen Erlebnissen, wertet die Niederlage Brandts als Absage an den »Emigranten« und polemisiert gegen die politischen Gegner. Schließlich kritisiert er Alfred Andersch und Heinrich Böll, die sich nicht offen für die SPD hatten engagieren wollen, und dankt denen, die ihm geholfen haben, um zwischendurch zu sagen: »Meine Damen und Herren. Wie peinlich. Ich betrüge Sie in aller Öffentlichkeit um den Genuß einer Festrede und verschleppe den profanen Wahlkampf über den Termin hinaus bis in den Windschatten dieser Akademie. Ohne Abstand, ja, noch immer betroffen von den ruckenden Prozentzahlen auf dem Fernsehschirm, betrat ich diesen Saal und erteilte dem Zorn das Wort.« Währenddessen fanden draußen Plakatdemonstrationen statt: »DM 10 000 Steuern für Kunst oder Pornographie?«

Die aktive Auseinandersetzung mit der politischen Wirklichkeit und den politischen Gegnern machte ihm bei aller Anstrengung, die beispielsweise die Wahlkampfreisen mit sich brachten, dennoch Spaß. Heinrich Vormweg hatte schon frühzeitig bemerkt, »daß Menschenmengen Günter Grass nicht irritieren, sondern anregen«. Grass gelingt es mühelos, sich auch unter widrigen Umständen, im Lärm von Tagungen und Großveranstaltungen, zu konzentrieren und zu behaupten.

Das politische Engagement hielt den Schriftsteller Grass über sieben Jahre lang in Atem. Die bewegten sechziger Jahre ga-

›Die Plebejer proben den Aufstand. Ein deutsches Trauerspiel‹ (1966)
Schauspiel in vier Akten. Uraufführung: 15. Januar 1966 am Schiller-Theater Berlin. Hintergrund ist der Aufstand vom 17. Juni 1953 in Ostberlin. Gezeigt wird in der schwankenden Rolle des »Chefs« – vielfach als Brecht-Portrait gedeutet – die schwierige Situation der Intellektuellen in Konfrontation mit der Wirklichkeit. Der Chef probt seine Bearbeitung von Shakespeares ›Coriolan‹. Der Plebejeraufstand in der ersten Szene wird plötzlich Wirklichkeit, als streikende Bauarbeiter die Bühne betreten und von Demonstrationen berichten. Sie erwarten vom Chef Solidarität, er soll ein Manifest erarbeiten und unterschreiben, mit dessen Hilfe sie ihre Forderungen bei der Regierung durchsetzen wollen. Der Chef aber weicht aus und bringt die Arbeiter dazu, den Aufruhr szenisch darzustellen. So werden die Arbeiter mit den Schauspielern vermischt. Als der Chef später eine Erklärung abfaßt, ist es zu spät: Russische Panzer sind bereits aufgefahren und haben den Aufstand beendet.

ben ihm Gelegenheit, sich in seinen Rollen als Schriftsteller, Familienvater und Bürger im Verhältnis zur Gesellschaft zu bestimmen. Irgendwo dazwischen machte die Familie, zu der seit 1965 auch Sohn Bruno Thaddäus gehörte, immer mal wieder Urlaub in Frankreich, wo der Schriftsteller stets weiterarbeitete und mitunter den Lektor und Freund Klaus Roehler zu Besprechungen empfing. 1966 standen Reisen in die USA, nach New Jersey, Vermont und Kalifornien, sowie nach Mexiko an und Proteste gegen die geplanten Notstandsgesetze. In seiner Rede ›Vom mangelnden Selbstvertrauen der schreibenden Hofnarren unter Berücksichtigung nicht vorhandener Höfe‹, die er im April 1966 in Princeton hielt, versuchte Grass eine Bestimmung des Verhältnisses von Literatur und Politik. Es war das beherrschende Thema der Zeit. Der Begriff »engagierter« Schriftsteller käme ihm, so Grass, ebenso vor wie ein »weißer Schimmel« oder ein »katholischer Radfahrer« – komisch, überflüssig, doppelt gemoppelt eben.

Grass kritisierte die üblichen dogmatischen Begriffszuteilungen – hier der »engagierte« Schriftsteller, dort das *l'art pour l'art* – und die Vorstellung vom Schriftsteller in seinem Elfenbeinturm, von dem aus er »als verschämte Elite« ein bißchen zu protestieren, den Krieg zu verdammen, den Frieden zu loben habe. Er solle aber keine Partei ergreifen. Und was tue er zumeist? Er lasse sich allenfalls ein wenig aufrütteln durch die morgendliche Zeitungslektüre, das Entsetzen beim Frühstück: »Man müßte was tun, man müßte was tun!« Dabei, so Grass, gebe es »die Menge zu tun und mehr, als sich in Manifesten und Protesten ausdrücken läßt. Und es gibt auch die Menge Schriftsteller, bekannte und unbekannte, die weit entfernt von der Anmaßung, ›Gewissen der Nation‹ sein zu wollen, gelegentlich ihren Schreibtisch umwerfen – und demokratischen

Ist ein Schimmel mehr Schimmel, wenn wir ihn weiß nennen? Und ist ein Schriftsteller, der sich »engagiert« nennt, ein weißer Schimmel?

Aus der Rede ›Vom mangelnden Selbstvertrauen der schreibenden Hofnarren unter Berücksichtigung nicht vorhandener Höfe‹ (1966)

Kleinkram betreiben«. Das aber heiße, Kompromisse anzustreben. Und so endet die programmatische Rede mit den oft zitierten Sätzen: »Das Gedicht kennt keine Kompromisse; wir aber leben von Kompromissen. Wer diese Spannung tätig aushält, ist ein Narr und ändert die Welt.« Nur der demokratische Kleinkram, so das Credo von Grass, vermag auf die Verhältnisse einzuwirken.

Während ihm viele Kritiker fortan vorwarfen, seine literarischen Energien in der Politik zu verschleudern, glaubt Grass auch im Rückblick nicht, daß das Schreiben unter diesem Engagement gelitten habe. Im Gegenteil, er habe sehr viele wertvolle Erfahrungen gesammelt, die seinen künstlerischen Tätig-

›Katz-und-Maus‹-Verfilmung (1967)
Grass hatte die Verfilmung seiner Novelle zunächst mit seinem Freund Walter Henn geplant, der jedoch während der Arbeit am Drehbuch 1963 überraschend verstarb. Schließlich führte Hansjürgen Pohland, der ursprünglich als Produzent figurierte, die Regie. Die Filmpremiere erfolgte in München im Februar 1967. Für Furore sorgte die Besetzung. Der Hauptheld Mahlke wurde von Lars und Peter Brandt dargestellt, den beiden Söhnen Willy Brandts, der bei Erscheinen des Films Vizekanzler und Außenminister der Großen Koalition war. Das führte bezüglich der Wiedergabe der im Buch geschilderten sexuellen Handlungen zu Eingriffen, denn einige abgedrehte Szenen wurden wieder herausgeschnitten, nachdem das Bundesinnenministerium seine schon gewährte Subvention zurückgefordert hatte. Noch vor der Erstaufführung des Films setzte eine heftige Kampagne gegen Willy Brandt ein, mit der versucht wurde, die Sache zu einem politischen Skandal hochzuspielen. In anonymen Briefen wurden Rut und Willy Brandt beschimpft und angegriffen.

Die Kritik nahm den Film sehr verhalten auf. Hauptvorwurf war die Änderung der Erzählperspektive im Film. Wolfgang Neuss spielte den Erzähler Pilenz, der als Erwachsener ins Danzig seiner Jugend reist und dort durch seine Erinnerungen läuft. Dies hätte ein Kunstgriff sein können, funktionierte aber nicht. Joachim Kaiser beispielsweise, der die Novelle sehr schätzte, bemängelte, daß sich der reisende Pilenz nicht verjüngt, sondern »als erwachsener Mensch zwischen Erinnerungsschemen herumsteht«. Während Pilenz in der Novelle der »Gesichtswinkel, durch welchen man auf Mahlke und hauptsächlich auf Mahlke blickt«, sei, blicke man nun ständig auf Neuss, der ohne sichtbare Entwicklung bleibt.

Grass in den USA

Aus Sicht der USA war es Grass, der der deutschen Literatur wieder einen Platz in der Weltliteratur verschafft hatte. ›The Tin Drum‹ wurde bei ihrem Erscheinen 1963 sogleich zum Bestseller und stand monatelang auf Platz eins. Die Auflage der Hardcover-Ausgabe lag noch im selben Jahr bei knapp 90 000, die Paperback-Ausgabe 1964 startete mit einer Erstauflage von 100 000 und überrundete bald die deutschen Verkaufszahlen. Die Kritiken waren euphorisch. Besonders lobte man die sprachliche Virtuosität und die geglückte Verbindung zwischen Phantastik und Realistik. Als 1965 ›Dog Years‹ (›Hundejahre‹) erschien, das abermals ein großer Erfolg wurde, bemerkte ein Rezensent: »Grass' Talent ist so ungeheuer, daß es für ihn nur das Problem gibt, es zu bändigen.«

47 Grass-Titel des ›Time‹-Magazins (1970)

Grass, der die USA seit 1964 oft bereiste, erreicht dort mit seinen Büchern ein Massenpublikum. Er ist der bekannteste deutschsprachige Autor und wird für die deutsche Gegenwartsliteratur als ebenso repräsentativ angesehen wie Thomas Mann für die deutsche Literatur der ersten Hälfte des 20. Jahrhunderts. Seit Erscheinen der ›Blechtrommel‹ sind ihm seine Leser treu geblieben und glauben »an eine fortschreitende Entwicklung seiner Kunst«, wie ein Journalist 1976 schrieb. Als 1970 die amerikanische Ausgabe von ›örtlich betäubt‹ herauskam und Grass sich zu diesem Anlaß in den USA aufhielt, wurde er »ins Pantheon der Medien aufgenommen«. Das ›Time‹-Magazin brachte eine Titelgeschichte über ihn: »Der Mann, der zu der Jugend sprechen kann.« Damit rückten Günter Grass, sein Leben und Werk sowie sein Land für einen Moment ins Zentrum des amerikanischen Interesses.

Bücher von Grass, die in Deutschland kritisch aufgenommen wurden, erzielten oftmals in den USA große Erfolge. Eine Analyse zum Stand der deutschsprachigen zeitgenössischen Literatur in den USA Mitte der siebziger Jahre kam zu dem Ergebnis, daß sich vor allem Bücher, die sich erzählerisch mit dem Nationalsozialismus befaßten, durchsetzen konnten. Insbesondere der Roman ›Hundejahre‹ wird als eine der treffendsten Analysen angesehen. Deutsche erzählerische Werke, die mit der Sprache experimentierten oder auf eine politische Wirkung abzielten, waren in den sechziger Jahren in den USA weniger erfolgreich.

Schon 1966 reichte der Bekanntheitsgrad von Günter Grass dazu, eine selbständige Theaterproduktion am Off-Broadway zu montieren: Das Pocket Theater am Rande von Greenwich Village in New York zeigte ›The World of Günter Grass‹, eine Szenenfolge für fünf Rollen aus verschiedenen Werken von Grass, unterlegt mit Diaprojektionen, die Wochenschauausschnitte und Dokumentarfotos zeigten. Ein Erfolg war das Stück auch wohl deshalb, weil die komischen Seiten von Oskar Matzerath ins Rampenlicht gerückt wurden. Einzelne Theaterstücke von Grass hingegen fielen durch, so beispielsweise 1967 die Off-Broadway-Aufführung von ›Die bösen Köche‹. Die Verleihung des Nobelpreises 1999 förderte auch kritische Stimmen zutage, und der gleichzeitig mit großer Verspätung in den USA erscheinende Roman ›Ein weites Feld‹ löste eine lebhafte Debatte aus. Gegner warfen Grass DDR-Nostalgie vor, dazu eine antiamerikanische Haltung. Seit Jahren kommen die amerikanischen Übersetzungen fast zeitgleich mit der deutschen Originalausgabe auf den Markt, was sonst nur noch bei Büchern von Umberto Eco, Milan Kundera oder García Márquez so gehalten wird.

Besonderes Glück hatte Grass bei der Wahl seines Verlegers. Die deutschen Emigranten Kurt und Helen Wolff, die während des Zweiten Weltkrieges in den USA mit Pantheon Books einen der anspruchsvollsten Verlage für europäische Literatur gegründet hatten, nahmen nach ihrer Lektüre des Manuskripts der ›Blechtrommel‹ 1959 den Autor umgehend in ihr Programm auf. Nach dem Tode ihres Mannes 1963 setzte Helen Wolff die Arbeit fort, bis sie 1994 verstarb. Sie war eine Verlegerin aus Überzeugung, die Grass und sein Werk in den USA in einem umfassenden Sinn betreute. Sie fand es denkbar einfach, Grass mit der amerikanischen Bevölkerung in Kontakt zu bringen, denn sein unbefangenes Auftreten und seine Neigung, »fließend und völlig hemmungslos« Englisch zu sprechen, kamen gut an. Als Helen Wolff starb, verlor Grass eine mütterliche Freundin und enge Vertraute, mit der er über lange Jahre einen intensiven Briefwechsel unterhalten hatte.

48 Bei der Beerdigung von Kurt Wolff mit Klaus Wagenbach und Herbert Heckmann in Marbach, 24. Oktober 1963. Foto

keiten zugute gekommen seien. Nur das Zeichnen litt unter dem Lärm: »Es wurde nicht mehr still genug.« Grass' Engagement für die SPD ging bald über die des reinen Wahlkampfhelfers hinaus. 1969 gründete er die Sozialdemokratische Wählerinitiative. Die Idee dazu war während der Teilnahme am Landtagswahlkampf für die SPD 1967 in Schleswig-Holstein zusammen mit Eberhard Jäckel und Siegfried Lenz entstanden. Auch wenn die Zeiten bewegt waren – was Grass da tat, paßte kaum in die gängige Vorstellung von einem Schriftsteller.

Allerdings hat Grass' Verständnis vom Künstler als Zeitgenossen nie zu den in Deutschland etablierten Vorstellungen gepaßt. Seine politische Verantwortung leitete er primär aus den Erfahrungen seiner Generation unter dem Nationalsozialismus ab. Eine seiner geschichtlichen Grunderkenntnisse in diesem Zusammenhang war, daß »unter anderem das Beiseitestehen der Intellektuellen während der Zeit der Weimarer Republik, die Berührungsangst gegenüber der harten

Sozialdemokratische Wählerinitiative
Hauptidee der Sozialdemokratischen Wählerinitiative war es, das auf Grass zentrierte Engagement auf eine breitere Basis zu stellen. In den Wahlkreisen vor Ort sollte jeweils die lokale Prominenz dafür gewonnen werden, den SPD-Kandidaten zu unterstützen und Wähler zu mobilisieren. Insgesamt entstand in 90 Wahlkreisen eine solche Initiative. Die SWI bezog im Frühjahr 1969 ein Büro in Bonn. Dazu gehörten u. a. Friedhelm Drautzburg, Norbert Gansel, Günter Gaus, Eberhard Jäckel, dessen jüngerer Bruder Hartmut, Erdmann Linde und Siegfried Lenz, während die Gesamtarbeit im Büro von Veronika Schröter koordiniert wurde. Das Büro lag in Bonn in der Adenauerallee 54, den Briefkopf zierte der von Grass entworfene Hahn. Mit einem gebrauchten VW-Bus wurden von nun an die Wahlkampfreisen bestritten. Zwischen Frühjahr und Herbst 1969 hielt Grass 190 Reden. Die Wählerinitiative gab die Zeitschrift ›dafür‹ heraus, die in zwei Nummern eine Auflage von je einer Million erreichte.

49 Das von Grass entworfene Signum der SPD-Wählerinitiative und -Wahlkampfschriften, der »Es-Pe-De«-krähende Hahn

Dinglichkeit gesellschaftlicher Zustände, mit zum Untergang der Republik beigetragen hat«. Dies bestätigten ihm etliche Kollegen der älteren Generation, als Grass seinem Engagement die Gestalt der Wählerinitiative gab. Carl Zuckmayer etwa schrieb ihm: »Sie tun das, was wir, die Schriftsteller und Intellektuellen, in den zwanziger Jahren versäumt haben.« Dennoch lehnte Zuckmayer auch jetzt, nunmehr von Grass dazu aufgefordert, ein direktes Engagement ab.

Grass hingegen engagierte sich nicht nur, sondern ergriff im Wortsinn Partei. Das war den einen zu gewagt, den anderen aber bald zu bürgerlich. In dieser Zeit setzte das »Grass-Phänomen« ein: Einerseits wurde er von Teilen der Öffentlich-

›Geschichten Geschichten‹ (1966)

Unter dem Pseudonym seines Onkels Artur Knoff veröffentlichte Grass Mitte der sechziger Jahre einige Geschichten, zunächst in den ›Akzenten‹, dann als LCB-Edition. »Ich erfand eine halbwegs glaubwürdige Vita dazu, und mein Freund Walter Höllerer, nebenbei Chef des Literarischen Colloquiums Berlin, war bereit und verschwiegen genug, Artur Knoffs ›Geschichten Geschichten‹ als schmales Bändchen zu verlegen. Da die Bände dieser Editionsreihe bis heutzutage auf der Titelseite ein Foto des Autors zeigen, war meine damals recht knäbisch wirkende Frau Anna bereit, mit angeklebtem Oberlippenbärtchen und schräg aufgesetzter Schlägermütze als Artur Knoff für ein Foto stillzuhalten.« Nachdem das Buch erschienen war, gab es auch einige Rezensionen, die dem jungen Autor Talent bescheinigten. »Ein Kritiker bemerkte sogar eine gewisse Abhängigkeit von einem Romanschriftsteller namens Grass, und aus Mailand schrieb eine italienische Lektorin, der Autor solle doch nicht bei Kurzgeschichten bleiben, vielmehr hervorkehren, was in ihm stecke, das heißt Romane schreiben.« Das Pseudonym wurde erst 1980 durch Grass' Lektor Klaus Roehler enthüllt. Artur Knoffs ›Geschichten Geschichten‹ sind in der Werkausgabe unter der Rubrik »Kurzprosa« veröffentlicht.

50 Erstausgabe von Artur Knoffs ›Geschichten Geschichten‹ in der Reihe LCB-Editionen 1968 mit dem Titelfoto von Renate von Mangold-Höllerer, das eine verkleidete Anna Grass zeigt

keit und manchen seiner Kritiker zunehmend angefeindet, andererseits blieb er der erfolgreiche Schriftsteller, dessen Bücher gekauft wurden – unabhängig davon, wie negativ manche Kritiken an seinen Büchern ausfielen oder wie sehr seine Rolle als politisch engagierter Bürger ins Kreuzfeuer der Kritik geriet. Hierin mag mit ein Grund liegen, warum Grass in vielen anderen Ländern positiver gesehen wird als zu Hause. »Im Ausland geliebt – im Inland gehaßt« war eine, wenn auch überspitzt formulierte frühe Erkenntnis, die Grass' weiteres berufliches Leben prägte.

Als ein Ausweis seines politischen Engagements der sechziger Jahre gilt der Gedichtband ›Ausgefragt‹, der 1967 erschien und den ein ausgeprägter Gegenwartsbezug kennzeichnet. Diese dritte Gedichtsammlung mit Zeichnungen entstand im Kontext der Studentenunruhen, die ab Mitte der sechziger Jahre von den USA nach Frankreich und in die Bundesrepublik gelangten. Zugleich spiegelt sich in ihr das in diesen Jahren dominierende politische Engagement von Grass für die SPD wider. Im Jahr darauf gab er den Band ›Über das Selbstverständliche‹ mit Reden, Aufsätzen, Offenen Briefen und Kommentaren heraus. Ebenfalls 1968 hielt er eine Rede beim SPD-Parteitag in Nürnberg – ein Zeichen, daß auch die »grauen Eminenzen« der SPD zur Kooperation mit dem ehemaligen »Bürgerschreck« bereit waren. Es war

›örtlich betäubt‹ (1969)

›örtlich betäubt‹, zuerst als Theaterstück unter dem Titel ›Verlorene Schlachten‹ konzipiert und dann zum Roman umgearbeitet, wurde von Grass später in ›Vier Jahrzehnte‹ als »unentschiedenes Buch«, im persönlichen Gespräch als »verkanntes Buch« bezeichnet. Aus dem abermals dreiteilig aufgebauten Text löste Grass den Mittelteil heraus, der als ›Davor‹ im Februar 1969 am Schiller-Theater Berlin uraufgeführt wurde.

Der aus Danzig stammende Ich-Erzähler Eberhard Starusch, Studienrat für Deutsch und Geschichte, unterzieht sich einer langwierigen Zahnbehandlung. Während dieser Sitzungen berichtet er in Gedanken seinem Zahnarzt vom Plan seines Schülers Scherbaum, aus Protest gegen den Napalm-Einsatz im Vietnamkrieg seinen Dackel vor dem Café Kempinski auf dem Berliner Kurfürstendamm zu verbrennen. Dazu kommen noch etliche andere Handlungs- und Erzählstränge. Das meiste findet im inneren Diadas Jahr des Anschlags auf Rudi Dutschke und der Niederschlagung des Prager Frühlings. Panzer der Warschauer-Pakt-Staaten rückten in Prag ein und machten allen Hoffnungen auf einen Reformsozialismus ein Ende. Grass reagierte darauf mit ›Briefen über die Grenze‹, einem Dialog mit Pavel Kohout.

1969 erschien erstmals seit den ›Hundejahren‹ wieder ein Roman: ›örtlich betäubt‹. Dieses Buch ist die Auseinandersetzung mit dem Studentenprotest, den Grass zunächst ausdrücklich begrüßt hatte. Die sich bald herausschälende Diskrepanz zwischen Grass und einem Teil der APO bestand im Thematischen und Methodischen. Während große Teile des Studentenprotestes sich revolutionär gaben, blieb Grass bei seiner Politik der Reformen und bezeichnete sich als »Revisionisten« in der Tradition Eduard Bernsteins (1850–1932), auf den ihn Willy Brandt einmal hingewiesen hatte und der für eine Politik der kleinen Schritte eingetreten war. Bernstein hatte sich stets gegen einen revolutionären Kampf ausgesprochen und war damit in der damals marxistisch geprägten SPD als »Revisionist« gebrandmarkt worden. Grass beharrte auch auf seinem strikten Antikommunismus, eine Haltung, die ihn zum direkten Gegner der sozialistischen Teile der APO machte. Die Auseinandersetzung wurde von Grass mit Schärfe und Polemik geführt, die auch andere zu spüren bekamen.

log statt, den Starusch führt, während er vom Behandlungsstuhl aus auf den davor installierten Fernsehbildschirm blickt.

Das Buch wurde von der Kritik in Deutschland denkbar schlecht aufgenommen. Mit den Verrissen gelangte auch eine Besprechung des Romans im ›Deutschen Zahnärzteblatt‹ auf Grass' Schreibtisch. Politisch stimmte man natürlich nicht mit den im Roman vertretenen Positionen überein, jedoch: »Anerkennung. Jedes zahnärztliche Detail stimmt.« In den USA hingegen, wo die Übersetzung 1970 erschien und wo die Auseinandersetzung um den Vietnamkrieg das Land zerriß, wurde das Buch sofort ein Bestseller, die Besprechungen waren geradezu enthusiastisch. Damit habe Grass, so die ›New York Times‹, wiederum bewiesen, daß er »zusammen mit Norman Mailer, Vladimir Nabokov, Sartre und Solschenizyn zu den wenigen zeitgenössischen Autoren gehört, die man gelesen haben muß, wenn man nicht zu den kulturellen Analphabeten gehören will«.

Mit Adorno, der sich bei einer Veranstaltung 1968 von seinen Studenten hatte in die Enge treiben lassen, unterhielt Grass einen kurzen Briefwechsel, der sehr viel von der Atmosphäre jener Zeit vermittelt. Grass, der Adorno nach der Lektüre seiner Musiktheorie um Mitarbeit als Komponist für das Ballett ›Vogelscheuchen‹ gebeten hatte, warf ihm vor, zu weich und schuldbewußt zu reagieren. Adorno seinerseits fand, daß die APO »bereits in einen abscheulichen Irrationalismus« übergehe, und sah eine öffentliche Distanzierung vom SDS auf sich zukommen.

Grass machte sich lustig über die Söhne und Töchter »aus zu gutem Hause«, denen er Realitätsferne vorwarf, und prägte das Wort von der »angelesenen Revolution«. So sehr er als erklärter Gegner der Großen Koalition auf einen gesellschaftlichen Aufbruch gehofft hatte, so sehr er es begrüßte, daß die junge Generation nun die älteren Generationen nach ihrer Beteiligung am Nationalsozialismus fragte, so sehr er gegen den Vietnamkrieg war – als Rufe nach »Ho-Ho-Ho Chi Minh«

51 Bei einer Fernsehaufzeichnung im Rahmen der »Literarischen Werkstatt« der Akademie der Künste, Berlin. Foto, 1968

Lernt man dann so Jemanden wie den Grass persönlich kennen, ist man völlig verblüfft: man muss denken, der Mann verstellt sich, wenn er schreibt. Im Leben: höflich, freundlich, respektvoll, sympathisch, mit einer angenehmen, liebenswürdigen Umgebung, einer reizenden, appetitlichen Frau, bürgerlich-charmanter Wohnung, guten Manieren, netten Kindern, soliden Lebensformen – aber literarisch darf das alles nicht sein. Sonderbar!

Carl Zuckmayer im Brief an Carl J. Burckhardt (5. November 1964) ihm das Aufkommen einer abermaligen Ideologie, diesmal von links, ankündigten, war für ihn der Moment gekommen, sich mit allen Kräften dagegen zu stemmen. Grass setzte auf die Aufklärung, die Mühsal der Vernunft. Erst gegen Ende der fast zweijährigen Arbeit an dem Roman ›örtlich betäubt‹ war dieser Themenstrang in den Vordergrund getreten, war doch die Grundidee zunächst, mit der Gestalt des Generals Kring die alten Nazis im neuen Gewand zu zeigen.

Auch der Gedichtzyklus ›Zorn Ärger Wut‹ in dem Band ›Ausgefragt‹ beschäftigt sich mit dem Dilemma der Ohnmacht angesichts des sogar in Bildbänden vermarkteten Vietnamkrieges. Was Grass hier kritisiert, wurde später als Betroffenheitskultur bezeichnet.

Grass setzte diesem Protestverhalten seine Politik des direkten Engagements entgegen: Nur wer versucht, die »Macht« mitzugestalten, kann ihr eine andere Richtung geben. »Mitgestalten« bedeutete für ihn die demokratisch-parlamentarische Arbeit. Konkret war dies das Engagement im Wahlkampf für die SPD mit dem Ziel des Koalitionswechsels. So stand für Grass das Jahr 1969 ganz unter dem Zeichen des Bundestagswahlkampfes. Das neuerliche Engagement band den Familienvater von März bis September. In dieser Zeit war er nur am Wochenende in Berlin, sonst von montags bis freitags, manchmal auch samstags unterwegs für die »Es-Pe-De«. Das Privatleben litt. Das vierte Kind, Bruno, hatte seinen Vater »allzuoft abwesend« erlebt, und »die Ehe mit Anna begann – wenn man Ehe als Brückenkonstruktion begreift – unter Materialermüdung zu leiden«. So kam es, daß Grass, gleichsam als Ersatz für das Gespräch mit seinen Kindern, erstmals ein Tagebuch führte. Hatte er zuvor in Notizbüchern und Terminkalendern unentwegt Notizen festgehalten, Pro-

Nachts vor dem Einschlafen die Idee: Für Bruno (für die Kinder) schreiben, damit sie später lesen können. – Demnächst anfangen. Geschichten dazwischen.

Tagebuchnotiz vom 3. Juni 1969 und der erste Hinweis auf ›Aus dem Tagebuch einer Schnecke‹

Wenn Siegfried Lenz, Marion Dönhoff und ich dabei wären, wären gleichzeitig viele ehemalige Flüchtlinge mit repräsentiert, und zwar gerade jene Flüchtlinge, denen die Ignoranz der Flüchtlingsverbände suspekt ist.

Im Brief an Willy Brandt bezüglich der Vorbereitungen des Besuchs in Warschau anläßlich der Unterzeichnung des Warschauer Vertrages (25. November 1970)

sa- und Gedichtskizzen, Pläne für Theaterstücke und Filme notiert, nahm dieses Festhalten nun, in Anlehnung an Lichtenbergs ›Sudelbücher‹, die Form eines Tagebuches an – die Grundlage für ›Aus dem Tagebuch einer Schnecke‹.

Der Wahlkampf hatte das gewünschte Ergebnis gebracht: Eine knappe Mehrheit ermöglichte eine SPD-FDP-Koalition, Willy Brandt wurde Bundeskanzler. Brandts großes Thema der kommenden Zeit war die Ostpolitik, die Grass, inzwischen längst ein guter Freund und Berater, rückhaltlos unterstützte. 1970 begleiteten Günter Grass und Siegfried Lenz Bundeskanzler Willy Brandt nach Warschau, wo der Vertrag mit Polen unterzeichnet wurde und der berühmte Kniefall Brandts vor dem Mahnmal des Ghettos stattfand. Aufgrund der Initiative von Grass kam es zur Einladung von Persönlichkeiten, »die den Wunsch weiter Kreise der Bevölkerung der Bundesrepublik Deutschland, zu einem Ausgleich mit dem polnischen Volk zu kommen, verkörpern«, so Brandt in seinem Einladungsschreiben an Grass. Auch hatte Grass vorgeschlagen,

Arbeit für die SPD

Grass' Engagement für die SPD ist durch eine Reihe von zum Teil sehr umfangreichen Briefwechseln mit führenden Parteimitgliedern wie Egon Bahr, Horst Ehmke und vor allem zwischen 1964 und 1986 mit Willy Brandt belegt. Mit Brandt erörterte Grass zahlreiche konkrete tagespolitische Ereignisse und grundsatzpolitische Fragen. Dem Briefwechsel mit Brandt ist auch zu entnehmen, daß Grass zwischenzeitlich erwogen hatte, ein Amt zu übernehmen. Zu denken war an das des Regierenden Bürgermeisters von Berlin, an eine Kandidatur für den Bundestag oder an die Leitung eines Bundesministeriums. Dazu aber kam es nicht. Mit Brandt diskutierte Grass eine Fülle konkreter SPD-Parteiprogrammpunkte und berichtete von manchen Auslandsreisen (wie z. B. Reisen nach Israel und in die damalige Tschechoslowakei).

Vertreter der Kirchen einzuladen. Nach der Rückkehr aus Warschau dankte Brandt Grass in einer Notiz vom 8. Dezember 1970, »dass wir diesen so schweren und wichtigen Weg gemeinsam gehen konnten«. Grass seinerseits mahnte Brandt in seinem Dankesschreiben, während des nun wohlverdienten Urlaubes an den verseuchten Bodensee zu denken und dem Umweltschutz mehr Gewicht in der Innenpolitik zu geben.

Auch jenseits der Wahlkampfreisen war Grass ruhelos unterwegs, das »Handgepäck immer griffbereit«. Nach Israel reiste er, abermals auf Spurensuche, um Nachforschungen über die Rosenbaumsche Schule anzustellen, die später in ›Aus dem Tagebuch einer Schnecke‹ eine Rolle spielen sollte. Abermals ging es nach Polen, auch hier auf Spurensuche, und auf Einladung der Opposition mit Sohn Franz nach Griechenland. Die kommenden Jahre bis 1972 waren gekennzeichnet von einer ständigen Auseinandersetzung mit dem Studentenprotest, vom Engagement für die SPD und von der kritischen Beschäftigung mit dem eigenen Verständnis vom politisch engagierten Schriftsteller. Auch wenn die Öffentlichkeit Grass nun zunehmend als den politisch aktiven Bürger wahrnahm, der von Oktober 1970 bis Juli 1972 für die ›Süddeutsche Zeitung‹ alle 14 Tage einen Kommentar zum Zeitgeschehen in der Kolumne »Politisches Tagebuch« schrieb, war er weiterhin literarisch tätig und entwickelte seine schon in ›örtlich betäubt‹ erkennbare aufklärerische Position weiter, die in seinem nächsten Buch in den Mittelpunkt rückte. Die Schnecke

Brandt bat Grass verschiedentlich um Hilfe, Rat und Mitarbeit. Grass, der sich mit Brandt seit dem Winter 1967/68 duzte, drückte offen Kritik und Warnungen aus, so im Brief vom 26. Februar 1966, als er Brandt eindringlich vor einer Großen Koalition warnte. Grass schrieb lange, beratende Briefe, entwarf für Brandt Stellungnahmen, nahm Einschätzungen der Wahlkampftaktik der CDU/CSU vor, machte konkrete Vorschläge zu außenpolitischen Fragen, wie beispielsweise zur Biafra-Krise und den politischen Entwicklungen in Nicaragua oder Griechenland, äußerte sich zur Kabinettsbildung und schlug Personen für bestimmte Ressorts vor oder gab Hinweise zu Brandts Auftritt in Washington. Dieser Briefwechsel läßt vermuten, daß der tatsächliche Einfluß, den Grass auf die Politik Brandts hatte, wesentlich weiter ging als bislang angenommen.

wurde ihm fortan zum Bild für langsamen, aber stetigen Fortschritt. Damit hatte Grass, inspiriert von der »Politik der kleinen Schritte«, auf der die Entspannungspolitik von Willy Brandt und Egon Bahr beruhte, seine Antwort auf den Ruf der Studentenbewegung nach Revolution gefunden.

In ›Aus dem Tagebuch einer Schnecke‹ hat Grass auch seine Position als politisch aktiver Schriftsteller gefunden. Die in der ›Hofnarren‹-Rede in Princeton 1966 formulierten Grundsatzüberlegungen wurden in diesem Buch weiterentwickelt. Während er einerseits Agit-Pop-Literatur ablehnte, die nur für den Moment geschrieben ist, andererseits »den Begriff ›engagierte Literatur‹ schon immer für einen weißen Schimmel gehalten« hatte, ging es ihm einmal mehr um eine sorgfältige Grauabstufung zwischen Schwarz und Weiß. Mit an-

›Aus dem Tagebuch einer Schnecke‹ (1972)
Grundlage für dieses Prosawerk war das von Grass im Wahlkampf 1969 geführte Tagebuch, in dem er alles Große und Kleine festhielt: »Die Politik, ich mir daneben gestellt, der katholische, sozialdemokratische, kleinstädtische Mief, die Trauer der tschechischen Freunde, Überlegungen zum Dürer-Jahr – ›Melancholia I‹ – und die Geschichte Zweifels.« Der Ich-Erzähler berichtet nicht nur vom Wahlkampf, den er gegen einen ehemaligen Nationalsozialisten, den damaligen Bundeskanzler Kurt Georg Kiesinger, führt, vielmehr ist das Buch auch die Antwort auf die ›Schwierigkeiten eines Vaters, seinen Kindern Auschwitz zu erklären‹, wie seine Rede zur Eröffnung der Ausstellung »Menschen in Auschwitz« im Mai 1970 lautete. Im ›Tagebuch‹ erzählt er seinen Kindern die Geschichte der Vertreibung der Danziger Juden am Beispiel der Synagogengemeinde, greifbar gemacht am Schicksal des Hermann Ott, genannt Zweifel, der auf die Verfolgung seiner jüdischen Mitbürger mit Solidarität und Hilfsmaßnahmen reagierte, bis er selbst in Gefahr geriet. Hierbei stützte Grass sich auf Aufzeichnungen von Erwin Lichtenstein, Syndikus der Jüdischen Gemeinde in Danzig. Die Überlebensstrategie von Zweifel, der sich in einem kaschubischen Keller versteckt hielt, ist der Geschichte von Marcel Reich-Ranicki nachgestaltet: »Eine Geschichte, die mir Ranicki als seine Geschichte vor Jahren erzählt hat«, wie es im Buch heißt. Zugleich setzt Grass sich in dem Buch mit dem Verhältnis von Schriftstellerei und Politik auseinander, spricht über seine Ehe mit Anna Grass und kündigt hier einen neuen epischen Entwurf an: ein erzählendes Koch-

deren Worten: Literatur ist per se engagiert, man muß nur das Schneckentempo berücksichtigen, in dem solider Fortschritt machbar ist. Kunst und Politik gehören für Grass so eng zusammen wie die zwei Seiten eines Bierdeckels. Daraus leitete er seine ästhetische Konzeption ab, deren alltägliche Umsetzung er in ›Aus dem Tagebuch einer Schnecke‹ gegenüber jungen Schriftstellern mit Hilfe zweier Bierdeckel zu erläutern versucht: »›Der hier ist die politische Arbeit, mache ich als Sozialdemokrat und Bürger; der ist mein Manuskript, mein Beruf, mein Weißnichtwas.‹ Ich ließ zwischen den Bierdeckeln Distanz wachsen, näherte beide einander, stellte sie, sich stützend, gegeneinander, verdeckte mit dem einen den anderen (dann mit dem anderen den einen) und sagte: ›Manchmal schwierig, aber es geht‹«.

buch – was auf den ›Butt‹ verweist. Ausführlich schildert er seine Erfahrungen als Wahlkämpfer und setzt sich abermals mit dem Studentenprotest auseinander. Am Ende des Buches findet sich die Rede ›Vom Stillstand im Fortschritt. Variationen zu Albrecht Dürers Kupferstich »Melancholia I«‹, um die Grass vom Nürnberger Kulturdezernenten Hermann Glaser anläßlich des Dürerjahres 1971 gebeten worden war. Das zentrale Motiv bei allem ist die Schnecke: Sie ist Symbol für die politische Entwicklung (»der Fortschritt ist eine Schnecke«) und Grass' Antwort auf die APO-Rufe nach Revolution. Sie illustriert auch eine Reihe von menschlichen Charaktereigenschaften, die der Erzähler schätzt. Da dieses Buch, so Grass in einem Brief, eigentlich ein »Kinderbuch« ist und sich an seine und andere Kinder wendet, hat es auch einen pädagogischen Anspruch: Es will »erziehen zu Skepsis und Ketzertum, aber auch zum Lebens- und Liebesgenuß«.

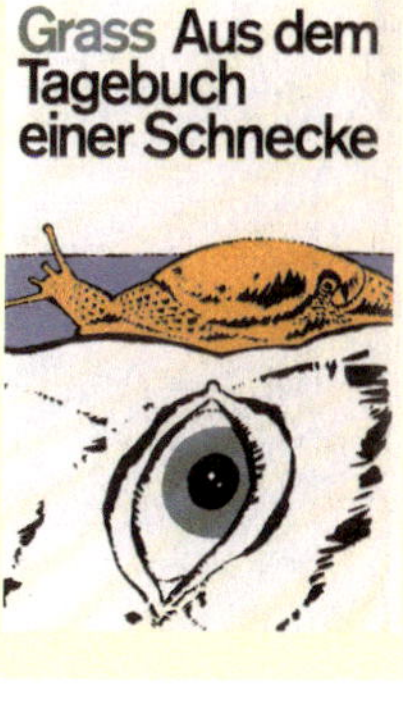

Erzählperspektivisch markiert das Buch einen Wendepunkt. Erstmals führt Grass das Autoren-Ich ein, verwebt es mit dem Erzähler-Ich, das mit vielen Grass-Biographica ausgestattet ist, und spielt so mit den Grenzen zwischen Realität und Fiktion. Erstmals sind auch eine Reihe von Gedichten in den fortlaufenden Text eingestreut, so daß das Buch formal in jeder Hinsicht eine Vorbereitung auf den ›Butt‹ und spätere Werke darstellt.

Die jungen Schriftsteller, mit denen Grass in der Kneipe »Bundeseck« in Berlin-Friedenau sprach, machten sich Sorgen um seine künstlerische Potenz. Würde er sein literarisches Talent nicht in der Alltagspolitik verschleudern? Eine Sorge, die Grass noch oft hören sollte, zugleich ein Argument, mit dem später manche seiner Bücher abgetan wurden. Im ›Butt‹ von 1977 wird das Thema aufgegriffen, wenn der junge Barockdichter Andreas Gryphius seinen älteren Kollegen Martin Opitz, der im Dreißigjährigen Krieg als Doppelagent auf zwei Seiten gleichzeitig tätig ist, anklagt, er habe »seine Kraft politisierend vergeudet« und »der Diplomatie gegeben, was er der Poeterey schuldig geblieben sei«.

In ›Aus dem Tagebuch einer Schnecke‹ formulierte Grass auch sein Selbstverständnis als Schriftsteller: »Ein Schriftsteller, Kinder, ist jemand, der gegen die verstreichende Zeit schreibt.« Denn »die Zeit, die vergehende Zeit vergeht zugunsten der Täter, den Opfern vergeht die Zeit nicht«. Kaum eine der Grassschen Erzählerfiguren hat eindringlicher gegen die verstreichende Zeit geschrieben als Oskar

Matzerath mit seiner »Kunst des Zurücktrommelns«. Diesen seither vielzitierten Satz kommentierte Grass im Rahmen seiner ›Frankfurter Poetikvorlesung‹ im Februar 1990 angesichts einer neuen Studentengeneration: »Eine so akzeptierte Schreibhaltung setzt voraus, daß sich der Autor nicht als abgehoben oder in Zeitlosigkeit verkapselt, sondern als Zeitgenosse sieht, mehr noch, daß er sich den Wechselfällen verstreichender Zeit aussetzt, sich einmischt und Partei ergreift.«

Fast zur gleichen Zeit, als 1972 ›Aus dem Tagebuch einer Schnecke‹ erschien, kam es aufgrund des gescheiterten Mißtrauensvotums, mit dem Rainer Barzel die Ablösung von Willy Brandt als Bundeskanzler angestrebt hatte, zu vorgezogenen Neuwahlen. Abermals engagierte sich Grass im Bundestagswahlkampf sowie im Landtagswahlkampf für die SPD in Baden-Württemberg. Nachdem er 129mal aufgetreten war und die SPD die Bundestagswahl gewonnen hatte, zog sich Grass von dieser Form des Einsatzes zurück. Im April 1973 verabschiedete er sich von der Sozialdemokratischen Wählerinitiative, die sich bald darauf auflöste. Etliche örtliche Gruppierungen jedoch liefen als Bürgerinitiativen weiter. Diese Entwicklung kennzeichnete den Übergang in die achtziger Jahre: Eine neue Vielfalt basisdemokratischer Formen in Gestalt von Bürgerinitiativen war die Grundlage für die spätere Bildung der Partei der Grünen. Grass selbst sollte zwar immer wieder, bis in die Gegenwart hinein, bei Bundestags- und Landtagswahlkämpfen auftreten, doch nie mehr so systematisch wie zwischen 1965 und 1972.

›Aus dem Tagebuch einer Schnecke‹ leitete eine in schriftstellerischer wie persönlicher Hinsicht neue Phase ein. Daß sich das Privatleben am Ende der sechziger Jahre allmählich problematisch gestaltete, hatte schon Eingang ins ›Tage-

53 » … und was ist der Fortschritt? Bißchen schneller als die Schnecke sein.« *›Aus dem Tagebuch einer Schnecke‹ (1972).* Wahlkampfplakat von Grass, »Der Fortschritt ist eine Schnecke«. Foto

buch‹ gefunden, wenn mit dem Tod von Vladimir Kafka, dem tschechischen Übersetzer der ›Blechtrommel‹, die Ehekrise einen Höhepunkt erreicht: »Ihr wißt, Kinder, ein Jahr später – als noch mehr Zeit verstrichen war – begann Vladimir, dem Anna anhing, dem ich befreundet daneben stand, zu sterben; und am 19. Oktober 1970 starb er, neununddreißig Jahre alt. Das hat uns an den Rand gebracht. Weil er, ist Anna, bin ich ... – Euch baten wir um Geduld.«

Das Jahr 1972 brachte für Grass große Veränderungen. Nach einem gescheiterten Neubeginn der Ehe trennten sich Günter und Anna Grass endgültig – die Scheidung erfolgte erst 1978 –, und Grass zog um. Er hatte in Wewelsfleth, einem kleinen Ort bei Itzehoe in der schleswig-holsteinischen Wilstermarsch, ein über 300 Jahre altes Fachwerkhaus erworben, das einst die Kirchspielvogtei beherbergt hatte und nun vom Abriß bedroht war. Grass ließ das Anwesen behutsam sanieren und bewohnte es fortan mit seiner neuen Lebensgefährtin Veronika Schröter und deren beiden Töchtern Tinka und Jette. Veronika Schröter hatte in Erlangen die Wählerinitiative aufgebaut, und in diesem Zusammenhang traf Grass sie 1969 erstmals. Später arbeitete sie im Bonner Büro der Wählerinitiative. In ›Aus dem Tagebuch einer Schnecke‹ wird sie, namentlich erwähnt, als »Sächsin von drüben« portraitiert. Doch erst 1971 deutete sich eine nähere Verbindung an. Nun, in Wewelsfleth und nach Erscheinen von ›Aus dem Tagebuch einer Schnecke‹, wurde Grass wieder häuslich, reduzierte das unermüdliche Reisen und widmete sich seinen künstlerischen Interessen. Die mehrjährige Arbeit an einem großen Roman, dem ›Butt‹, begann, ein vielschichtiger Entwurf, in den viel von seiner neuen Umgebung und dem neuen Privatleben einging.

Rückkehr an den Schreibtisch

Die Rückkehr an den Schreibtisch, das häusliche Leben im ländlichen Wewelsfleth und die mehr als vierjährige Arbeit am ›Butt‹ fielen in eine politisch unruhige Zeit. Zwar begannen die siebziger Jahre im Zeichen der Entspannungspolitik und der Ostverträge; die KSZE-Schlußakte von Helsinki wurde unterzeichnet, und im Inneren setzte die SPD-FDP-Koalition ihre Reformpolitik fort. Ein fundamentaler gesellschaftlicher Wandel als Ergebnis der Studentenproteste brachte größere gesellschaftliche Freizügigkeit und ein neues Politikverständnis. Doch zugleich gab es die Ölkrise mit ihren autofreien Sonntagen und einen weltweiten ökonomischen Einbruch; Willy Brandt trat 1974 als Bundeskanzler zurück, und der Terrorismus der »Roten Armee Fraktion« veränderte das gesellschaftliche Klima. Die zweite Hälfte der siebziger Jahre – man sprach vom deutschen Herbst – war gekennzeichnet durch Gewalt und Niedergeschlagenheit. Die Bekämpfung des Terrorismus ging bis an die Grenzen des Rechtsstaates, der

54 In der Werkstatt in Wewelsfleth. Foto, 1971

Wewelsfleth und Berlin, wo seine Kinder aus erster Ehe lebten und wo er weiterhin sein Büro und ein Atelier hatte.

Im Sommer 1976 war nach langer und schmerzhafter Krise die Trennung von Veronika Schröter vollzogen, und Grass richtete sich wieder in Berlin ein. Die Arbeit am neuen Buch kostete seine ganze Kraft, die aufzubringen inmitten der privaten Schwierigkeiten mühsam war. Doch schrieb er 1976 in einem Brief: »Manchmal glaube ich, es wird was.« Andererseits war auch gerade das Schreiben ein hilfreicher Ausweg aus den Mühen des Alltags, ein Ventil, sich mit den eigenen, als krisenhaft empfundenen Lebensumständen auseinanderzusetzen. »Privates, bestimmte Verletzungen, Verzweiflungen, Konfrontationen mit Wünschen, meinen und anderen, Unerfüllbares – und ein Kind. Das mußte von mir umgesetzt werden«, so Grass im Rückblick. Ursprünglich war ›Der Butt‹, wie in ›Aus dem Tagebuch einer Schnecke‹ angekündigt, als »erzählendes Kochbuch« geplant. Das belegt auch eine erste Liste mit 20 Gerichten, die Grass am 7. und 8. Mai 1972 in Wewelsfleth zusammengestellt hatte. Im Verlauf der Schreibarbeit drängte sich die eigene Beziehungsproblematik immer mehr dazwischen. Tatsächlich drohte ›Der Butt‹ phasenweise allzu autobiographisch zu geraten, was Grass von Fassung zu Fassung wieder abzubauen suchte, so daß die Anzahl der Fassungen – bis zu acht, stellenweise sogar dreizehn – weit über die übliche Zahl von drei bis vier Textfassungen hinausgeht. Schließlich wurde ›Der Butt‹ das Dokument einer gescheiterten Beziehung, das die historische und zeitgenössische Beziehung der Geschlechter beleuchtet. Damit traf Grass abermals die gesellschaftliche Stimmung der Zeit.

Als in Chile

Das war, als der Kupferpreis stieg.
(Wo sich die Ohnmacht, dank Klimaanlage,
frischhält.)
Ich saß den Vertretern der Vereinten Nationen
im Rücken.
Neuerdings zwischen ihnen die Vertreter
der zu gründlichen Nation.
Brandt sprach seinen verkürzten Text.
[...]

Hinzu kamen neue Themen wie die Auseinandersetzung mit der atomaren Bedrohung und die Beschäftigung mit der Dritten Welt. Reisen nach Asien, Afrika und später Mittelamerika hinterließen ihre Spuren, wobei insbesondere Indien und Asien fortan im Leben und Werk von Grass eine bedeutende Rolle einnehmen sollten. Auslöser für diese Themenverlagerung mit Langzeitwirkung war Grass' erste Reise nach Indien 1975, die auch den zwei Jahre später erscheinenden ›Butt‹ prägte.

Als Staatsgast der indischen Regierung bereiste Grass Anfang Februar zwei Wochen lang den Subkontinent, nur wenige Monate vor Verhängung des Ausnahmezustands im Juni 1975. Die offizielle Reise war mit Terminen gespickt. Dem Prominenten aus Deutschland sollte Indien von seiner besten Seite präsentiert werden. Grass aber hatte ganz andere Interessen und wollte die Probleme eines Dritte-Welt-Landes studieren. Tatsächlich wurde er nicht nur ständig von Regierungsbeamten begleitet und beschützt, sondern auch abgeschirmt. Es sollten keine unerwünschten Kontakte stattfinden, und nur ausgewählte Journalisten hatten Zugang zu ihm.

Zum Auftakt der Reise hielt Grass vor dem Council of Cultural Relations in Neu-Delhi am 3. Februar 1975 die Rede ›Nach grober Schätzung‹, wo er sich erstmals ausführlich mit den Problemen der Dritten Welt befaßte und die westlichen Industrienationen im wesentlichen dafür verantwortlich machte. Hier erwähnt Grass den seither oft von ihm zitierten Satz von Willy Brandt: »Auch Hunger ist Krieg!« Und hier kündigt er seinen ›Butt‹ als die Geschichte der Ernährung an, die von »essenden, kochenden, hungernden Menschen« handelt. Auch

Seine Warnungen haben – er weiß es –
wie Tempotücher nur kurzen Nutzen.
Auch Hunger ist Krieg! – Ein Ausruf, so richtig,
daß ihn kurzerhand Beifall erschlägt.
[…]
Später (jenseits vom Protokoll)
gingen wir abgeschirmt auf und ab.
Der Friedenspreisträger. Ich wollte ihn zum
Fischessen – Butt oder Brasse – einladen;
aber er durfte privat nicht. *Aus ›Vier Jahrzehnte‹ (1991)*

stellt er eine Frage, die vorausweist auf das 13 Jahre später erscheinende Buch ›Zunge zeigen‹: »Ist – so frage ich mich und Sie – das indische Elend schier unabänderlich, weil es als Fatum, Schicksal, Karma verhängt ist? Dann werde ich mit bitterer Erkenntnis heimkehren. Oder ist das indische Elend, wie anderes Elend auch, nur Ergebnis der Klassen- und Kastenherrschaft, der Mißwirtschaft und Korruption? Dann sollte es aufzuheben sein, dieses Elend, weil es Menschenwerk ist.«

Besonders eindrücklich war ihm Calcutta. Hier wohnte Grass im Raj Bhavan, dem ehemaligen Gouverneurspalast. Im ›Butt‹ erwähnt der Erzähler mit Befremden die Üppigkeit der Ausstattung und die zeremonielle Gastfreundschaft, die ihm dort zuteil wird. Er fühlt sich wie in einer Welt, die mit dem wirklichen Calcutta nichts gemein hat. Tatsächlich wurde Grass im Regierungsauto herumgefahren, »und bevor er aussteigen konnte, sprangen Regierungsbeamte aus dem Wagen, halfen dem Gast heraus und scharwenzelten um ihn herum«, wie Martin Kämpchen zu berichten wußte. Dies war ganz und gar nicht Grass' Stil. Und doch meinte er Jahre später, daß die Erfahrung, in diesem luxuriösen Palast mit den livrierten Dienern gewohnt zu haben, ihm vielleicht erst die Gegensätze Calcuttas so scharf vor Augen geführt habe.

In Calcutta besuchte Grass auch Slums und das Sterbehaus von Mutter Teresa, ohne diese selbst zu treffen. Das war der Beginn eines anhaltenden Engagements. Er machte die Bekanntschaft einiger indischer Intellektueller und nahm im Hause des Dichters Purushottama Lal an einem literarischen Salon teil. Lal unterhielt diesen »Writers Workshop« schon seit Jahrzehnten und hatte bereits viele international bekannte Litera-

Warum nicht ein Gedicht über den Haufen Scheiße, wie Gott ihn fallen ließ und Calcutta nannte. Wie es wimmelt, stinkt, lebt und immer mehr wird. Hätte Gott einen Haufen Beton geschissen, wäre Frankfurt rausgekommen. […] Calcutta sehen und weiterleben. In Calcutta sein Damaskus erleben. Lebendig wie Calcutta. […] Alle Vorschläge zur Sanierung Calcuttas von einem Komponisten vertonen und in Calcutta als Oratorium (gesungen von einem Bachverein) uraufführen lassen. Aus Calcuttas Widersprüchen eine neue Dialektik entwickeln. Die UNO nach Calcutta verlegen.

Aus ›Der Butt‹ (1977)

ten empfangen. Grass war in Erwartung bengalischreibender Kollegen gekommen. Statt dessen fand er sich in einer Gruppe Angehöriger der Mittelschicht wieder, die in englischer Sprache veröffentlichten, womit ein später literarisiertes Mißverständnis seinen Lauf nahm. Man las einander Gedichte vor, und auch einige Grass-Gedichte wurden in englischer und bengalischer Sprache vorgetragen, wie Jai Ratan bekundete. Im ›Butt‹ schlug sich dieser Vormittag dann in einer kritischen Darstellung nieder, die bei indischen Lesern zumeist ablehnende Reaktionen hervorrief.

Zurück in Deutschland verfaßte Grass für den Hessischen Rundfunk seine »Vorschläge für ein anderes Weihnachten«: Statt einander mit Geschenken zu »bombardieren« und sich »bis zur Gallenkolik [zu] überfressen«, solle man für die Missionen der Mutter Teresa spenden.

Der durch seine Wahlkampfreisen politisch geschulte Grass begann nun verstärkt, sich als Berufsschriftsteller gewerkschaftlich zu organisieren. Das führte 1976 zur Einrichtung des Autorenbeirats im Luchterhand Verlag. Veranlaßt hat ihn dazu die Einsicht, daß der Autor die Rechte an seinem Buch komplett und über den Tod hinaus abtritt, der Verleger hingegen den Verlag und die Autorenrechte durchaus weiterverkaufen kann. Also forderte er »Mitbestimmung in allen den Gesamtverlag (also auch die Autoren) betreffenden Problemfällen«. Dazu gehörte die Mitbestimmung der Autoren bei Kündigung oder Neueinstellung des Cheflektors oder Geschäftsführers, bei allen wichtigen, das Gesamtprogramm betreffenden Entscheidungen und bei allen Änderungen der Besitzverhält-

1984 in einem Interview mit Subhoranjan Dasgupta in Hamburg zu den Reaktionen, die seine Äußerungen über Calcutta im ›Butt‹ bei Indern hervorgerufen haben, befragt, sagte Grass:
Wenn ein Ausländer Ihre Stadt kritisiert, ist es normal, daß Sie verletzt reagieren. Das war zu erwarten. Dennoch mußte ich ehrlich sein. Wie schon gesagt, hat Calcutta mir die Augen geöffnet. Diese Stadt hat mich gelehrt, umzudenken. Ihre Realität, Armut, ihre Vielfalt brachte mich dazu, alles neu zu durchdenken. Und diese Reaktion fand ihren Eingang in die zehn Seiten meines Romans.

Subhoranjan Dasgupta, »Two Afternoons with Günter Grass«, in Martin Kämpchen (Hg.), ›My Broken Love‹ (2001)

1976 gründete Grass zusammen mit Heinrich Böll und Carola Stern die Zeitschrift ›**L '76. Demokratie und Sozialismus**‹ mit politischen und literarischen Beiträgen. Sie erschien bei der gewerkschaftseigenen Europäischen Verlagsanstalt bis zu deren Verkauf 1980. Die Gründung einer eigenen Verlagsgesellschaft in Köln führte zur Umbenennung der Zeitschrift in ›L '80‹, die nun viermal jährlich erschien. Autoren waren neben den Herausgebern u. a. Willy Brandt, Erich Fried, Rudolf Bahro, György Konrád, Václav Havel, Erich Loest, Carl Amery, Jurek Becker, Günter Kunert. 1977 veranstaltete die Zeitschrift ihre erste Tagung in Recklinghausen zum Thema »Was ist heute links?«. Als Herausgeber kamen später Tomas Kosta, Johano Strasser und Heinrich Vormweg hinzu. Das Layout machte Fritze Margull. Die Redaktion bildeten Johano Strasser und Heinrich Vormweg mit Sitz in der Niedstraße 13. Da die Zeitschrift immer mal wieder in Finanznot geriet, stiftete Grass 1983 die Lithographie von Bölls Schreibmaschine.

56 ›Bölls Schreibmaschine‹. Lithographie, 1983

nisse des Verlages. Grass hatte als Erfolgsautor und mit einem neuen Manuskript in der Tasche eine gute Verhandlungsposition. Dennoch reagierte der Luchterhand Verlag zunächst nicht, so daß Grass eineinhalb Jahre lang mit verschiedenen anderen Häusern wie Carl Hanser und S. Fischer verhandelte, während er an seinem Buch weiterarbeitete. Es sei das »Jahrzehnt der Mitbestimmung«, verkündete Grass in seiner Rede auf der Jahrestagung des Verbandes deutscher Schriftsteller im Juni 1976 in Darmstadt, wo er Bericht gab von seinen Ver-

Jahre später trat genau das ein, was Grass zur Initiative des Autorenbeirates veranlaßt hatte, nämlich der Verkauf des Verlages. 1987 wurde **Luchterhand** an eine holländische Verlagsgruppe mit juristischer Ausrichtung verkauft, jedoch ohne die Mitwirkung des Verlagsbeirates, der zuvor bereits mit einem juristischen Trick ausgehebelt worden war. Die literarische Sparte ging auf Betreiben der Autoren an den Züricher Arche-Verlag und firmierte danach als Luchterhand Literaturverlag. Zunehmende wirtschaftliche handlungen. Schließlich kam es mit dem alten Verlag zu einer Einigung. Gegründet wurde ein Verlagsbeirat, dem vier Autoren, zwei Geschäftsführer und ein Verlagsangestellter angehörten.

Während der Arbeit am ›Butt‹ nahm Grass zwischen 1974 und 1977 in Ostberlin an Treffen zwischen Westberliner und Ostberliner Schriftstellern teil. Sie waren inoffiziell und fanden ohne Publikum statt. Ziel war es, einander vorzulesen, »miteinander ins Gespräch zu kommen, Literatur wichtig zu nehmen«, wie Grass an Max Frisch am 6. September 1976 schrieb. In gewisser Hinsicht war dies eine Art deutsch-deutscher Gruppe 47. Grass als einer der Motoren dieser Treffen, der in dieser Zeit sogar über einen eigenen Arbeitsraum in der Luchterhand-Dépendance in Ostberlin verfügte, war regelmäßig alle acht Wochen dabei, des weiteren u. a. Peter Schneider, Hans Christoph Buch, Nikolas Born, Hans Joachim Schädlich, Günter Kunert, Jurek Becker und Sarah Kirsch. Ebenso regelmäßiger wie unsichtbarer Gast war die Stasi, die auf diese Weise in den Genuß kam, noch unbekannte Manuskripte von zum Teil sehr namhaften Autoren exklusiv zu hören. Sonst aber sind diese Treffen von der Öffentlichkeit weitgehend unentdeckt geblieben.

In der Endphase der Arbeit am ›Butt‹ lernte Grass 1976 die Organistin Ute Grunert kennen, der man fortan in vielen Büchern, Zeichnungen und Plastiken begegnen sollte und die als Ulla Witzlaff auch in den ›Butt‹ einging. Ihre musikwissenschaftliche Ausbildung hinterließ im Werk des passionierten Musikliebhabers Grass zahlreiche Spuren, am deutlichsten bislang in ›Das Treffen in Telgte‹, wo die Expertin für Kirchenmusik eine wichtige Quelle für die zentrale Gestalt des Komponisten Heinrich Schütz gewesen sein soll. Durch Ute

Schwierigkeiten und ein unübersichtliches Management sorgten für zwei Umzüge. Viele Autoren ließen sich abwerben, und auch Grass kündigte Ende 1991 an, er werde sein nächstes Buch, ›Unkenrufe‹, beim Göttinger Steidl Verlag erscheinen lassen, der 1993 dann die Weltrechte am Gesamtwerk erwarb.

Grunert, die aus Hiddensee stammt und zwei Söhne aus erster Ehe mit in die Verbindung brachte, lernte Grass die dänische Insel Møn kennen, den letzten Schauplatz im ›Butt‹. Seither verbringen Günter und Ute Grass einen Teil des Sommers auf Møn. Hier gibt es die Abgeschiedenheit, die Grass für seine Arbeit schätzt.

Nach vierjähriger Schreibzeit erschien 1977 ›Der Butt‹, das wohl persönlichste und privateste Buch des Autors. Wieder hatte Grass genauestens recherchiert und eine Fülle an Material zusammengetragen. Eindrucksvoll ist bereits die Liste der Bücher zur Ernährungsgeschichte, die Hartmut Jäckel, der jüngere Bruder von Eberhard Jäckel und zuvor Mitarbeiter in der Wählerinitiative, besorgt hatte. Grass korrespondierte mit Spezialisten für Ernährungsfragen in Ostpreußen (über »Schwadengrütze« und »Wrucken«) und ließ sich Literatur-

›Der Butt‹ (1977)

Aufgeteilt in neun Monate, schildert ›Der Butt‹ die Geschichte der Menschheit von der Steinzeit bis zum Jahr 1975, angesiedelt in der Danziger Weichselniederung und personifiziert in neun bzw. elf Köchinnen. Im ersten Monat, der vom Matriarchat und seinem Untergang berichtet, herrschen nacheinander drei Köchinnen, in den folgenden Monaten dominiert jeweils eine Köchin. Dabei wird die Geschichte immer mündlich überliefert: Mestwina erzählt von Aua, Damroka von Mestwina usw., was die Nähe zum Märchen andeutet. Tatsächlich sind die Beziehungen zum Märchen so eng, daß Grass dem Buch gerne diese Gattungsbezeichnung gegeben hätte. Gemäß der Märchenstruktur des »Es war einmal ...« wird so der »weibliche Anteil der Geschichte« als Gegengeschichte erzählt. Die männlich definierte Ereignisgeschichte kontrastiert Grass mit der weiblich geprägten Küchengeschichte, die Emser Depesche mit der Einführung der Kartoffel. Grass versteht Geschichte »als nicht zugegebene Fiktion« und sieht sich in der Lage, »genauere Fakten zu erfinden als die, die uns angeblich authentisch überliefert wurden«. Dabei wird der herrschende Fortschrittsbegriff als Scheinfortschritt entlarvt. Den Hintergrund bildet das plattdeutsche Märchen ›Vom Fischer un syner Fru‹, wie es Phillip Otto Runge aufgezeichnet

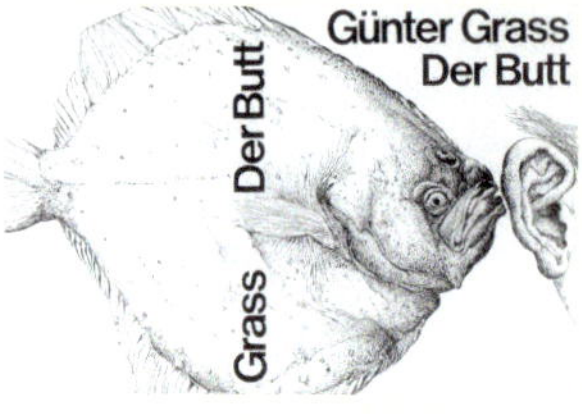

hinweise geben. Er ließ sich aus der ›Jenaer Liederhandschrift‹ Kopien der Lieder des Fürsten Wizlav von Rügen schicken, auf die ihn ein Mediävist hingewiesen hatte und die ihm Anregungen für die geistlichen Lieder seiner Dorothea von Montau gaben. Wie üblich hat Grass gleich nach Manuskriptabschluß auch für den ›Butt‹ den Umschlag entworfen: einen Butt an einem menschlichen Ohr.

›Der Butt‹ war sofort ein großer Erfolg; Grass, der kurz nach Erscheinen seinen fünfzigsten Geburtstag feierte, befand sich wieder auf der Höhe seines Ruhmes. Innerhalb weniger Monate waren fast 300 000 Exemplare verkauft. Im Januar 1978 fand das erste Übersetzerkolloquium statt, zu dessen Abschluß der Autor seine Übersetzer zur selbstgekochten Fischsuppe einlud, und im Herbst erschienen die ersten Übersetzungen. Als die amerikanische Übersetzung im gleichen Jahr

hatte. Dem darin zentralen Motiv der unersättlichen Frau stellt Grass sein Gegenmärchen gegenüber, das der Erzähler erst rekonstruieren muß, da Runge die andere Version verbrannt hat. Es ist die »andere Wahrheit«, die des unersättlichen Mannes, der immer höher hinaus will und die Erde an den Rand der Apokalypse bringt.

Im ›Butt‹ wird der Butt – der für das männliche Herrschaftsprinzip und für alle »menschlichen Versuche, der Geschichte und ihrer Entwicklung einen Sinn zu geben«, steht und die Männer beraten hat, Geschichte als Fortschrittsgeschichte zu betreiben und die Frauen zu unterwerfen – am 7. August 1973 von drei Feministinnen gefangen und muß sich fortan vor einem Berliner Frauentribunal verantworten. Diesem Tribunal gehören ebenso viele Frauen an, wie es historische Köchinnen gibt, und eine jede historische Köchin findet in einer Tribunalfrau ihre Entsprechung. So kehrt Wigga, die Köchin in der Eisenzeit, in der Beisitzerin und Gärtnerin Helga Pasch wieder oder Amanda Woyke, die Gesindeköchin im fünften Monat zur Zeit Friedrichs des Großen, in der Beisitzerin und Wirtin Therese Osslieb. Bestimmte charakterliche oder physiognomische Eigenheiten oder auch die Berufswahl machen diese »Dopplung« kenntlich. Dabei hat der Ich-Erzähler als fiktionalisiertes Ich in jeweils neuen Inkarnationen immer einen besonderen Bezug zu der jeweiligen historischen Köchin. Auch hat er in jedem Monat einen Freund, Lud, womit Grass seinem Freund Ludwig Gabriel Schrieber ein Denkmal gesetzt hat. Erzählt wird in Form der fiktiven Autobiogra-

in einer Startauflage von 25000 Exemplaren ausgeliefert wurde, stürmte das Buch sofort die Bestsellerlisten. ›The Wall Street Journal‹ nannte den ›Butt‹ in seiner Weihnachtsbücherliste unter »Fiction« an erster Stelle. Nur zwei amerikanische Bücher wurden damals häufiger besprochen als ›Der Butt‹. In Deutschland war die Aufnahme überaus positiv. Allerdings bemängelten Teile der Frauenbewegung die Tribunalhandlung und die Darstellung des Feminismus der siebziger Jahre.

Als Kuriosum entpuppte sich der ›Butt‹ in werbetechnischer Hinsicht. Da der Luchterhand Verlag sehr geschickt einen Wettbewerb um die beste Schaufensterdekoration zum ›Butt‹ auslobte, sah man den Plattfisch bald in fast jedem Buchhandelsschaufenster, und zwar zum Teil ganz konkret im Aquarium. Auch die Lesungen wurden kulinarischer. Ei-

phie, wobei Autor- und Erzähler-Ich hier weitgehend zusammenfallen. Diese Erzählhaltung hatte Grass bereits in ›Aus dem Tagebuch einer Schnecke‹ erprobt und nun weiter ausgebaut.

Im Verlauf der Verhandlung kommen der Butt sowie die anklagenden Tribunalfrauen zum Befund, daß es der Gebärneid sei, der als Schaffensmotor die Kultur hervorbringe: Während Frauen empfangen und gebären, können Männer nur »geistreiche Faxen« machen: »Männer überleben nur schriftlich«. Deren »Kopfgeburten« (»das Straßburger Münster, der Dieselmotor, die Relativitätstheorie«) sind Ersatzgeburten. Die Bilanz der Geschichte, zusammengefaßt im großen Schlußplädoyer des Butt, bündelt Thema und Intention des Buches. Der Held steht am Ende ohne Hoffnung. Die letzte Köchin, Maria, kümmert sich nicht mehr um ihn, sondern spricht mit dem Butt, den die Tribunalfrauen nach symbolischer Bestrafung wieder ausgesetzt haben. Läßt sie sich auch von ihm beraten?

Den Rahmen des Romans bildet die Gegenwartsebene, auf der der Ich-Erzähler und Ilsebill ein Paar sind. Es zeugt gleich zu Romanbeginn im Oktober 1973 ein Kind, das nach neun Monaten am Ende des Buches geboren wird: Helene, benannt nach Grass' Mutter, der auch das Buch gewidmet ist. Die mit vielen Grass-Biographica durchsetzte Gegenwartsebene erstreckt sich mit Vor- und Rückgriffen von Sommer 1973 bis Frühjahr 1975. Zwei örtlich verschiedene Handlungsstränge strukturieren die Gegenwartsebene: das Leben zu Hause in Wewelsfleth und das Tribunal in Berlin. Die gescheiterte Beziehung auf der Gegenwartsebene läßt den Erzähler nach den historischen Gründen für das gegenwärtig desone Buchhandlung in Stuttgart beispielsweise reichte anläßlich der Lesung von Grass im Anschluß dem Publikum eine Kartoffelsuppe nach Amandas Rezept aus dem ›Butt‹.

Nach dem Erfolg des ›Butt‹ stiftete Grass 1978, im Jahr des 100. Geburtstages seines »Lehrers« Alfred Döblin, den Alfred-Döblin-Preis. Er stellte hierfür einen Teil des Erlöses, den er mit dem enormen Verkaufserfolg des ›Butt‹ erwirtschaftet hatte, zur Verfügung, um sich mit diesem Preis in doppelter Hinsicht zu bedanken: bei Döblin und indirekt bei der Gruppe 47. Denn die hatte ja durch ihren Preis, den Grass 1958 erhalten hatte, die Fertigstellung der ›Blechtrommel‹ ermöglicht. Inzwischen äußerst erfolgreich tätig, wollte Grass etwas davon an die junge Generation weitergeben. Alle zwei Jahre wird der Alfred-Döblin-Preis für ein unfertiges Manuskript vergeben, dessen Fertigstellung damit ermöglicht werden

late Verhältnis zwischen Mann und Frau suchen. Die antrainierten Rollenklischees funktionieren nicht mehr, Unsicherheit macht sich breit. Zentral ist dabei der erste Satz: »Ilsebill salzte nach«, der bereits die Krise umschreibt.

Das Buch bietet einen dreifach offenen Schluß. Beim ersten Schluß kündigt der Butt dem Ich den Beratervertrag, das nun nichts mit dem Vakuum anzufangen weiß. Der zweite Schluß im achten Kapitel, »Vatertag«, bietet die gleiche männergemachte Geschichte noch einmal, nun aber von Frauen gemacht. Sie übernehmen zwar die Macht, füllen sie aber genauso aus, wie es jahrtausendelang die Männer getan haben. Dies ist die Warnung an die Frauen, durch das Kopieren männlicher Verhaltensstereotype nicht die gleichen Fehler zu wiederholen. Der dritte Schluß verweist auf den dritten Weg und deutet die Hoffnung an, Frauen könnten eine Alternative entwickeln auf der Basis eines neuen Macht- und Moralverständnisses. Es gilt, eine »neue Phase der Humanentwicklung« einzuleiten, wie der Butt im ›Butt‹ verkündet. »Dat een un dat anner tosamen«, wie es im Märchen heißt, ergeben erst die ganze Wahrheit.

58 Aua, die dreibrüstige Göttin während der Steinzeit im ›Butt‹. Bronzeskulptur von Grass

»Vatertag«

Das achte Kapitel des ›Butt‹, »Vatertag«, das sich stilistisch und strukturell von den übrigen Kapiteln deutlich abhebt, bündelt in besonders dichter Weise das Thema des Buches. Der Geschlechterkampf endet hier tödlich. Am Vatertag des Jahres 1963 ziehen vier Frauen, Billy, Fränki, Siggi und Mäxchen, als Männer verkleidet in den Berliner Grunewald, um dort »Mann« zu spielen. Auf der Suche nach ihrem eigenen Standpunkt in einer Welt voller Rollenklischees probieren sie in einem Rollenspiel sämtliche Facetten der männlichen Geschlechterrolle aus. Billy zahlt für diese Provokation mit ihrem Leben, denn eine Gruppe Motorradfahrer bringt sie am Ende des Tages nach mehrfacher Vergewaltigung bestialisch um.

Als ›Der Butt‹ erschien, stieß dieses Kapitel bei manchen Kritikern und Kritikerinnen auf Ablehnung. Andererseits wurde die ungewöhnlich moderne Erzählweise betont. So modern Inhalt und Stil 1977 schienen, lag Grass mit der Idee und manchen Strukturelementen weit mehr vor seiner Zeit, als man damals dachte. Denn der »Vatertag«-Stoff geht bereits auf Einfälle aus dem Jahr 1961 zurück. Der allererste Eintrag in Grass' Arbeitsbüchern findet sich am 12. Mai 1961: »Berlin am 12. 5. 61. Vatertag in Berlin. Vier Lesbierinnen feiern den Tag in Männerkleidung und singen Soldatenlieder, sprechen von Fussball: Erzählung: 15 Seiten« – genau so, wie es mehr als 15 Jahre später im ›Butt‹ geschildert wurde. Dieser Einfall ruhte zwei Jahre, bis im Juli 1963 eine intensive Arbeitsphase zu diesem Thema anbrach, in deren Verlauf Grass am 23. Juli die Idee zu einem Film notierte, in dem bereits Max (Mäxchen) und Siegi (die spätere Siggi) mitspielen. Während Grass mit der Fertigstellung von ›Hundejahre‹ befaßt war, entwickelte er die Filmidee weiter. Am 25. September 1963 hieß es: »Abermals Pause mit ›Hundejahren‹. Nachwehen. Zum Film: er muss explodieren!« Ideen und erste Dialoge wurden notiert. Drei Tage später schrieb Grass: »Nochmals: der Film sollte keine Gelegenheitsarbeit werden, sondern mit seinem Gewicht alle Nachgeburten der ›Hundejahre‹ verdrängen. Von Anfang an zum lesbaren Buch hinarbeiten«, während er wenige Tage darauf festhielt: »Vorsicht! Roman in Sicht.« Tatsächlich hatte sich die fünfzehnseitige Erzählung über die Film- zur Romanidee ausgewachsen. Anfang November 1963 entwarf Grass in Berlin eine »längere Rahmenerzählung« mit dem Titel ›Das Mietshaus‹, die er »unter angenommenem Namen bearbeiten« könnte.

Zwei Jahre später, im Oktober 1965, steht im Notizbuch: »Berlin am 20. Okt. 1965. ›Vatertag‹ ist die tragfähigste Romanform. Absolutes Erzählen.« Nun war klar, daß sich das Thema nicht mehr ignorieren ließ. Grass legte eine »Vatertag-Mappe« an, der Roman (»knapper bis hymnischer Stil«) wurde auf 500 Seiten projektiert und sollte im Herbst 1969 erscheinen. Die Titel der einzelnen »Erzählungen« des Romans, darunter »Mehlwürmer« und »Kartoffelschalen«, belegen die Verbindung zu ›Hundejahre‹, weshalb der spätere ›Butt‹, in den »Vatertag« schließlich einging, in direkter Linie zu ›Hundejahre‹ zu sehen ist.

Neben diesen »Vatertags«-Projekten entstand noch ein (undatierter) Entwurf zu einem Theaterstück in zwei Akten mit 13 Szenen, die in ihrem Ablauf dem späteren »Vatertag«-Kapitel im ›Butt‹ sehr nahekommen. Stilistisch hatte Grass für das auf zwei Stunden konzipierte Stück »gebundene Sprache, Umgangssprache, Donald Duck-Sprache« vorgesehen. Doch auch dieser Plan wurde nicht weiterverfolgt. Im ausführlichen Filmentwurf, den es statt dessen gibt, hat Grass die Idee der Parodie als Mittel der Verdeutlichung genutzt, was auch die Kernidee im achten Kapitel im ›Butt‹ ist. Im Filmentwurf betont Grass, daß die Frauen »ja nicht den Vatertag hier in Berlin nachspielen, sondern die Männerwelt überhaupt, auch historisch gesehen, zeigen« sollen. Tatsächlich gab es für den Film schon einige Vorarbeiten: Mit einem Team und drei Filmkameras hatte Grass an Christi Himmelfahrt den ganzen Tag Aufnahmen gemacht. Auch die Erzählmittel, wie sie später in den ›Butt‹ eingingen, sind schon benannt: Es soll andauernd »erzählt und übertrieben« werden. Diesen Entwurf entwickelte Grass schließlich zum achten Kapitel im ›Butt‹ weiter. Nach Erscheinen des ›Butt‹ gestaltete er in den achtziger Jahren noch 22 Lithographien zum Kapitel »Vatertag«. Damit war das Thema nach mehr als 20 Jahren verarbeitet.

59 Lithographie aus dem Zyklus ›Vatertag‹, 1982

60 »War hier früher nicht mal ein Buchladen, Liebling?«

soll. Folgerichtig hatte Grass bei der Gründung seinen großen Freund und Förderer, Hans Werner Richter, zum Kurator der Stiftung und des Preises bestellt. Der erste Preisträger 1979 war Gerold Späth.

Die Zeit nach Erscheinen des ›Butt‹ war wieder voller Aktivitäten: 1978 erschienen die Essays ›Im Wettlauf mit den Utopien‹ sowie ›Kafka und seine Vollstrecker‹. Der Band ›Denkzettel‹ mit politischen Reden und Aufsätzen von 1965 bis 1976 kam heraus. Im Frühjahr 1978, von Anfang März bis Ende April, begab Grass sich mit Ute Grunert auf eine ausgedehnte Asien- und Ostafrikareise, die als private Erholungs- und Studienreise deklariert war. Gleichwohl half das Goethe-Institut bei der Routen- und Terminplanung sowie vor Ort, wofür Grass im Gegenzug Reden in verschiedenen Instituten entlang seiner Reiseroute hielt.

Während des zweiwöchigen Aufenthaltes in Japan trug Grass am 15. März in Tokio die bereits 1974 erstmals gehaltene Rede ›Sieben Thesen zum demokratischen Sozialismus‹ vor, die nun in Japan große Beachtung fand. Ausführlich berichtete die Presse darüber. Die Zeitung ›Asahi Shimbun‹ stellte mit Verwunderung fest, daß der 600 Personen fassende Saal überfüllt war, »was für eine Veranstaltung dieser Art eine Ausnahme darstellt«. Auch wurde vermerkt, daß Grass

Gedichte im ›Butt‹
Erstmals hat Grass in ein Prosawerk Gedichte eingelegt. Die insgesamt 46 Gedichte im ›Butt‹ haben eigene Titel und sind weitgehend unabhängig von der Prosa. Zum größten Teil sind sie lose in das Buch eingefügt, ohne daß Reihenfolge und Standort zwingend wären. Zusammen mit den zeitgleich entstandenen Graphiken bilden sie einen eigenen Zyklus, den der 1983 erschienene Band ›Ach Butt, dein Märchen geht böse aus‹ dokumentiert. Zwei Drittel der dort veröffentlichten Gedichte sind Gedichte aus dem

»in einem saloppen Jackett ohne Krawatte, also im Alltagsgewand, auf die Bühne trat«. In dieser Rede grenzte sich Grass programmatisch vom Kommunismus ab. Dem damals noch fest im Sattel sitzenden Staatskommunismus warf er in seinem Frontalangriff Etikettenschwindel vor: statt »marxistisch-leninistisch« solle er sich lieber »leninistisch-stalinistisch« nennen.

Nach Aufenthalten in Hongkong und Indonesien gelangten Günter Grass und Ute Grunert im April 1978 von Bangkok nach Bombay, bevor Grass weiter nach Nairobi reiste. Es war der zweite Besuch in Indien, der dem Max Müller Bhavan – so die Bezeichnung der Goethe-Institute in Indien – in Bombay mit nur einem Monat Vorlaufzeit von der Zentrale angekündigt war. In dieser Zeit mußte nicht nur ein akzeptables Besuchsprogramm zusammengestellt werden. Bereits im Vorfeld von Grass' Ankunft brach eine große Grass-Begeisterung aus, die sich darin zeigte, daß die in Indien verfügbaren Grass-Werke in sämtlichen Buchhandlungen ausverkauft waren. Händeringend wartete man auf das Eintreffen der bestellten ›Butt‹-Exemplare, die gerade noch rechtzeitig ankamen.

Die ersten Tage nach Grass' Ankunft in der Nacht vom 9. April waren mit Terminen angefüllt. Am 11. April fand sogleich eine Lesung aus dem ›Butt‹ am German

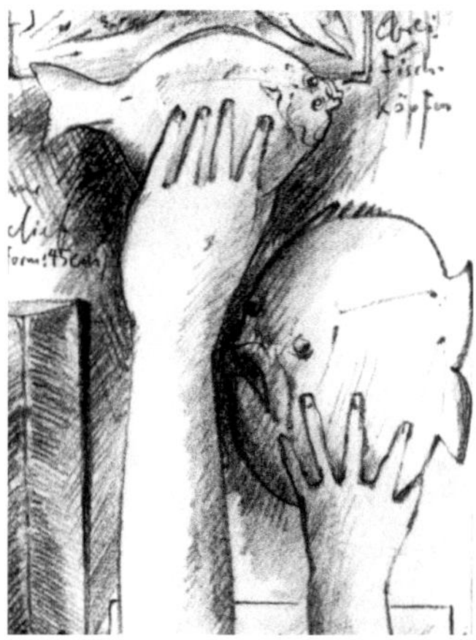

61 Skizze zum »Bücher-Butt«, einer von Grass gestalteten Bronzeskulptur, die den neu eingerichteten Deutschen Bücherpreis repräsentiert, der erstmals am 21. März 2002 für »gute und erfolgreiche Bücher« vom Börsenverein des Deutschen Buchhandels vergeben wurde.

›Butt‹. Die übrigen Gedichte, die ebenfalls zur Zeit des ›Butt‹ entstanden waren, wurden dort aber nicht aufgenommen, sondern zum Teil einzeln veröffentlicht oder erschienen 1974 zusammen mit Radierungen im Mappenwerk ›Liebe geprüft‹.

Blick in die Werkstatt: Entstehung eines literarischen Textes
Grundsätzlich entstehen Grass' Texte als Ergebnis mehrerer, nacheinander geschriebener Fassungen. Dies führt Grass auf seine Herkunft als Steinbildhauer zurück, »der sich ständig rundum vor einen Block gestellt sieht«, »weshalb die Oberfläche der epischen Gebilde rauh bleiben und bis in die Fahnenkorrekturen hinein Veränderungen hinnehmen mußte«. Die erste Fassung folgt ganz dem Einfall, der Erinnerung, der Phantasie. Die Lücken dazwischen läßt Grass erst einmal stehen und füllt sie in einer zweiten Fassung, die vollständig neugeschrieben wird, mitunter mit dokumentarischem Material, das er zusammengetragen hat. Um beispielsweise Geschichte und Zeitgeschichte im ›Butt‹ so elegant verschränken zu können, benötigte Grass eine Fülle an Informationen. Er konsultierte die themenrelevante einschlägige Forschungsliteratur, die er sich mitunter zusammenstellen ließ, sammelte unübersehbare Stapel an Zeitungsausschnitten. Gleichzeitig ließ er von seiner Sekretärin Jahreschroniken anfertigen, wie z. B. für die Jahre 1973 und 1974 nachgewiesen: In knappster Form sind hier ausgewählte Tagesereignisse von der Preissteigerungsrate über die Entführung der Tochter des Wienerwald-Konzernchefs, eine Sturmflut an der Nordsee, die Fischvergiftung von Studenten durch Mensaessen, Ergebnisse von Landtagswahlen bis zum Rücktritt Willy Brandts maschinenschriftlich aufgelistet.

Erste Versionen entstehen oft handschriftlich, dann schreibt Grass auf seiner Olivetti-Schreibmaschine, von der er im Laufe der Jahre mehrere Exemplare gehamstert hat, ebenso die Farbbänder, da beides nicht mehr im Handel erhältlich und durch kein alternatives Modell zu ersetzen ist. So hat er in seinen drei Werkstätten in Behlendorf, Dänemark und Portugal jeweils eine komplette Ausrüstung, die ihm sofortiges Arbeiten gleich nach der Ankunft ermöglicht. Seit der ›Rättin‹ schreibt Grass die erste Fassung gerne handschriftlich in Blindbände, die ihm sein Verlag zur Verfügung gestellt hat und die mit Zeichnungen, Skizzen und sonstigem Beiwerk versehen werden, so daß sich diese erste Fassung schon zu einem Kunstwerk an sich auswächst.

62 ›Meine alte Olivetti‹, in ›Fundsachen‹, 1997

In der Regel schreibt Grass drei bis vier Fassungen, jeweils immer

Department der Bombay University statt. Am folgenden Tag veranstaltete der Max Müller Bhavan eine Podiumsdiskussion zum Thema »Aspekte sozialen Bewußtseins in der zeitgenössischen Literatur« unter der Leitung von Kunud Mehta, zu der alle in Bombay ansässigen Schriftsteller und Journalisten eingeladen waren. Ungefähr 400 Personen kamen. Indira Ghandis Regime hatte in nur zwei Jahren ab 1975 durch scharfe Zensurmaßnahmen, Verhaftungen von Intellektuellen und Verfolgungen eine Atmosphäre des Schreckens hin-

von Anbeginn an. Zu keinem Buch sind nach derzeitigem Kenntnisstand alle Fassungen vollständig zugänglich. Und auch die Zahl der Fassungen variiert stark: Sind vom ›Butt‹ teilweise acht bis 13 Schichten erhalten, sind es beim ›Treffen in Telgte‹ drei bis vier. Beim ›Butt‹ sah das Arbeitsprinzip so aus, daß Grass eine Fassung auf der Schreibmaschine schrieb, dort anschließend handschriftliche Korrekturen einfügte, was eine neue Maschinenfassung ergab, die wiederum handschriftlich korrigiert wurde, woraus eine neue Maschinenfassung wurde, usw. Die neuen Maschinenfassungen gehen dabei in aller Regel über die Korrekturen hinaus, manchmal so weit, daß man von einer veritablen Neufassung reden muß. Auch diktierte Grass ganze Kapitel bzw. Auszüge seiner Sekretärin. Anhand dieser Fassungen kann man die Entwicklung der Erzählung, der Figuren, die Entstehung neuer Einfälle oder sogar die Entwicklung einer ganz neuen Erzählhaltung verfolgen.

Zu den meisten Büchern sind Pläne überliefert, die auch im Verlauf der Zeit immer ausgefeilter wurden. Diese graphischen Aufrisse sind dazu da, die mitunter enormen Stoffmassen, die zu bewältigen sind, zu ordnen. Am bekanntesten ist ›Die Rättin – Plan II‹, wo einzelne Kapitelüberschriften, Stichwörter und Schlüsselbegriffe in einem von Ratten gegrabenen Tunnelsystem dargestellt werden.

63 ›Die Rättin – Plan II‹. Lithographie, 1983

terlassen, als sie 1977 abgewählt wurde. Nun, ein Jahr später, erholte man sich davon nur schleppend. Gefragt, warum er im ›Butt‹ einseitig nur Elend und Armut Indiens dargestellt habe, ohne Indiens kulturellen und spirituellen Reichtum zu erwähnen, antwortete Grass, daß die Schönheit Indiens, die »Postkartenschönheit«, ein Privileg der Wohlhabenden und Gesättigten sei, wohingegen der Hunger die tagtägliche Realität der Mehrheit bedeute. Dem sozialen Elend könne der Subkontinent nur durch radikale Reformen beikommen. Er bekannte, daß die Schönheit der Armut ihn zugleich irritiere und fasziniere. Aus der Diskussion wurde schließlich eine Saaldiskussion, die bald einen unerwarteten Verlauf nahm, da die anwesenden Intellektuellen einander direkt ansprachen – es war für sie das erste Mal, daß sie nach den Zeiten der Zensur und Repressionen frei über ihre Erfahrungen während der politischen Notstandsjahre unter Indira Ghandi sprechen konnten.

Im Verlauf seines Aufenthaltes besuchte Grass auch das große Slumgebiet von Cheetah Camp sowie auf Einladung von Adi D. Patel Projektgebiete der Hilfsorganisation Terre des Hommes, für die Grass schon seit Jahren regelmäßig spendete. Die letzten sechs Tage verbrachten Günter Grass und Ute Grunert auf der Fischerinsel Manori im Indischen Ozean.

Bald darauf, im Sommer 1978, reiste Grass nach Spanien, wo ihm auf der 37. Madrider Buchmesse Ende Mai ein fulminanter Empfang bereitet wurde. Er war seit seiner letzten Spanienreise im Winter 1976/1977 zum Parteitag der dortigen Sozialisten der Öffentlichkeit vor allem als politisch engagierter Schriftsteller bekannt. Seine Romane hatten während des Franco-Regimes nicht offiziell erscheinen dürfen, Übersetzungen (›Katz und Maus‹ und ›Die Plebejer proben den Aufstand‹) wurden unter dem Ladentisch verkauft. Dies hatte sich inzwischen gründlich geändert. Die ›Frankfurter Allgemeine Zeitung‹ notierte schon im Vorfeld: »Günter Grass wird einen späten, doch um so ruhmreicheren Einzug in Spanien halten.« Der Madrider Verlag Alfaguara, der die Rechte an Grass' Werk für Spanien erworben hatte, rechnete mit einer Erstauflage der ›Blechtrommel‹ von 60 000 Exemplaren – eine für Spanien exorbitante Zahl. Grass' Auftritt auf der Buchmesse wurde vorbereitet durch Fernsehauftritte des spanischen Übersetzers, und auch für Grass selbst waren zwei Fernsehsendungen vorgesehen.

Im gleichen Jahr begann Volker Schlöndorff mit der Verfilmung der ›Blechtrommel‹ unter Mitarbeit von Günter Grass. Die Uraufführung fand Anfang Mai 1979 in Berlin statt. Die Verfilmung wurde ein großer Erfolg und verhalf dem deutschen Film zum internationalen Durchbruch – ganz so wie seinerzeit das Buch der deutschen Literatur zum Durchbruch verholfen hatte. Ein »Oscar« für Oskar – 1980 erhielt der ›Blechtrommel‹-Film den amerikanischen Academy Award für den besten fremdsprachigen Film, nachdem er gleich nach Erscheinen im Jahr zuvor bereits die »Goldene Schale« des Bundesfilmpreises und die »Goldene Palme« der Filmfestspiele in Cannes gewonnen hatte.

◀ 64 Mit Joachim Bühler (links), damaliger Direktor des Max Müller Bhavan, und Prof. Paranjpee (rechts) bei der Lesung des Indien-Kapitels aus dem ›Butt‹ am German Department der Bombay University. Die Studenten waren gut vorbereitet, alle hatten das Buch gelesen und konnten mitreden.

Die Idee einer Verfilmung war schon viel früher aufgekommen, doch hielt man allgemein das Buch für nicht verfilmbar. Grass hatte verschiedentlich Angebote abgelehnt und erst 1977 dem Münchner Produzenten Franz Seitz grünes Licht gegeben. Der machte sich, mit den Filmrechten ausgestattet, auf die Suche nach einem Regisseur und stieß auf Volker Schlöndorff, der zwar zu dem Zeitpunkt weder das Buch noch Grass persönlich kannte, sich aber schon als Literaturverfilmer (›Baal‹ von Brecht, ›Die verlorene Ehre der Katharina Blum‹ von Böll) einen Namen gemacht hatte. Schlöndorff stellte sich ein erstklassiges Team zusammen mit Jean-Claude Carrière als Drehbuchautor und den Darstellern Charles Aznavour, Daniel Olbrychski, Angela Winkler, Mario Adorf sowie Katharina Thalbach. David Bennent, der durch eine Wachstumsstörung klein gebliebene zwölfjährige Sprößling der bekannten Schauspielerfamilie, spielte die Hauptrolle. Grass arbeitete schließlich auch am Drehbuch mit und war während der Dreharbeiten in Gdańsk anwesend. Er und David Bennent hatten sich

Entstehung der ›Blechtrommel‹-Verfilmung

Volker Schlöndorff, der zur Zeit der Entstehung der ›Blechtrommel‹ ebenfalls in Paris, unweit von Grass' Kelleratelier, gelebt hatte, um dort sein Abitur zu machen, las den Roman erstmals 1977, nachdem Franz Seitz ihm die Verfilmung vorgeschlagen hatte. Wie Schlöndorff in seinem Tagebuch zur Verfilmung schrieb, löste das erste Treffen mit dem Autor (»Trotz lebhafter Gespräche bleiben wir uns fremd«) bei ihm Panik aus, da ihm klar wurde, daß das, was für ihn im Buch frei fabuliert schien, für Grass »erlebte Wirklichkeit« war. Schlöndorff stürzte sich in die Arbeit.

Schnell stand fest, daß die Nachkriegszeit für einen zweiten Film ausgespart werden sollte. Schwierig war die Darstellung des Projektes in den Produktionsbüros, die der Regisseur besuchte (»Tell me the story in three lines«). Einen Durchbruch bedeutete die beim Besuch eines Kongresses kleinwüchsiger Menschen in Goslar im September 1977 gewonnene Einsicht, daß Oskar von einem Kind gespielt werden mußte, damit der Film »kein Film über Zwergenprobleme« wurde. Auf der Suche nach Identifikations-

schnell angefreundet. Drehorte waren Zagreb (Juli bis August 1978), die Normandie (August), Gdańsk (Ende August bis Ende September) und Berlin (Ende September bis Mitte November).

Der für damalige deutsche Verhältnisse mit sieben Millionen DM sehr teure Film wurde nach amerikanischem Muster beworben: Luchterhand gab das Tagebuch Schlöndorffs heraus, und im Verlag Zweitausendeins erschien ein opulent ausgestatteter Bildband über die Verfilmung inklusive komplettem Drehbuch, während David Bennent von Talk-Show zu Talk-Show gereicht wurde.

Unterdessen arbeitete Grass an einem neuen Buch, das 1979 erschien: ›Das Treffen in Telgte‹, gewidmet Hans Werner Richter, dem Begründer der Gruppe 47, den Grass zuweilen seinen »literarischen Mentor« und »zweiten Vater« nannte. Die Idee dazu kam ihm während der Arbeit am vierten Kapitel des ›Butt‹, das in der Barockzeit spielt und das fiktive Treffen von Martin Opitz und Andreas Gryphius in

möglichkeiten mit Oskar entwickelten Schlöndorff und Carrière die Übertragung der Erzählposition im Buch in die Kameraperspektive: »mal ganz subjektiv, mal ihn erschrocken von aussen« zeigend. Insbesondere die Entscheidung für den zwölfjährigen David Bennent als Hauptgestalt, der zu der Zeit an der Münchener Oper Schlagzeugunterricht nahm, warf große finanzielle Probleme auf, da der Name eines international bekannen Schauspielers die Finanzierung leichter sichergestellt hätte. Die geplante Größenordnung von sechs bis sieben Millionen DM überstieg damals alle deutschen Produktionsmöglichkeiten und machte die Chance, mit einem internationalen Star in der Hauptrolle auch internationales Geld in die Produktion zu bekommen, zunichte.

Als Carrière und Schlöndorff im Februar 1978 mit dem ersten Drehbuchentwurf zu Grass kamen, fand er diese Fassung »protestantisch und kartesianisch«. Grass verlangte mehr »harten Realismus einerseits, mehr Mut zum Irrealen andererseits. Phantasie als Teil der Wirklichkeit, Oskars Wirklichkeit«. Eine neue Fassung entstand, nunmehr mit einer vom Roman autonomen Erzählstruktur. Als Schlöndorff fast ein Jahr nach seinem ersten Besuch erneut bei Grass vorsprach, diesmal mit dem fertigen Drehbuch, mußte nur noch gekürzt und der Dialog überarbeitet werden. Die gemeinsame Arbeit am Dialog brachte sie einander näher, so daß Grass am Ende meinte: »Nächstes Mal schreiben wir gleich ein Originaldrehbuch.«

Danzig zum Gegenstand hat. Grass hatte hier eine neue Welt entdeckt.

»Gestern wird sein, was morgen gewesen ist. Unsere Geschichten von heute müssen sich nicht jetzt zugetragen haben«, lautet der erste Satz der sehr dicht komponierten Erzählung, die zweifelsohne zu Grass' bedeutendsten Werken gehört. Was ursprünglich als Gelegenheitsdichtung im besten barocken Sinn mit einem Umfang von 30 Seiten für Richters Geburtstagsfeierlichkeiten geplant war, wuchs sich rasch aus zu einem fulminanten Konvolut barocker Dichtung und barocken Lebensgefühls vor dem Hintergrund der Greuel und Qualen des Dreißigjährigen Krieges. Die Kritik feierte den Band nahezu einhellig.

Mit dem ersten Satz – immer von entscheidender Bedeutung in Grass' Büchern – hatte er sein Konzept der »Vergegenkunft« zusammengefaßt. Dabei ging es ihm zunächst um die Entdeckung, wie sehr »wir im Korsett der Chronologie gefangen sind, wie gut es ist, sie notfalls aufzuheben und dabei nicht bloß mit der Rückblende zu operieren, sondern die Präsenz der Vergangenheit in der Gegenwart und das Vorlappen der Zukunft in die Gegenwart hinein deutlich zu machen«. Grass verlegt das erste Treffen der Gruppe 47 ins Jahr 1647 nach Telgte. Der kleine Wallfahrtsort liegt zwischen Münster und Osnabrück – beides Städte, in denen seit 1644 Friedens-

›Das Treffen in Telgte‹ (1979)

In Telgte, einem kleinen Städtchen bei Münster, wo die Friedensverhandlungen zur Beendigung des Dreißigjährigen Krieges stattfinden, treffen sich im Jahr 1647 die wichtigsten Barockdichter auf Einladung des Königsberger Dichters Simon Dach, dessen Vorbild Hans Werner Richter, der Gründer der Gruppe 47, ist. Streng wird die Einheit von Ort, Zeit und Handlung eingehalten. Auch einige Verleger sind anwesend, was wiederum ganz dem Ablauf der Treffen der Gruppe 47 entsprach. Man tagt drei Tage lang im Gasthof »Brückenhof«, der von der Wirtin Libuschka, auch Courage genannt, geleitet wird, um sich dort aus Manuskripten vorzulesen.

In diesem Gasthof untergekommen sind die Dichter allerdings nur dank der Initiative eines »rotbärtigen Kerls«, der sich Christoffel Gelnhausen nennt und, wie es heißt, »in seinem grünen Wams unterm Federbusch wie erfunden wirkte«. Während die Baverhandlungen geführt wurden, die 1648 den Dreißigjährigen Krieg beendeten. Geschildert werden nicht nur Riten der Gruppe 47 mit Analogien bis in kleinste Details, sondern es entsteht auch ein lebendiges Bild der barocken Lebensbedingungen der Dichter. Damals wie zu Zeiten der Gruppe 47 suchte man nach dem, was man ohne Schaden »nationale Identität« nennen konnte angesichts eines vom Krieg zerstörten Landes. Trotz der offensichtlichen und absichtsvoll angelegten Bezüge ist die Erzählung jedoch keineswegs als Schlüsselroman zu verstehen. Auch wenn man in einzelnen der barocken Dichtergestalten mitunter Ähnlichkeiten zu Mitgliedern der Gruppe 47 zu erkennen glaubt – so erinnert Augustus Buchner z. B. an Hans Mayer –, ging es Grass mit Ausnahme Richters nicht um das Portrait einzelner Gruppenmitglieder, sondern um ein Portrait der Gruppe.

66 Skizze zu ›Das Treffen in Telgte‹, 1977

rockdichter – Lauremberg, Moscherosch, Harsdörffer, Hoffmannswaldau, Gryphius, Buchner, Paul Gerhardt, Sigmund von Birken und andere – allesamt historisch sind, mit einer Persönlichkeit ausgestattet werden, eine Physiognomie erhalten, ist Gelnhausen die einzige wirklich erfundene Figur. In ihm ist Grass eine Hommage an sein literarisches Vorbild, Hans Jakob Christoffel von Grimmelshausen, gelungen. Und Grimmelshausen ist neben Gryphius der einzige Barockdichter, der auch heute noch einem breiteren Publikum bekannt ist. Da aber Grimmelshausen 1647 noch nicht als Dichter bekannt war und somit gar nicht am Treffen hätte teilnehmen können, schuf Grass die Kunstfigur, genannt nach dem Geburtsort Grimmelshausens, und stattete sie mit einer Mischung aus biographischen Elementen des historischen Grimmelshausen sowie dessen literarischer Hauptfigur, des Simplicius Simplicissimus, aus. Diesem auch »Simplex« und »Stoffel« genannten Gelnhausen ist als weibliches Pendant die Wirtin Libuschka beigegeben, ganz so, wie es sich in Grimmelshausens Werk verhält, hatte dieser doch seinem erfolgreichen ›Simplicius Simplicissimus‹ den ›Trutz-Simplex‹ folgen lassen, die »Lebensbeschreibung der Erzbetrügerin und Landstörzerin Courasche«, genannt Libuschka. Beide Bücher werden auch hier erwähnt: Denn am Ende des Treffens, nach allerlei Händeln, kündigt Gelnhausen, nachdem er den Wortgefechten der Dichter lang genug gelauscht hat, ein Buch an, das aber kein zierliches Seelengewimmer sei oder Bravgereimtes enthalte, sondern »eher werde er den großen Sack aufmachen, den gefangenen Stunk freisetzen, [...] den langen Krieg als Wortgemetzel neuerdings eröffnen, alsdann ein entsetzliches Gelächter auffliegen lassen und der Sprache den Freipaß geben, damit sie laufe, wie sie gewachsen sei«. Eine weitere Ebene der Verquickung ist die zwischen 1647 und 1947. Tatsächlich sind die Zeitumstände beide Male ganz ähnliche: Das Land liegt verwüstet nach einem Krieg, alles ist zerstört, einschließlich der Moral und der Sprache. Das Reisen ist mühsam, wenn nicht unmöglich. Die Nation ist danieder, und mit ihr die Literatur. Die nun gilt es in schwerer Zeit zu retten. Zugleich aber gilt es, wie Simon Dach meinte, »der deutschen Hauptsprache neuen Wert zu geben, [und] um – wenn auch vom Rande her nur – ein politisches Wörtchen mitzureden. Schließlich war man wer. Wo alles wüst lag, glänzten einzig die Wörter. Und wo sich Fürsten erniedrigt hatten, fiel den Dichtern Ansehen zu. Ihnen, und nicht den Mächtigen, war Unsterblichkeit sicher.« Damit ist das für Grass wichtige Thema der Rolle des Schriftstellers in einer politischen Welt angesprochen. Ausdruck dafür ist das politische Manifest, das den bei den Friedensverhandlungen tätigen Parteien zugeleitet werden soll. Auch so etwas gab es in der Gruppe 47. Im ›Treffen in Telgte‹ allerdings wird das Manifest in großer Runde diskutiert, verworfen, neu entworfen, erneut diskutiert und schließlich, vollkommen verwässert, feierlich von allen unterzeichnet. All das nur, damit das Manifest am Ende mitsamt dem ganzen Gasthof in einem großen Feuer aufgeht, weshalb es heißt: »So blieb ungesagt, was doch nicht gehört worden wäre.« Das große Thema ist die Rolle, Macht und Ohnmacht der Literatur, eine Variante zum Thema »engagierte Literatur«. Es ist die Diskussion um das Manifest, die schließlich das Credo des Buches hervortreibt: Heinrich Schütz, als Komponist der Außenseiter, beantwortet die Frage nach dem großen Warum der Dichter mit dem Satz: »Um der Ohnmacht [...] ein leises ›dennoch‹ abzunötigen.«

Telgte – eine Stadt im Literaturfieber
Am Ort der Handlung hat das Buch enormen Einfluß ausgeübt und die Tourismusindustrie des schönen Städtchens Telgte auf vollkommen neue Beine gestellt. Dort war Grass' Roman bald in aller Munde und die Idee nicht weit, eine literarische Stadtführung zu entwickeln – auf den Spuren der Erzählung, verquickt mit den historischen und zeitgenössischen Aspekten, die wie nebenbei einen neuen Blick auf einen alten Ort werfen. Vorbild für den »Brückenhof«, in dem in der Erzählung die Dichter tagen, war der Gasthof »Im wilden Mann«, an der äußeren Ems gelegen. Dort kehrt man nach der Stadtführung ein. Kenntnisreich, liebevoll und unterhaltsam geht man hier mit dem Autor und seinem Werk, das die Stadt so berühmt gemacht hat, um. Zu dem Tourismuskonzept gehören zweistündige, halbtägige oder mehrtägige Führungen mit begleitenden Veranstaltungen zum Werk von Grass. Man erfährt Wissenswertes über das Buch und die Hintergründe seiner Entstehung – alles wissenschaftlich akribisch recherchiert und eloquent dargeboten. Auch kann man sich ein Bild davon machen, wie genau bis in die kleinsten Details Grass arbeitet. Ein Beispiel ist die Pieta in der Gnadenkapelle als Bestandteil der Stadtführung: Die Kapelle gibt es, historisch vollkommen korrekt, im Buch noch nicht, denn sie wurde erst 1654 erbaut. Und damals, zur Zeit des »Treffens«, sprach man auch von einem »Vesperbild«, erst später von einer »Pieta«, was selbst nur wenige der örtlichen Historiker wußten. In der Erzählung ist historisch exakt vom »Vesperbild« die Rede. Grass' Radierung, die den Buchumschlag ziert, wurde inzwischen zum Markenzeichen Telgtes und fehlt auf keiner Veranstaltungsankündigung. Der offizielle Fotoband der Stadt, von Grass signiert, hat als Motto ein Zitat aus der Erzählung (»allerlei Göttern Quartier zu machen«).

68 Der Gasthof »Im wilden Mann«, Vorbild für den »Brückenhof«, der Tagungsstätte der Dichter in ›Das Treffen in Telgte‹. Foto, 1992

Grass selbst wußte, was er dem Ort schuldig war: In Telgte fand am 25. November 1978 die erste öffentliche Lesung aus seiner Erzählung statt, und 1988 veranstaltete er hier ein öffentlichkeitswirksames Treffen mit Schriftstellerkollegen im Geiste der Gruppe 47.

Dabei kam Grass durch einen Zufall auf Telgte, und zwar durch den Telgter Buchhändler Manfred Schneider. Dieser hatte einmal im Rahmen einer von ihm organisierten Veranstaltungsreihe Grass' Freund Jurek Becker zu Gast. Der erzählte, daß Grass »etwas Komisches in Arbeit« habe, eine Art Gleichnis auf die Gruppe 47, und dafür einen geeigneten Schauplatz in der Umgebung suche; ob man nichts wisse? Schneider machte sich sogleich auf die Suche und faßte in einem langen Brief an Grass seine Ergebnisse zusammen. Dieser antwortete und kündigte sein Kommen an, bereits gut in das Thema eingearbeitet und ausgestattet mit, wie Schneider angab, verblüffender Kenntnis der Regionalgeschichte. Der eigene Augenschein während einiger Tage in der Stadt genügte für Grass' Wahl. Telgte war ideal.

›Das Treffen in Telgte‹ war gleich für verschiedene Gruppen interessant. Nicht nur Schriftsteller, Kritiker und Literaturwissenschaftler, die selbst früher Mitglieder der Gruppe 47 gewesen waren, lasen die Erzählung aufmerksam. Aufgrund des starken Anteils barocker Literatur im Text, und das war neu bei Grass, interessierten sich nun auch solche Germanisten dafür, die auf Barockliteratur spezialisiert waren. Bewundert wurde vor allem, wie leicht und elegant Grass in die Barockliteratur einführt und wie es ihm gelingt, schwer zu-

Grass und seine Übersetzer

Grass ist einer der wenigen Autoren, die sich für die Übersetzungen ihrer Werke interessieren. Laut seinem spanischen Übersetzer Miguel Sáenz sei er gar »der ideale Autor für einen Übersetzer«, da er nicht nur die Bedeutung einer Übersetzung verstünde, sondern seinen Übersetzern viel Zeit widmet. Damit sind die Übersetzerkolloquien gemeint, die Grass' Verlag für jeden Prosaband, der von ihm erscheint, veranstaltet. Die Notwendigkeit für solche Kolloquien zeigte sich bereits 1961. Da nämlich erhielt Grass einen Brief seines amerikanischen Verlegers Kurt Wolff, der im Namen des Übersetzers der ›Blechtrommel‹, Ralph Manheim, anfragte, was »Angströhren« bedeutet. Erstmals aber wurde im Frühjahr 1978 für den ›Butt‹ ein solches Treffen veranstaltet. Auslöser hierfür war eine Übersetzung der ›Blechtrommel‹ ins Schwedische gewesen, die so fehlerhaft war, daß das Buch des Germanisten, der die Fehler und Ungenauigkeiten aufgelistet hatte, fast ebenso dick war wie die Übersetzung selbst.

gängliches Spezialwissen (etwa, wer mit wem verfeindet war) wie nebenbei in den Erzählfluß einzuflechten.

Interessanterweise war die Erzählung auch im Ausland ein Erfolg. Wie die ›Frankfurter Allgemeine Zeitung‹ erstaunt zu berichten wußte, habe sie in England eine völlig neue »Bereitschaft, sich auf deutsche Dinge einzulassen, geprägt«. Eine regelrechte Grass-Begeisterung erfüllte die englische Öffentlichkeit. Dabei wurde eine einfache Erklärung für diesen Erfolg angeboten: Grass sei »offenbar etwas Ungewöhnliches gelungen, nämlich dreihundert Jahre deutscher Literaturgeschichte und Geschichte für die Engländer so zu erzählen, als wäre es ein einziger Tag. Er hat die Quintessenz unserer Geschichte auf ein glückliches Bild gebracht. Es ist, als ob unsere Katastrophenphantasie und Identitätsbedrängnis durch die barocke Maskerade plötzlich akzeptabel, faszinierend, liebenswert geworden sei!« Das Buch sei »eine Fibel für Ausländer zu unserem Seelengebräu«.

Die siebziger Jahre mit ihren privaten Umbrüchen standen nun vor ihrem Abschluß. Im Mai 1979 heirateten Ute Grunert und Günter Grass und lebten weiterhin in Wewelsfleth im späteren Alfred-Döblin-Haus mit den beiden Kindern von Ute Grass aus erster Ehe sowie zeitweilig mit Kindern aus Grass' erster Ehe. Im Spätherbst 1979 kaufte Grass in

Dies brachte Grass darauf, bei den Verhandlungen zu seinem neuen Buch ›Der Butt‹ seinem damaligen Verleger Eduard Reifferscheid die Organisation und Finanzierung solcher Übersetzerkolloquien abzuringen – ein bis dahin einmaliges Vorgehen, hatten doch noch kein Verlag und kein Autor zuvor Geld und Zeit in dieses Thema investieren wollen. Nicht so Grass: Drei Tage lang setzt er sich mit seinen Übersetzern der 20 und mehr Sprachen zusammen und bespricht Verständnisschwierigkeiten. Die Umsatzzahlen, die der Name Grass verspricht, ermöglichen das. So kann die Intention des Autors klarer erkannt, können Feinheiten, Mundartliches und Doppeldeutigkeiten der Sprache geklärt sowie historische Hintergründe erläutert werden. Grass selbst empfindet diese Treffen ebenfalls als Bereicherung, »denn niemand kennt meine Bücher besser als die Übersetzer. Sie stellen zuweilen recht unbequeme Fragen, bei denen der Autor ins Schwimmen gerät. Das ist gut so.«

Wewelsfleth noch ein zweites Haus hinzu, gleich am Deich an der Werft und dem Hafen gelegen, das zum Atelier ausgebaut wurde und eine Gästewohnung enthielt. Im Oktober machte das Ehepaar Grass sich erneut auf eine Reise: China, Hongkong, Manila, Singapur, Jakarta, Kairo standen diesmal auf dem Programm. Das im Jahr darauf erschienene Buch ›Kopfgeburten oder Die Deutschen sterben aus‹ war die schriftstellerische Frucht dieser Asienreise, die Günter und Ute Grass teilweise mit Volker Schlöndorff und Margarethe von Trotta unternahmen.

Der Vortrag, den Grass während dieser Reise hielt, hieß ›Die deutschen Literaturen‹ und befaßte sich mit dem Gedanken, daß bei geteilter Nation einzig die Literatur grenz- und systemüberschreitend sei. Dies ging in den neuen Prosaband ein. Das Buch entstand im Herbst und Winter 1979 und war Ende Dezember abgeschlossen. Hier gibt sich Grass als ein Sisyphos zu erkennen, der seinen Stein liebt. Und hier schreibt er auch: »Es war mein Irrtum, auf die Schnekke zu setzen«, denn sie sei schon davongeeilt und wir »im Rückstand«. Bei diesem Bild ist Grass fortan geblieben, wie auch ein Interview vom Spätherbst 2001 zeigte: »Als 1968 alle den maoistischen ›großen Sprung‹ wagen wollten, sagte ich, der Fortschritt ist eine Schnecke, aber immerhin, sie kommt voran. Inzwischen müssen

69 Informationstafel am Alfred-Döblin-Haus. Foto, 2002

1985 entschied sich Grass, sein ehemaliges Wohnhaus in Wewelsfleth dem Land Berlin als »**Alfred-Döblin-Haus**« zu schenken. Es sollte künftig jüngeren Schriftstellern aus Berlin für drei- bis zwölfmonatige Stipendienaufenthalte zur Verfügung stehen. Einweihung war wir uns beeilen, weil die Schnecke uns überholt hat.«

Grass reagierte in ›Kopfgeburten‹ auf die Reaktionen seiner Kritiker seit ›Aus dem Tagebuch einer Schnecke‹, die immer, wenn er »distanzlos« über die Gegenwart schreibe, »Pfui!« riefen. Und so würden sie bei diesem Buch, wo er sich, »kurz vor Beginn der achtziger Jahre, wieder (distanzlos) in die Gegenwart verbeiße«, wohl erneut rufen: »Klar doch! Sein Beitrag zum Wahlkampf. Er kann es nicht lassen.« Der anstehende Wahlkampf mit Franz Josef Strauß als Kanzlerkandidat der CDU/CSU warf bereits seine Schatten voraus und ging in das Buch ein.

70 Das Alfred-Döblin-Haus in Wewelsfleth. Foto, 2002

Die im Umfeld von ›Kopfgeburten‹ entstandenen Zeichnungen und Kaltnadelradierungen von Hahnenkämpfen, wie Günter und Ute Grass sie bei ihrem Aufenthalt auf Bali beobachtet hatten und die auch in ›Kopfgeburten‹ die fiktiven Gestalten Harm und Dörte besuchen, schließen den Kreis zu den frühen ›Windhühnern‹ der fünfziger Jahre. Selten einmütig wurde das Buch von der deutschen Kritik verrissen. Ganz im Gegensatz dazu standen viele ausländische Reaktionen. Der Grass-Bewunderer John Irving schrieb eine Besprechung, in der er sich vor Grass und seiner raffinierten Beherrschung des Handwerks verneigte.

1986. Das monatliche Stipendium wird von der Berliner Senatsverwaltung für Wissenschaft, Forschung und Kultur gezahlt, die Bewirtschaftungskosten trägt die Akademie der Künste Berlin. Von diesem Haus aus hat man einen Blick auf die Kirche, den Friedhof und die Kuppel des Kernkraftwerks Brokdorf. Mehr als 100 Autoren lebten bislang im Döblin-Haus, darunter Helga Novack, Bodo Morshäuser, Felicitas Hoppe und Christoph Klimke.

›Kopfgeburten oder Die Deutschen sterben aus‹ (1980)
Nach dem ›Butt‹ setzt sich dieser Prosaband mit dem Problem der Überbevölkerung Asiens auseinander, nunmehr in Kontrast zum statistisch belegten Geburtenrückgang in Deutschland. Grass hatte ursprünglich geschwankt zwischen einem Buch und einem Film, den er zusammen mit Volker Schlöndorff machen wollte, und legte schließlich ein »Arbeitsjournal« vor, das den realen Grass mit der Geschichte des fiktiven Lehrerehepaares Harm und Dörte verbindet. Harm und Dörte leben in Itzehoe in unmittelbarer Nähe von Wewelsfleth und begeben sich mit dem Reiseveranstalter »Sisyphos« auf Asienreise. Beide waren aktive Achtundsechziger und sind nun bürgerlich geworden. Harm ist Mitglied der SPD und Dörte Mitglied der FDP, womit sie die sozialliberale Koalition personifizieren. Beide sprechen sich gegen Atomkraft, Umweltverschmutzung und für die Dritte Welt aus und wissen nicht, ob sie wegen der weltweiten Überbevölkerung nun ein Kind wollen oder nicht. Beide werden nach ihrer Rückkehr aus Asien in den Wahlkampf ziehen. Der Reiseveranstalter »Sisyphos« bietet »authentisches Reisen«, das mit den Lebenswirklichkeiten in Südostasien vertraut machen will. Im Angebot ist auch der Besuch eines Slums. Nur auf Bali wird touristische Erholung unter Palmen angeboten. In einer Nebenhandlung gelangt eine in Folie eingeschweißte Leberwurst, um die sich ein Krimi entwickelt, bis nach Bali. Grass als Autoren-Ich schildert die Entwicklung eines Drehbuchentwurfes für einen Film mit Volker Schlöndorff, der allerdings nicht zustande kommt. Die Reise verbindet dabei die Filmhandlung mit der fiktiven Reise des Ehepaares Harm und Dörte. Der Titel »Kopfgeburten«, seit dem ›Butt‹ Ausdruck für all die Dinge, die Männer »sich aus Neid auf die natürliche Fruchtbarkeit der Frauen ausdenken«, spielt auf den Kontrast der damals bevorstehenden Bevölkerungsmilliarde in China zum Bevölkerungsrückgang in Deutschland an.

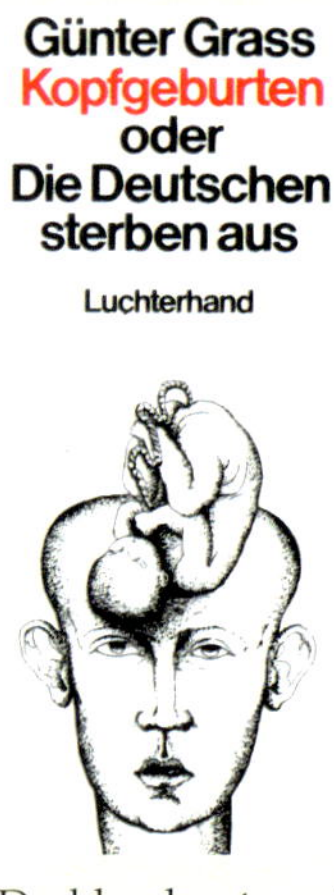

Eine Vielzahl von Themen wird angesprochen und miteinander verbunden, und verschiedene Motive verknüpfen das Buch mit anderen Grass-Werken. Hier setzt sich Grass auch mit dem »Bleigewicht« Auschwitz auseinander und datiert seine eigene Biographie probeweise um zehn Jahre zurück, um festzustellen, daß es keinen Anhaltspunkt gibt, sich als beständigen Widerstandskämpfer im »Dritten Reich« zu imaginieren – ein Beitrag zu der seinerzeit die Medien beherrschenden Debatte, ob es 1945 eine Stunde Null gegeben habe. Auch andere wichtige Grass-Themen spielen eine Rolle, so Grass' Bekenntnis zum Absurden im Sinne von Camus und seine Rolle als Sisyphos. In dieses Buch ging Grass' jüngste Asienreise ein, die er zusammen mit Ute Grass, Volker Schlöndorff und Margarethe von Trotta unternommen hatte. Gewidmet ist das Buch dem Freund Nicolas Born, dessen Sterben und Beerdigung geschildert werden und dem ein Nachruf zugeeignet ist.

»Bin ich nun Zeichner oder Schreiber«

Nachdem 1980 ›Kopfgeburten‹ und ›Aufsätze zur Literatur‹ erschienen waren und der Bundestagswahlkampf hinter ihm lag, hatte Grass das Gefühl, eine Schreibpause zu brauchen. Fast drei Jahre lang schien ihm die Grundlage dafür entzogen. »Der dem Schriftsteller vergönnte Zeitvorsprung war verbraucht und mit ihm die erwiesene Überlebenskunst aller Bücher.« Der NATO-Doppelbeschluß und die Stationierung von Mittelstreckenraketen, das wachsende Nord-Süd-Gefälle, wie es im Bericht der von Willy Brandt geleiteten Nord-Süd-Kommission beschrieben wurde, und die offenbar fortschreitende Umweltverschmutzung brachten Grass zu der Überzeugung, die selbstgewählte Vernichtung der Menschheit habe begonnen. Später sagte er einmal: »Nach ›Kopfgeburten‹ wußte ich nicht mehr weiter.«

Auf Anraten seiner Tochter Laura, ihrerseits Töpferin, begann er, mit Ton zu arbeiten. Alte und neue Motive entstanden: Aale, Butt, Schnecke, Gans, Kochmützen und erste Ratten. Niedlich, verspielt, aber auch oft unheimlich, beängstigend. Als Nebeneffekt ergab sich ein reduzierter Nikotinkonsum. Grass, der unermüdliche Raucher bis auf den heutigen Tag, der seine Zigaretten immer selbst gedreht hatte, ihnen ganze Gedichte, Prosapassagen und Nachrufe wid-

72 Grass während einer Reise nach Gdańsk auf Einladung des Verbandes Bildender Künstler vom 4. bis 8. Juni 1981 im Gespräch mit einer polnischen Journalistin. Rechts neben Grass ein Verwandter. Foto

mete und sie als »Sargnägel« zur literarischen Metapher erhob, hatte beim Formen von Ton keine Hand mehr frei. Selbst die Pfeife wurde ihm kalt. Auch das Zeichnen nahm wieder mehr Raum ein. Zahlreiche Graphiken und Radierungen entstanden, die im weiteren Verlauf ein neues literarisches Buch ankündigten. Doch zunächst erschienen als Ausweis seiner Tätigkeit als bildender Künstler 1982 der große Band ›Zeichnen und Schreiben‹ mit Zeichnungen und Texten von 1954 bis 1977 und 1984 Band II mit Radierungen und Texten von 1972 bis 1982 sowie die Mappe ›Vatertag‹ mit 22 Lithographien.

1982 traten Günter und Ute Grass in die SPD ein – am Tag des konstruktiven Mißtrauensvotums, das Helmut Schmidt ablöste und Helmut Kohl zum Bundeskanzler machte. Brandt dankte Grass und seiner Frau in einem Brief für die »demonstrative Verbundenheit« mit der SPD. Zu Schmidt stand Grass zwar nie so wie zu Willy Brandt, doch Kohl verachtete er. Grass wurde radikaler, wie die Dankesrede anläßlich der Verleihung des Feltrinelli-Preises im November 1982, ›Die Vernichtung der Menschheit hat begonnen‹, zeigte. Einen Teil des Preisgeldes legte Grass in einem Fonds an zur Unterstützung exilierter oder um Asyl nachsuchender ausländischer Schriftsteller.

Angesichts der Dringlichkeit der Probleme änderte er auch die Form seines politischen Engagements. Er wurde in der Friedensbewegung aktiv, versuchte, mit einem ›Offenen Brief an die Abgeordneten des Deutschen Bundestages‹ vom November 1983 diese zu bewegen, statt der Stationierung der neuen Mittelstreckenraketen lieber ein »wirksames Arbeitsbeschaffungsprogramm« zu beschließen. Als Antwort auf den Stationierungsbeschluß rief Grass beim Schriftstellertreffen in

> Unsere Gegenwart macht Zukunft fraglich, schließt sie in vielen Bereichen geradezu aus und produziert – da wir vor allem das Produzieren gelernt haben – den einzigen Zuwachs unserer Tage: Armut, Hunger, Verhungernde, verpestete Luft, vergiftete Gewässer, hier vom sauren Regen, dort vom Kahlschlag vernichtete Wälder und sich wie selbsttätig aufstockende Waffenarsenale.
>
> *Aus ›Die Vernichtung der Menschheit hat begonnen.‹ Rede zur Verleihung des Internationalen Antonio - Feltrinelli-Preises für erzählende Prosa in Rom (1982)*

Heilbronn vom 16. bis 18. Dezember 1983 unter dem Titel ›Den Widerstand lernen, ihn leisten und zu ihm auffordern‹ zum Widerstand gegen die Bundeswehr auf. Die neue Form des politischen Engagements fand ihren Ausdruck in dem 1984 erschienenen Band ›Widerstand lernen. Politische Gegenreden 1980–1983‹.

In der Folgezeit formulierte Grass erneut seine Vorstellungen von einem »demokratischen Sozialismus«. In seiner Rede auf der Tagung zum Thema »Die Zukunft des demokratischen Sozialismus« im Mai 1983 in Saarbrücken, ›Plädoyer für eine Revision des Godesberger Programms‹, bekennt er sich abermals als »Revisionist«, als jemand, der die vorgefaßten Programme der veränderten Wirklichkeit anpassen will. Konkret bedeutete das für ihn basisnahe demokratische Politikgestaltung, die auf den Grundsätzen der Solidarität und einer möglichst weitreichenden demokratischen Kontrolle der Wirtschaft fußt, Mitbestimmung und Machtkontrolle, die Umsetzung der Forderungen der Nord-Süd-Kommission nach einer für die Dritte Welt gerechten Weltwirtschaftsordnung sowie Abrüstung.

Ansätze hierzu hatte Grass in Nicaragua gesehen, wohin er Ende August 1982 zusammen mit Ute Grass, Johano Strasser, Franz Alt, dem Verleger Hermann Schulz und einer Übersetzerin auf Einladung des Dichters und Ministers für Kultur Ernesto Cardenal gereist war. Grass glaubte, zwischen den Sandinisten und der polnischen Gewerkschaftsbewegung Solidarnósc Ähnlichkeiten zu erkennen. Im Oktober erschien unter dem Titel ›Im Hinterhof‹ ein Bericht über diese Reise. Grass hatte einen positiven Eindruck vom Aufbau des Landes gewonnen und war entsetzt, mit welchen Mitteln die USA in Mittelamerika eingriffen. Seine Scham darüber ging so weit, daß er als Deutscher die Mitgliedschaft im NATO-Bündnis,

73 Grass mit seiner Frau Ute und Ingeborg Drewitz beim Heilbronner Schriftstellertreffen im Dezember 1983. Foto

»sofern es einer einzelnen Person möglich ist«, aufkündigte. Aus eigenen Mitteln hatte er zusammen mit Strasser und Alt eine Lehrlingswerkstatt gegründet, die nach Julius Leber benannte Maschinen- und Stahlbauschlosserei in San Carlos, Rio San Juan. In Deutschland wurde dem »Revolutionstouristen« zuviel »Goodwill« vorgehalten. Auch kam es anschließend zu einem Zerwürfnis mit dem peruanischen Schriftsteller Mario Vargas Llosa, der Grass vorgeworfen hatte, die Zustände in Nicaragua einseitig zu sehen und mit zweierlei Maß zu messen. Der öffentlich ausgetragene Streit zog sich bis zum Bruch zwischen beiden im Jahr 1986 hin.

1983 war Grass zum Präsidenten der Berliner Akademie der Künste gewählt worden. Sogleich machte er sich daran,

74 Bei der Beerdigung von Heinrich Böll mit Lew Kopelew, Günter Wallraff und anderen. Foto, 1985

eine große Veranstaltungsreihe, »Vom Elend der Aufklärung«, zu planen, die von Juni 1984 bis Februar 1985 und von Juni 1985 bis Februar 1986 lief und große Beachtung fand. Die Vorträge wurden ergänzt durch begleitende Veranstaltungen wie Lesungen, bei denen Textcollagen von Voltaire, Diderot und Rousseau vorgetragen wurden, und Diskussionen, an denen unter anderen Günter de Bruyn, Günter Kunert, Peter Sloterdijk und Bruno Ganz teilnahmen.

Im Frühjahr 1984 verließ Grass mit seiner Familie endgültig Wewelsfleth und zog den heranwachsenden Söhnen zuliebe nach Hamburg. Die Wohnung am Schwanenwik war von vornherein als eine auf drei Jahre anberaumte Interimslösung geplant. Auf der Suche nach einem »Wurzelschlaghaus« wurden Günter und Ute Grass Ende 1985 fündig: in Behlendorf zwischen Lübeck und Mölln erwarben sie eine Gründerzeit-Villa am Elbe-Lübeck-Kanal mit einer großen Remise, abgelegen auf herrlichem Gelände mit zwei Teichen und einem Bach. Das Haus am Hafen in Wewelsfleth wurde verkauft, und das Wohnhaus im Ort schenkte Grass 1985 der Stadt Berlin. Anfang 1986 begannen die Renovierungsarbeiten in Behlendorf, die Remise wurde zum geräumigen Atelier mit Arbeitsplätzen für den Schriftsteller, Zeichner und Bildhauer Grass umgebaut. Kurz vor der Abreise nach Indien konnte das neue Domizil bezogen werden.

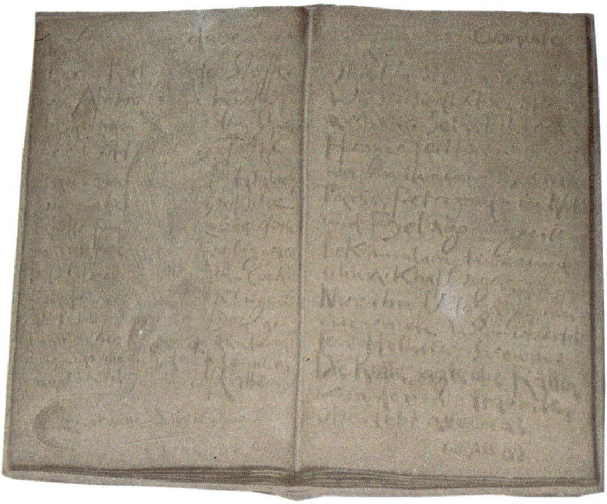

75 Erste Vorboten der ›Rättin‹ – in Ton geritzte Textpassagen

Zunächst aber galt es, neben der fortgesetzten politischen Tätigkeit den neuen Roman zu Ende zu bringen. Nachdem Grass zu Beginn der achtziger Jahre das Schreiben vorübergehend eingestellt hatte, begann er »wie unter Zwang« nach einer Weile wieder damit. Zunächst ritzte er einzelne Wörter und kurze Texte in feuchte, gewellte Tontafeln – Vorboten der ›Rättin‹. Als deutlicher wurde, daß sich ein größeres Manuskript ankündigte, begann Grass mit der Niederschrift der ersten Fassung mit Tinte und Feder. Neben, in, über und unter den fortlaufend geschriebenen Text zeichnete er Motive, die entweder aus der Erzählung stammten oder in diese eingingen.

So entstand von 1983 an in Wewelsfleth, Hamburg, auf der dänischen Insel Møn sowie in Portugal, wo Günter und Ute Grass in Vale des Eiras an der Algarve ein Haus besitzen, ›Die Rättin‹. 1986 erschienen, ist dieser Roman vor ›Zunge zeigen‹ (1988) und ›Totes Holz‹ (1990) das erste von drei Werken, die sich mit der Endlichkeit der menschlichen Existenz beschäftigen. Schon seit den Anfängen hatten Ratten vereinzelt Grass-Werke bevölkert, z. B. in ›Hochwasser‹ und ›Hundejahre‹. Nun aber wurde eine Ratte zur Titelheldin. Tatsächlich hatte Grass sich, wie es zu Romanbeginn heißt, 1983 eine Ratte gewünscht, die fortan in einem Käfig auf seinem Schreibtisch lebte. Die Grundidee war ein Buch, »das alte Geschichten aufnahm, um

›Die Rättin‹ (1986)
Dieses Buch, entstanden unter Arbeitstiteln wie »Nach dem Knall« oder »Die See«, schildert die Endlichkeit menschlicher Existenz nach einem Atomschlag. Der selbstverschuldete Untergang nach dem »Großen Knall«, der mit den Watsoncricks, einer Mischung aus Ratte und Mensch, vorübergehend eine neue Spezies hervorbringt, wird mit »verzweifelter Komik« dargestellt, womit Grass an seine frühen Versuche anknüpfte, »die Tragödie des Menschen mit den Mitteln des absurden Kunstwerks zu bewältigen«. Erzählzeit ist das Jahr 1984, im chinesischen Kalender das Jahr der Ratte und das 700. Jubiläumsjahr der Sage vom Rattenfänger von Hameln. Es ist »Orwells Jahrzehnt«. Erzählperspektivisches »Organisationszentrum« ist der »Autor-Erzähler«, auf dessen Schreibtisch im Atelier in Wewelsfleth eine Ratte in ihrem Käfig lebt und das Radio das »Dritte Programm« spielt. Mit dieser Ratte tritt er in einen Dialog, die Rättin wird zum Gesprächspartner und bald Gegenstand von Traum-

sie den allerneuesten Katastrophen auszuliefern«. Zentral steht hier die Erkenntnis, daß die Atomwaffenarsenale der Großmächte die gesamte Erde mitsamt ihren Bewohnern innerhalb kürzester Zeit in Schutt und Asche legen können, eine insbesondere in der heißen Phase des Rüstungswettlaufs Anfang der achtziger Jahre vital empfundene Bedrohung.

›Die Rättin‹ wurde von der Kritik eher negativ aufgenommen. Die ablehnenden Kritiken überwogen zwar nicht zahlenmäßig, wohl aber hinsichtlich ihrer Lautstärke, so daß die Aufnahme im öffentlichen Gedächtnis als »Verriß« registriert wurde. Und wieder einmal zeigte sich, daß sich das Buch ganz unabhängig von den Besprechungen verkaufte. Im gleichen Jahr, 1986, endete Grass' Tätigkeit als Präsident der Akademie der Künste. Mit ›In Kupfer, auf Stein‹ (1986), einem Werkverzeichnis der Radierungen und Lithographien, als drittem großem Band zu seinem graphischen Werk wurde die Dokumentation der Arbeiten des bildenden Künstlers Grass vervollständigt.

Gleich nach Erscheinen der ›Rättin‹, noch während die Wogen der Kritik hochschlugen, folgte von August 1986 bis Januar 1987 der Aufenthalt des Ehepaares Grass in Calcutta. Dies war für Günter Grass nach den Reisen von 1975 und 1978 der dritte Besuch in Indien. Schon 1975 hatte er sich

visionen. Der Satz »Die Rättin, von der mir träumte« kehrt sich schließlich um, und es ist der Erzähler, der »geträumt« wird. In den von der Rättin geschickten Träumen und Visionen des Erzählers sind es einzig Ratten, die die atomare Vernichtung der Menschheit und aller Lebewesen dank ihres Tunnelsystems überlebt haben. Der Erzähler umkreist in einer Raumkapsel die Erde und wird so zum »Seher«, der Zeugnis ablegt »vom Untergang der alten und von der Geburt der neuen Welt«. Das »Postapokalyptische« im Buch besteht darin, daß auf den Menschen, der sein Diesseits verspielt hat, kein Jenseits wartet. Dagegen stellt der Erzähler seine Geschichten. Vergeblich erzählt er gegen die Untergangsvisionen an und schildert noch einmal die Schönheit der Welt, von der er Abschied nimmt.

Damit verknüpfen sich mehrere Handlungsstränge. Mit Oskar Matzerath taucht ein alter Bekannter wieder auf, der inzwischen im Medienbereich Karriere gemacht hat und nun Videoproduzent von Aufklärungs- und Zukunftsfilmen ist. Oskar will zum 107. Geburtstag seiner Großmutter, dessen Ablauf er auf Video bereits vor-

vorgenommen, nach Calcutta zurückzukehren und länger zu bleiben. Geplant war die Reise also seit mehreren Jahren, auch wenn etliche deutsche Kritiker eine spontane Flucht nach den Auseinandersetzungen um ›Die Rättin‹ vermuteten. Doch Grass hatte bereits im September 1984 seinem späteren Freund Subhoranjan Dasgupta in Hamburg erklärt, daß er demnächst beabsichtige, nach Calcutta zu reisen, um dort für längere Zeit zu leben: »Ich möchte das Herz von Calcutta sehen.«

Vorgesehen war ein einjähriger Aufenthalt. Günter und Ute Grass aber blieben, »solange das auszuhalten war«. Die Eindrücke dieser Zeit wurden in ›Zunge zeigen‹ verarbeitet, wo die verschiedenen Ausdrucksmittel – Prosa, Lyrik, Zeichnungen – »Anläufe« blieben. »Sprachlosigkeit« herrschte vor. Schon seit den siebziger Jahren hatte Grass, angeregt durch Willy Brandts Engagement im Nord-Süd-Dialog, sich immer wieder in Reden und in erzählerischen Werken wie vor allem ›Der Butt‹ und ›Kopfgeburten‹ mit dem Thema Hunger auseinandergesetzt. Seither ließ ihn dieses Thema nicht mehr los, wie die großen Reden der neunziger Jahre dokumentieren. So forderte Grass in seiner Nobelpreisrede abermals, »die Geißel der Menschheit, den Hunger, aus der Welt zu schaffen«, und auch die Rede ›Ich erinnere mich‹ (2000), die einen Wende-

produziert hat, nach Gdańsk reisen. Dort ereilt ihn der Atomschlag. Daneben gibt es die Märchenhandlung »Grimms Wälder« als Idee zu einem Stummfilm, den Oskar drehen soll. Der Märchenstrang, der auf eine Filmidee zurückgeht, die Grass mit Schlöndorff hatte realisieren wollen, behandelt das Waldsterben und damit das Ende der Märchen. Darin spielen der »Kanzler«, in dem Helmut Kohl zu erkennen ist, und die Kanzlerkinder als Hänsel und Gretel eine Rolle. Nicht nur diesen Film soll Oskar für den Erzähler drehen, sondern auch die Geschichte von Lothar Malskat, der in den fünfziger Jahren die Lübecker Marienkirche restaurierte und dabei angeblich Fresken aus der Hochgotik freilegte, die er jedoch selbst gemalt und versteckt signiert hatte. Diese Fälschungsgeschichte ist die Allegorie auf die »Falschen Fuffziger«, in denen von Adenauer und Ulbricht eine Geschichtsverfälschung betrieben worden sei, die sich wie ein Schleier über die Wiederaufbaugesellschaft gelegt hatte. Schließlich gibt es die Handlung um »Die Neue Ilsebill«, worin ›Der Butt‹ seine Fortsetzung punkt markiert, nimmt zusammen mit der erneuten Hinwendung zu Danzig und dem Thema des Verlustes von Heimat den Hunger wieder auf. Hunger ist für Grass – ganz so, wie Willy Brandt es 1973 formuliert hatte – Krieg und bedeutet das wirkliche Elend, das er nun in Calcutta vor allem anderen wahrnahm. Das verstörte ihn. Wie besessen von dieser Stadt reagierte Grass auf alles, was er sah, mit dem Drang zu zeichnen. Zwanghaft fast und doch glücklich, diesen Fluchtpunkt zu haben – im Gegensatz zu seiner Frau Ute (»er lebte auf, sie wurde weniger und weniger«) –, konnte der »Mißvergnügungsreisende«, wie er sich selbst nannte, so Distanz zur Umgebung herstellen. Grass' exzessives Zeichnen erinnert an die Zeiten, als er Anfang der fünfziger Jahre durch Italien und Frankreich reiste.

Grass hatte schon einmal Arme und Leidende gezeichnet. Als Jugendlicher hatte er in Danzig »Typen auf der Straße skizziert«, darunter »Ostarbeiter«, d.h. Deportierte: »Ich erinnere mich, daß ich zwei oder drei Federzeichnungen von denen gemacht habe. Sie kamen manchmal durch die Straßen und bettelten um Brot. Manchmal standen sie auch nur so an den Ecken. Und die habe ich mit dem frühen kalten künstlerischen Interesse am bizarren Motiv gezeichnet. Ich kann mich jedenfalls nicht erinnern, daß irgendein Moment des Mitleids oder der sozialen Anklage eine Rolle spielte.« Fast wie ein später Reflex auf dieses frühe, distanzierte Abzeichnen erscheint nun

findet. Unter diesem Namen sticht ein von Frauen gesteuertes Forschungsschiff in See, das in der Ostsee das Quallenaufkommen als Zeichen zunehmender Wasserverschmutzung statistisch erfassen soll, in Wahrheit aber auf der Suche nach dem versunkenen Vineta ist. Die Steuermännin ist jene, die einst den Butt gefangen hat, und in Damroka, der die ganzen Sympathien des Erzählers gelten, erkennt man Ulla Witzlaff aus dem ›Butt‹.

Das Gegenan-Reden des Erzählers und die Untergangsvisionen sind auch zeitlich miteinander verschränkt. Während die atomare Vernichtung der Menschheit gleich zu Beginn des Buches schon geschehen ist, volldas soziale Engagement und Mitleid angesichts der allumfassenden Armut in Calcutta.

Grass und seine Frau kamen am 16. August 1986 in Bombay an. Die indischen Medien hatten ein reges Interesse am Besuch des Deutschen, der aber eine ganz private Reise geplant hatte: kein Tourismus, keine öffentlichen Verpflichtungen. Gleichwohl gab es um diesen Aufenthalt nicht nur in den indischen, sondern auch in den deutschen Medien erhebliches Gerangel, und bis heute halten sich in Deutschland eine Fülle abwegiger Vorstellungen, die sich primär auf die Lektüre von ›Zunge zeigen‹ stützen. Dies nahm der in Indien lebende deutsche Schriftsteller und Religionswissenschaftler Martin Kämpchen, selbst Zeuge des Calcutta-Aufenthaltes von 1986, zum Anlaß, die Spuren von Grass in Indien in dem Buch ›My Broken Love‹ zusammenzustellen. Da auch das Buch ›Zunge zeigen‹ nur einen Ausschnitt dessen, was Grass in Indien gesehen und erlebt hat, zeigt, soll an dieser Stelle sein Indien-Aufenthalt etwas näher dargestellt werden, denn die sechs Monate boten sehr viel mehr Vielfalt, als das öffentlich transportierte Bild vermuten läßt.

Nach der Weiterreise per Zug quer durch Nordindien trafen Günter und Ute Grass am 19. August in Calcutta ein. Mitarbeiter des Max Müller Bhavan (MMB) hatten die Unterkunft besorgt – einen Bungalow in Baruipur, einem südlichen Vorort von Calcutta im mittelständischen Milieu. Der Garten war

zieht sie sich andererseits in den Traumvisionen, die der Erzähler hat, allmählich und geschieht auf dieser Ebene erst am Ende des Buches. Abermals gibt es einen offenen Schluß, und zwar in doppelter Hinsicht. Einerseits kehren die Frauen und Oskar von ihren Reisen zurück, andererseits sind alle in den Visionen im finalen Atomschlag gestorben: die Frauen in dem Moment, als sie das von Ratten bevölkerte Vineta entdeckt haben, und Oskar unter den Röcken seiner Großmutter. Dabei kehren sich die Verhältnisse um.

Wie schon im ›Butt‹ hat Grass abermals Gedichte in den Roman eingefügt. Doch anders als zuvor haben die Gedichte jetzt an ihrem jeweiligen Standort eine klare Funktion, wie etwa die der Zusammenfassung oder Zuspitzung eines Themas. Einen eigenen Komplex bilden die Abschiedsgedichte, die die »Möglichkeit des Abschiednehmens als einen realen Zustand« beschreiben.

77 Grass auf Erkundungstour in der Altstadt von Dhaka. Foto, 1986

sehr idyllisch und üppig mit Kokosnußpalmen, Feigenbäumen und Blumen bestanden. Aber es war Monsunzeit, was bedeutete, daß die Luftfeuchtigkeit mit 90 bis 100 Prozent noch höher als gewöhnlich war, daß heftige Platzregen in kürzester Zeit die Straßen überfluteten. Hitze, Stromsperren, Wasserknappheit, Moskitos und nur ein Ventilator, der hilflos die schwüle Hitze verquirlte – das waren die Bedingungen.

Günter und Ute Grass lebten denkbar bescheiden in Calcutta und liefen meist zu Fuß durch die Stadt oder benutzten die überfüllten öffentlichen Verkehrsmittel. In den ersten zwei Monaten fuhren sie täglich mit dem Vorortzug von Baruipur bis Ballygunge Station in die Stadt, eine einstündige Fahrt in hoffnungslos überfüllten Waggons, die sich auch Inder, sofern

Niemals zuvor ist mir Zeichnen, sobald die Wörter versagten, so notwendig gewesen. Skizzen im Vorbeigehen oder im Stehenbleiben, wie festgenagelt. Angestrengt hinsehen: was stumm macht und jeder Beschreibung spottet, will dennoch gezeichnet, aufgezeichnet werden.

Aus ›Vier Jahrzehnte‹ (1991)

sie eine Alternative haben, nicht freiwillig antun. Oft hielten sie sich im MMB an der Kreuzung von Ballygunge Circular und Gurusaday Road auf, wo man bemüht war, dem Ehepaar den Aufenthalt in der Stadt so angenehm wie möglich zu gestalten. Die Cafeteria des MMB verfügte über eine schattige Terrasse, wo beide nachmittags saßen, um sich von den Erkundungstouren in der Stadt auszuruhen. Bald hatte sich herumgesprochen, daß man Grass dort antreffen konnte. Dieser aber wollte keinerlei Termine und sah sich doch allmählich »in die Mühle der öffentlichen Verpflichtungen« gezogen.

In dieser Zeit, drei Jahre vor dem Fall der Mauer, herrschte noch Kalter Krieg. In Indien war Rajiv Ghandi Premierminister und verfolgte seine Kampagne, das Land ins 21. Jahrhundert zu führen, während in Westbengalen die Linksfront von Jyoti Basu an der Macht war. Grass' Hauptaugenmerk lag auf der Beobachtung des Alltags. Er suchte den Kontakt zur kulturellen Welt nicht unbedingt, sondern wählte gezielt aus. Calcutta versteht sich als Stadt der Intellektuellen, der Künstler und Lyriker, die ihre im Eigenverlag hergestellten Bücher auf den bengalischen *addas*, den Literaturzirkeln und Gesprächsrunden, austauschen. Auch Grass nahm an zahlreichen *addas* teil, las aus seinen Gedichten und besuchte auf Einladung Galerien und Ausstellungen.

Mehrere Begegnungen hinterließen ihre Spuren und wirkten sich auf den weiteren Verlauf des Indien-Aufenthaltes aus oder gingen in Grass' Bücher ein. Eine von ihnen war das Wiedersehen mit dem Filmemacher Mrinal Sen, einem der wichtigsten Intellektuellen der Stadt. Grass und Sen hatten sich be-

78 Der sogenannte »Gartenbungalow«, in dem Günter und Ute Grass in der ersten Zeit ihres Calcutta-Aufenthalts wohnten

reits 1975 kennengelernt, aber jetzt erst kamen sie sich näher. Auf Sens Empfehlung hin lernte Grass, auf der Suche nach indischer und bengalischer Literatur, den Seagull Bookshop kennen. Mit dessen Besitzer freundete er sich bald an, so daß dort am 23. September 1986 die erste öffentliche Veranstaltung stattfand. Grass las Gedichte auf Deutsch und S. V. Raman, der Programmleiter des MMB und in der ersten Zeit ein wichtiger Ansprechpartner für Grass, anschließend die englische Übersetzung. Der Abend war ein großer Erfolg, das Publikum drängelte sich bis auf die Straße. So entstand die Idee, im MMB ein Programm mit vier Veranstaltungen zwischen dem 13. und 17. November zusammenzustellen, die jeweils sehr gut besucht waren.

Gleich zu Beginn ihres Aufenthaltes hatten Günter und Ute Grass den bekannten Maler Shuvaprasanna kennengelernt, dessen privates Künstlercollege sie wenige Tage nach ihrer Ankunft aufsuchten. Das war in mancherlei Hinsicht folgenreich. Bald regte Shuvaprasanna, der den Aufbau der Künst-

lerkolonie »Arts Acre« betrieb, eine Ausstellung von Grass' Werken in der dortigen Galerie an, und Grass, der täglichen Bahnfahrten müde, bat Shuvaprasanna, ihm bei der Suche nach einer stadtnahen Unterkunft behilflich zu sein. Dieser schlug ihm schließlich vor, in einen Flügel im Haus seiner Schwiegereltern in Lake Town umzusiedeln, einem ruhigen Ort nordöstlich des Stadtzentrums, wo hauptsächlich Angehörige der Mittelschicht leben. Nach dem Einzug am 18. Oktober sah man sich nun fast täglich, aß oft miteinander, und es entwickelte sich eine dauerhafte Freundschaft. Mit ihm diskutierte Grass häufig die gesellschaftliche Rolle der Künstler. Er hatte den Eindruck, daß viele Angehörige der Mittelschicht sich nicht für die Unterprivilegierten einsetzten und versuchte, Shuvaprasanna zu überzeugen, daß ein Künstler sich zu engagieren und seinen Protest auszudrücken habe.

Über Shuvaprasanna lernte Grass Daud Haider kennen, den in ›Zunge zeigen‹ verewigten Stadtführer. Haider hatte Grass bei dessen Lesung im Seagull Bookshop erstmals erlebt und suchte seither nach Möglichkeiten der Kontaktaufnahme. In den Räumen des MMB gab es bald eine Gelegenheit. Haider, ein exilierter Dichter und Journalist aus Bangladesh, lebte zu dem Zeitpunkt bereits zwölf Jahre in Calcutta, ohne Paß und Langzeitvisum immer wieder von der Ausweisung bedroht. Haider erhoffte sich Hilfe von Grass, dessen Schicksal ihn an seinen eigenen Heimatverlust erinnerte. Er schlug Grass vor, ihm die Stadt zu zeigen, so »wie sie wirklich ist«, und wurde sein Stadtführer. Haider zeigte Günter und Ute Grass die Verlage, Buchläden, Märkte, das Muslim- und Chinesenviertel, die älteste Bade- und Feuerbestattungsstelle, Hinterhöfe, Seitengassen, immer wieder Slums und sogar das Vergnügungsviertel – allerdings beschützt von Polizisten in Zivil. Mit Haider ge-

◀ 79 Shuvaprasanna, ›In Search of Oscar in Calcutta‹. Öl auf Leinwand, 1988

80 Grass mit der Familie von Shuvaprasanna beim Kali-Puja-Fest. Foto, 1986

langten die beiden in Gegenden, in die sie allein nur schwerlich gekommen wären. Meist nahmen sie bei ihren Streifzügen ein Taxi, bis Haider irgendwann den Fahrer zum Halten aufforderte und man zu Fuß weiterging.

Nachdem Grass über die prekäre Situation seines Stadtführers in Kenntnis gesetzt war, bot er sofort Hilfe an, ging mit Haider zum deutschen Generalkonsulat, schrieb an Bundesaußenminister Genscher sowie an die Akademie der Künste in Berlin, die dem Exilschriftsteller ein Stipendium ermöglichte. Inzwischen mit Reisedokumenten der UN-Flüchtlingskommission ausgestattet, flog Haider im Juli 1987 nach Berlin. Grass kümmerte sich auch weiterhin um seinen ehemaligen Stadtführer und half ihm, in Berlin Fuß zu fassen, wo er als

In der Familie von Shuvaprasanna verbrachte das Ehepaar Grass das traditionelle **Kali-Puja-Fest**, bei dessen Vorbereitungen Grass selbst half. Am späten Abend wurde das Feueropfer entzündet, der Raum füllte sich rasch mit dem Geruch von Weihrauch. Die Figur der schwarzen Kali, die ihre rote Zunge herausstreckt, war beleuchtet. Shuvaprasanna erinnert sich, wie er Grass den mythologischen Hintergrund erklärte: Bei ihrem Zerstörungstanz tötet Kali alle Dämonen, die sich ihr in den Weg stellen. Dabei tritt sie auch versehent-

freier Journalist u. a. für den Bengalischen Dienst der Deutschen Welle arbeitet.

Etwa Mitte November entschieden sich Günter und Ute Grass, den Aufenthalt in Calcutta abzukürzen und bereits im Januar wieder abzureisen. Vor allem Ute Grass machten das Klima und gesundheitliche Probleme zu schaffen. Die letzte Zeit war angefüllt mit Reisen. Nachdem sie bereits Santiniketan, Puri und Bishnupur besucht hatten, reisten sie nun nach Dhaka, Madras, Hyderabad und Poona – Reisen, die jeweils vom MMB vorbereitet und durchgeführt wurden.

Noch vor Beginn der innerindischen Reisen kam es zu einer weiteren Begegnung, die sich positiv auf Grass' Calcutta-Aufenthalt auswirken sollte. Anläßlich einer Veranstaltung zu politischem Theater im MMB Mitte November lernte er Amitava Roy, Englischprofessor und Chef einer Theatertruppe, kennen, und es entstand die Idee, die ›Plebejer‹ in Calcutta aufzuführen. Grass, schon lange dem Theater entwöhnt, ließ sich mit wachsendem Enthusiasmus auf das Unternehmen ein. Der Text wurde in Bengali übersetzt, was nicht ohne politische Brisanz war, denn das als antimarxistisch rezipierte Stück im marxistisch regierten Calcutta auf die Bühne zu bringen, konnte unangenehme Folgen haben. Die DDR schickte sich auch alsbald an, offiziell zu protestieren. In der ersten Dezemberwoche begannen die Proben, an denen Grass, sofern er sich zwischen den Reisen in der Stadt aufhielt, mit großem Vergüngen teilnahm. Viele Augenzeugen berichteten, wie sehr er auflebte in der Zeit der Probenarbeit. Die Premiere der ›Plebejer‹ unter dem Titel ›Biplaber Mohara‹ war am 11. Januar in der Academy of Fine Arts. Grass nahm teil und diskutierte, wie auch bei den Aufführungen am 14. und 18. Januar, anschließend mit dem Publikum. Roys diplo-

lich auf die Brust ihres Gatten Shiva, der sich auf dem Boden liegend ausruht. Als sie ihres Fehlers gewahr wird, streckt sie vor Scham ihre Zunge heraus. In dieser Nacht, so Shuvaprasanna, mag Grass die Inspiration zu dem Titel seines Buches erhalten haben.

81 Aufführung der ›Plebejer‹ in Calcutta, Januar 1987. Foto

matisches Geschick sorgte dafür, daß schließlich beinahe 50 Aufführungen stattfanden, ohne daß es zu politischen Sanktionen kam.

Während ›Zunge zeigen‹ mit der Abreise aus Calcutta endet, reisten Günter und Ute Grass am 18. Januar weiter nach

Grass in Polen
Der Roman ›Die Blechtrommel‹ war in Polen lange Zeit verboten. Er galt als »umstürzlerisches Werk«. Proteste hatte insbesondere das Kapitel »Die Polnische Post« ausgelöst. Ende 1958 war in der Wochenschrift ›Polityka‹ ein erster Auszug erschienen, anschließend wurden noch einzelne Kapitel in verschiedenen Zeitungen veröffentlicht. ›Katz und Maus‹ hingegen kam schon 1963 in polnischer Übersetzung heraus. So war Grass insbesondere als Autor der ›Blechtrommel‹ lange Zeit den Polen »eine legendäre Figur«. Denn er war durchaus bekannt, und die Medien berichteten über seine Besuche in Danzig, doch als Autor kannten ihn nur Germanisten, die sein Werk in Deutsch lesen konnten. Erst Mitte der siebziger Jahre führte die Entstehung des polnischen Samisdat eine Wende herbei. Die ›Blechtrommel‹ erschien 1979 in voller Länge in polnischer Sprache in einem Untergrund-Verlag. Dies wiederum führte dazu, daß das weiterhin verbotene Buch nun heimlich von Parteimitgliedern gelesen wurde. Grass galt als »Ehrendissi-

Neu-Delhi, wo sie in der Residenz des damaligen deutschen Botschafters wohnten. Eigentlich wollte man den Indienaufenthalt in Ruhe ausklingen lassen, doch auch hier gab es mehrere, vom MMB organisierte offizielle Termine. Als Besucher der Unabhängigkeitsparade am 26. Januar in Begleitung des Botschafters traf Grass zufällig Aloke Roy. Der Bengale war durch sein Straßentheater »Jagran« bekannt geworden, und Grass willigte ein, eine Aufführung in Trilokpuri zu besuchen. Dieser Ort, wo Sikh-Flüchtlinge unter ärmlichsten Bedingungen lebten, erlangte traurige Berühmtheit durch die Massaker, die nach dem Attentat auf Indira Ghandi am 31. Oktober 1984 an den Sikhs begangen wurden. Die Neuigkeit, daß Roy im Beisein von Grass ein Straßendrama inszenieren wollte, machte schnell

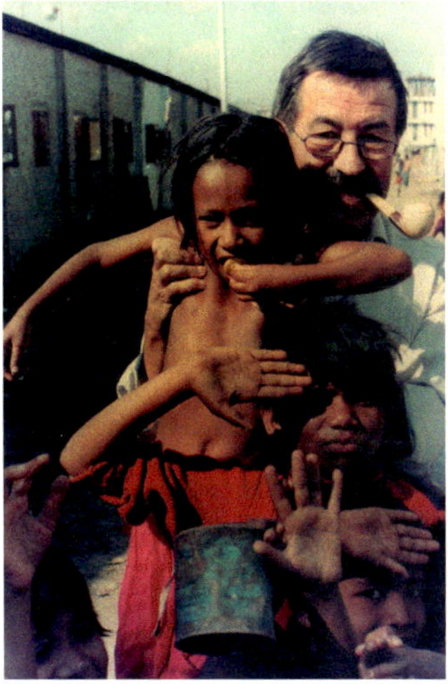

82 In Dhaka. Foto, 1986

dent«. Im Panzerschrank des Danziger Parteikomitees lagerte eine Videokassette mit der ›Blechtrommel‹-Verfilmung, die nur im Rahmen von Sondervorführungen gezeigt wurde. 1983 erschien schließlich die offizielle, zensierte Ausgabe der ›Blechtrommel‹ im PIW-Verlag in einer Auflage von 30 000 Exemplaren, die rasch vergriffen waren. Das Buch erzielte auf dem Schwarzmarkt Höchstpreise. Eine überaus lebhafte Debatte folgte. ›Hundejahre‹ erschien erst 1990. 1978 wurde die Veröffentlichung von Ausschnitten aus dem ›Butt‹ in der von der Kaschubisch-Pommerschen Vereinigung herausgegebenen Zeitschrift ›Pomerania‹ in Danzig von der Zensur verhindert.

In Danzig gilt Grass als Einheimischer und ›Die Blechtrommel‹ als Schlüsselroman zur Stadtgeschichte. Deren Einfluß auf die polnische Literatur ist immens. Adam Zagajewski zeigte sich 1999 überzeugt, daß die ›Danziger Trilogie‹ »eine der wichtigen Inspirationen für die jungen Autoren darstellte, die im bereits polnischen Danzig leben«.

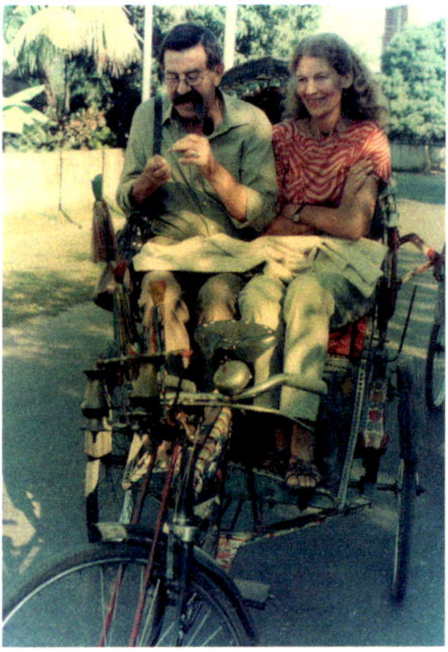

die Runde. Presse und Fernsehen bekamen davon Wind, die Kommune schickte rasch ein paar Straßenreiniger aus, um zumindest auf der Hauptstraße den schlimmsten Dreck zu entfernen. In dem Stück ging um das Problem der Brautverbrennung. Jedoch zündet sich die gequälte junge Braut nicht selbst an, wie es täglich zwischen zwei und vier frisch verheiratete Frauen in Neu-Delhi tun, sondern sie tritt ihren Schwiegervater gekonnt in den Hintern. Da brach das Stück ab, und per Mikrophon wurde das Publikum befragt, ob das Mädchen mit dem Fußtritt recht gehandelt habe. Diese Theaterform mit ihrer unmittelbaren sozialen Wirkung beeindruckte Grass. Am 31. Januar flogen Günter und Ute Grass von Neu-Delhi zurück nach Portugal.

Nach der Abreise aus Indien Ende Januar 1987 und einem längeren Aufenthalt in Portugal richtete sich Grass ab April 1987 in dem neuen Haus in Behlendorf ein. Für die Zeichnungen in ›Zunge zeigen‹, die nun entstanden, verwendete er echte Tintenfischtinte, die ihm den dunkelsten natürlichen Braunton gewährte.

Im Oktober 1987, anläßlich seines sechzigsten Geburtstages, brachte sein damaliger Verlag, Luchterhand, die erste Werkausgabe heraus: in zehn Bänden mit Stellenkommentaren, Nachworten, Karten und diversem Material, in der Kas-

83 Mit Ute Grass in einer Rikscha. Foto, 1986

Ich werde darüber schreiben. Ich werde zurückkommen. [...] Die Probleme von Calcutta sind die Probleme Indiens. Und die der ganzen Welt. Calcutta ist immer noch eine verstörende Stadt, eine faszinierende Stadt. Sie hat mir etwas gegeben. Und ich will ihr etwas zurückgeben.

Über Calcutta bei einer der letzten öffentlichen Veranstaltungen in der Stadt

sette, taubengrau – der ehemalige Bürgerschreck schien kanonisiert. Im gleichen Jahr trat Grass erstmals zusammen mit dem aus Dresden stammenden Schlagzeuger und Perkussionisten Günter »Baby« Sommer auf und bot, was er »unser sozusagen gesamtdeutsches Programm« nannte. Er las Auszüge aus ›Die Blechtrommel‹, ›Hundejahre‹ und ›Die Rättin‹ so-

Grass in China

Während seiner ersten Chinareise im Herbst 1979 war Grass noch ein Unbekannter im Reich der Mitte. Nur wenige Germanisten, die ihn im Original lesen konnten, kannten seine Bücher. Selbst die meisten Studenten, vor denen Grass an der Universität von Peking und der Fremdsprachenhochschule in Shanghai sprach, hatten nichts von ihm gelesen und wußten nur, daß er ein weltberühmter Schriftsteller ist. Damals lagen der Sturz der Viererbande und das Ende der desaströsen Kulturrevolution erst drei Jahre zurück. Zuvor war nur DDR-Literatur ins Chinesische übersetzt, doch zu Beginn der achtziger Jahre änderte sich das gründlich. Grass' Besuch hatte anregend auf die Übersetzung deutschsprachiger Literatur gewirkt. Übersetzt wurden zunächst Autoren wie Böll, Canetti, Dürrenmatt, Günter Eich, Kafka, Hesse, Heinrich und Thomas Mann. Die Übersetzung von Grass-Werken ließ noch auf sich warten: Sie schienen aufgrund ihrer »sexuellen Freizügigkeit« als nicht opportun. Das änderte sich erst 1986. Bis dahin waren nur vereinzelte Gedichte von Grass in Übersetzung erschienen, nun aber kam ›Katz und Maus‹, gekürzt um die Masturbationsszene, in einem Sammelband mit anderen Texten heraus, darunter »Versuch über die Danziger Trilogie«, »Günter Grass über Literatur«, »Günter Grass als Graphiker« sowie ein Interview. Anfang der Neunziger erreichten die Werke von Grass eine gewisse Popularität. ›Die Blechtrommel‹ sowie weitere Gedichte erschienen 1990. Bis 1999 erschien die komplette ›Danziger Trilogie‹ sowie bald darauf ›Ein weites Feld‹ und ›Mein Jahrhundert‹.

wie Lyrik zu Schlagzeug und Waschbrett, das Grass – wie einst in Düsseldorf – bediente. Die von Fritze Margull und Gerhard Steidl geleitete Produktion lief unter dem Titel ›Es war einmal ein Land‹. Ab Januar 1988 trat das Ensemble in vielen Städten auf. In die DDR durften sie allerdings nicht einreisen.

Währenddessen beschäftigte sich Grass weiterhin, zeichnend und schreibend, mit Indien, das nun Thema verschiedener Werke wurde. 1988 erschien ›Zunge zeigen‹, ein Band mit einem Prosatext, Zeichnungen und einem Langgedicht – drei Versuche, einen Zugang zu Calcutta zu finden und vom mehrmonatigen Aufenthalt in dieser Stadt zu berichten.

War die Aufnahme der ›Rättin‹ 1986 trotz der lauten Verrisse insgesamt recht ausgewogen, so fiel ›Zunge zeigen‹ in Deutschland »bei der großen Mehrheit der Rezensenten durch«. Man warf dem Buch und dem Autor vor, sich allzu einseitig und besserwisserisch in indische Belange einzumischen. Die interkulturelle Begegnung, ein großes Thema der Zeit, wurde als mißglückt empfunden. Die englische Ausgabe, die 1989 erschien, löste in Indien geradezu einen Schock aus. Die Rezensenten der indischen Zeitungen kritisierten einen »voyeuristischen Blick auf Slums und brennende Körper«. Kämpchen beschrieb später die Reaktionen: »Der durchschnittlich gebildete Calcutteraner erkannte, daß seine Stadt, die ohnehin schon einen schlechten Ruf hatte, einmal mehr verleumdet

›Zunge zeigen‹ (1988)

Das Buch enthält einen Prosatext, einen Bildteil mit Zeichnungen sowie ein zwölfteiliges Langgedicht. Der vom Autor »Reisebericht« genannte Text beschreibt einen Teil der Eindrücke und Erfahrungen des sechsmonatigen Indienaufenthaltes. Er enthält zahlreiche Detailstudien: die von Händen der Mitreisenden überfüllten Haltegriffe in den Nahverkehrszügen, Straßenszenen mit Bettlern, Krüppeln, Schlafenden, Zusammentreffen mit Indern, ein lesender Obdachloser in der Nacht, Fliegen, Staub, Dreck, Müll, Elend aus allen Perspektiven, Erschöpfung, Ekel, Faszination, Bewunderung. Zudem enthält der Text eine Einführung in indische Geschichte; die bengalische Teilung wird mehrfach mit der deutschen verglichen.

Dabei ist die Reise nach Calcutta zunächst nur ein Wegreisen: »Wovon ich wegfliege: von Wiederholungen, die sich als Neuig-

worden ist.« Man warf Grass vor, sich zu sehr auf die Armen und die sozialen Aspekte konzentriert zu haben. Über die Diskrepanz zwischen Arm und Reich hinaus habe er nicht blicken können. Manche Begleiter jener Zeit fragten sich, warum die andere Seite Calcuttas, die der kulturellen und religiösen Vielfalt und Freude, im Buch so völlig ausgeblendet sei, obwohl Grass sie doch durchaus erlebt und geschätzt habe. Auch warf man ihm vor, das Wesen der Armut, das nicht nur den materiellen Mangel, sondern auch einen mentalen Zustand bezeichne, nicht vollständig erfaßt zu haben.

Tatsächlich bezeugte später Grass' Freund und Theaterregisseur Amitava Roy, daß Grass aufgrund einer bestimmten Intention in seinem Buch nur die eine Seite von Calcutta dargestellt habe, wie Grass ihm gegenüber in Behlendorf kurz nach Erscheinen von ›Zunge zeigen‹ erläutert hatte: »Ich habe über die Hölle in Calcutta geschrieben, weil mir Calcutta wirklich am Herzen liegt. […] Ich möchte, daß das Elend dort ein Ende hat, ich möchte, daß Calcutta schön und wahr wird. Ich habe mich entschieden, nicht über die Kultur und Kreativität Calcuttas zu schreiben. Andere haben dies schon getan. Ich wollte mich auf die Krise und die Katastrophe, die Calcutta bedeutet, konzentrieren und euch dahinbringen, etwas daran zu ändern.« Die Intention war es also, durch den Schock zum Handeln aufzurütteln. Tatsächlich hat Grass hier sein Schreiben bewußt zielgerichtet eingesetzt, mit einer ganz

keiten ausgeben; von Deutschland und Deutschland, wie schwerbewaffnete Todfeinde einander immer ähnlicher werden.« Die beiden Besucher, Ute und Günter Grass, bringen Deutschland in Form vieler Bücher mit, vor allem Fontane, aber auch Lichtenberg, Schopenhauer, Thomas Mann. Das Lesen hilft beim Verarbeiten der bedrängenden Eindrücke. Zugleich ruft die Lektüre der importierten Literatur in fremder Umgebung bei Grass einige neue Einsichten hervor. Plötzlich entdeckt er bei Lichtenberg antisemitische Züge und stellt Fontane (»ironisch herablassende Freundlichkeit im Umgang mit Juden«) und Gustav Freytag (mit seinem

bestimmten politischen Absicht gearbeitet. Ohne jeden Zweifel wollte er helfen. Doch hier drohten, wie schon manchmal, sein Ungestüm, die Dinge nach seinen Vorstellungen verbessern zu wollen, und seine Neigung, den eigenen Blick auf die Realitäten für den einzig richtigen zu halten, die hilfreichen Ansätze zu ersticken. Schon während seines Aufenthaltes war in Indien sein Verbesserungswille teilweise als unangemessen empfunden worden. Doch nun, mit der Beschreibung des Elends von Calcutta als nahezu einziger Realität in ›Zunge zeigen‹, fragte man sich nach den Gründen für diese einseitige Darstellung. Die Intention des Autors wurde nicht erkannt, es blieb beim Schock. Und Grass fühlte sich mißverstanden.

Grass schloß das Jahrzehnt so ab, wie er es begonnen hatte: In rascher Folge veröffentlichte er Bände zu seinem künstlerischen Werk. Nachdem frühere Editionen drucktechnisch oft wenig gelungen waren, hatte Grass nun in dem Verleger und Drucker Gerhard Steidl einen Partner gefunden, der die nötigen technischen und künstlerischen Voraussetzungen mitbrachte. 1987 war bereits die zum ›Butt‹-Umfeld gehörende Mappe ›Mit Sophie in die Pilze gegangen‹ als Buch erschienen, 1988 folgten ›Calcutta‹, eine Mappe mit Radierungen, die Kassettenedition des zweiten Programms mit Günter »Baby« Sommer, ›Wer lacht hier, hat gelacht?‹, und 1989 das ›Skizzenbuch‹.

»antisemitische[n] Roman ›Soll und Haben‹«) neue, bislang ungedachte Fragen. Die Bücher verlieren aber allmählich ihre Funktion als »Haltegriffe«. Nun auch verändert sich das Selbstverständnis der beiden Reisenden. Waren sie zu Beginn vor allem Deutsche, werden sie in Indien zunehmend zu Europäern und Europa wird zum »Rückhalt«.

Gegen Ende schärft sich der Blick. Nicht nur die Schönheit der Armut wird gesehen, nicht nur der Ekel registriert, sondern zunehmend auch der Überlebenswille. »Überall quillt Leben mit Müll vermengt.« Eben diese Stärke ist es nach Grass, die Europa von Asien lernen kann. Kernstück dieses Bildes ist der Slum, der seit seiner Ersterwähnung im ›Butt‹ rasch Symbolwert erhielt – Symbol für Faszination und Ekel, Liebe und Tod, für Pragmatismus und Solidarität, für Stärke und Lebenslust. Doch dies erscheint nur auf der textuellen Ebene von ›Zunge zeigen‹. Die

Nach der Arbeit an den Zeichnungen zum Thema Indien blieb Grass bei diesem Metier. 1990 erschien ›Totes Holz. Ein Nachruf‹ mit Zeichnungen, die den sterbenden Wäldern ein Denkmal setzen. Grass hatte nach Abschluß der Manuskriptarbeit an der ›Rättin‹ in Portugal zunächst gesunde, lebende Bäume gezeichnet: Buchen, Eichen, Oliven-, Feigen- und Johannisbrotbäume. Von Sommer 1988 bis Spätherbst 1989 streifte er durch Wälder – gleich hinter seinem Behlendorfer Haus, im Oberharz sowie im Erzgebirge und in Dänemark –, um das Waldsterben zu protokollieren. Im Abschnitt »1988« in ›Mein Jahrhundert‹ ist beschrieben, wie es zu dieser Besichtigung des »toten Holzes« und zu den in äußerst dunkel gehaltenen Zeichnungen kam. Ähnlich wie bei ›Zunge zeigen‹ verwendete Grass einen aus frischer Tintenfischtinte gewonnenen Sud oder sibirische Reißkohle. Die Zeichnungen werden begleitet von kurzen, lakonisch »Untertitel« genannten aphoristischen Texten, durchsetzt mit Zitaten aus dem Waldzustandsbericht des Bundesministeriums für Landwirtschaft und Forsten von 1989 und abgeschlossen durch einen kurzen Text unter dem Titel »Die Wolke als Faust überm Wald«. Doch nicht nur die Umweltschäden in den Wäldern werden hier angeprangert, sondern die grundsätzliche, dem allgemeinen wie individuellen Profitstreben geschuldete Gleichgültigkeit gegenüber der Umwelt wird scharf kritisiert.

»expressionistischen Zeichnungen« konzentrieren sich auf das Elend. Ohne den zweiwöchigen Aufenthalt in Neu-Delhi zu erwähnen, endet ›Zunge zeigen‹ mit der Abreise aus Calcutta.

›Zunge zeigen‹ kündigt gleich zwei weitere Bücher an: ›Unkenrufe‹ (1992), in dem Europa von Asien dank des Bengali Chatterjee lernt, und – mit der Fontane-Episode – ›Ein weites Feld‹ (1995). In Calcutta nämlich liest Ute Grass ständig Fontane, so daß ihr Mann schließlich einen Eifersuchtstraum hat. Darin sieht er Ute und Fontane in trauter Zweisamkeit, setzt sich aber schlau zu ihnen, damit sie sich fortan zu dritt mögen.

Gewidmet ist ›Zunge zeigen‹ »Mrs. und Mr. Karlekar und dem Calcutta Social Project«. Das CSP arbeitet in mehreren Slums von Calcutta mit Straßenkindern, denen eine schulische und handwerkliche Ausbildung sowie Gesundheitsvorsorge geboten wird.

Die Frage der Verantwortung – Schreiben nach Auschwitz Schreiben als Obsession

Nach dem Roman ›Die Rättin‹, nach ›Zunge zeigen‹ – dem Bericht über Calcutta in Wort und Bild – und nach den Reisen, auf denen er in Zeichnungen das Waldsterben festgehalten hatte, fühlte Grass sich erschöpft. Er empfand das eigene Tun zuweilen als ermüdend und sinnlos. Die Frage »Warum noch schreiben?« war ebenso gut mit »Ja, warum eigentlich?« zu beantworten. In dieser Situation befand sich Grass, als es im November 1989 zum Fall der Mauer kam. Doch die daran anschließende Entwicklung, die auf eine Wiedervereinigung in Form einer vergrößerten Bundesrepublik hinauslief, alarmierte ihn. Aufgerüttelt und von dem Thema besessen, stürzte sich Grass in die Diskussion. Erneut schrieb er Tagebuch, bereiste die sich auflösende DDR und hielt Reden. Er beharrte auf Artikel 146 des Grundgesetzes, wonach bei einer möglichen Wiedervereinigung das deutsche Volk »in freier Entscheidung« seine Verfassung beschließen sollte. Statt dessen kam Arti-

85 Auf Møn. Foto, 1990

kel 23 zur Anwendung, der den Geltungsbereich des Grundgesetzes definiert. Die DDR konstituierte die fünf Länder, die vor ihrer Staatsgründung bereits bestanden hatten, neu. Diese Länder traten dann jeweils einzeln zum gleichen Zeitpunkt dem Geltungsbereich des Grundgesetzes bei. Das wollte Grass verhindern. Von Dezember 1989 bis Oktober 1990 hielt er zahlreiche Reden und veröffentlichte viele Aufsätze. Er warnte vor einer zu raschen staatlichen Einheit, dem drohenden wirtschaftlichen Zusammenbruch der DDR und dem neuerstehenden Nationalismus. Grass stritt, wie er schon lange nicht mehr gestritten hatte. Dieses Thema war ihm wichtig. Dabei hatte er vor dem Ende des Kalten Krieges keineswegs zu den vielen Intellektuellen gehört, die sich mit der deutschen Teilung gut eingerichtet hatten. Ihm ging es um ein möglichst freies demokratisches System in der DDR und den Ländern Osteuropas, und so hatte er die Niederschlagung des Ungarn-Aufstandes ebenso wie die des Prager Frühlings öffentlich kritisiert, sich frühzeitig für osteuropäische Dissidenten eingesetzt, mit tschechoslowakischen Emigranten eine Literaturzeitschrift gegründet und die polnische Solidarność unterstützt.

Grass, flankiert von Jürgen Habermas und Walter Jens, machte sich mit seinen Vorschlägen und Warnungen nicht beliebt. Die öffentliche Diskussion kannte bald nur noch eine Richtung. Bis zum Oktober 1990 gab es eine verbissene Medienschlacht, die Jahre später in der Debatte um ›Ein weites Feld‹ fortgesetzt wurde. Im öffentlichen Streit mit Rudolf Augstein sagte dieser wiederholt: »Der Zug ist längst abgefahren.« Grass, metaphernerfahren, nahm das sogleich auf (»Der Zug ist abgefahren – aber wohin?«) und spielte selbst mehrfach

Ich bin nie gegen die Wiedervereinigung gewesen, mit keinem Wort. Ich bin gegen die Form gewesen, in der sie vollstreckt worden ist, und diese Kritik bleibt. Was eine bestimmte Befürchtung betrifft, habe ich mich Gott sei Dank geirrt. Ich habe befürchtet, daß die so vollzogene Vereinigung, das heißt die ausschließliche Bemühung des Artikels 23, der Anschluß der DDR an die Bundesrepublik, die Gefahr in sich birgt, daß es zu einem neuen Zentralismus kommt. Das sehe ich heute nicht mehr so.

Im Gespräch mit Fritz J. Raddatz und Michael Naumann (2001)

ironisch mit der Vergeblichkeit des verbalen Eingreifens (»Was rede ich. Wer hört noch zu«). Um Tempo aus der Entwicklung zu nehmen, schlug er vor, die DDR wirtschaftlich zu unterstützen, damit die Arbeitsplätze zu erhalten, um dann eine schrittweise politische, wirtschaftliche und gesellschaftliche Annäherung zu erreichen. Statt einer staatlichen Einheit schwebte ihm eine Konföderation vor. Eine Verfassungsdebatte sei vonnöten und die Stärkung des Föderalismus. In diesem Zusammenhang erschien 1990 der Band ›Deutscher Lastenausgleich. Wider das dumpfe Einheitsgebot‹ mit Reden, Aufsätzen, Auszügen aus seinen Werken und Gesprächen – Beiträge, die Grass' Beschäftigung mit dem Thema der deutschen Teilung seit 1960 dokumentieren. Ebenso erschien ein Streitgespräch mit Rudolf Augstein unter dem Titel ›Deutschland einig Vaterland?‹ und ›Ein Schnäppchen namens DDR‹. Grass' Analyse der deutschen Geschichte lief darauf hinaus, daß die Verbrechen des nationalsozialistischen Deutschland vom Einheitsstaat gekommen sind – und eben den wollte Grass verhindern. Sein zentraler Satz in dieser Zeit lautete: »Wer über Deutschland nachdenkt, muß Auschwitz mitdenken.«

Das war das Stichwort für seine Frankfurter Poetikvorlesung, die Grass im Februar 1990 unter dem programmatischen Titel ›Schreiben nach Auschwitz‹ hielt, eine Bilanz seines bisherigen schriftstellerischen Lebens. Hier legte er »Rechenschaft« ab und blickte zurück auf den vom Nationalsozialismus dumm gehaltenen Jungen, der nur langsam begriff, was das »Ungeheure, auf den Namen Auschwitz gebracht«, bedeutete. Mit kritischer Distanz betrachtet er die »fragwürdige Gradlinigkeit«, mit der er kurz nach dem Krieg seinen Wunsch, Künstler zu werden, verfolgte. Fragwürdig deshalb, weil diese Entwicklung sich auch nach Auschwitz unbeirrbar vollzog. Im

Selten ist im Verlauf der oft genug unglücklichen deutschen Geschichte eine historische Möglichkeit aus Mangel an gestaltender Kraft so kleinkrämerisch verrechnet, so dumpf nicht begriffen, so leichtfertig verspielt worden.

Aus »Was rede ich. Wer hört noch zu«
zuerst in ›Die Zeit‹ (11. Mai 1990)

Rückblick wird ihm bewußt, daß sein gesamtes künstlerisches Schaffen im Verlauf von vier Jahrzehnten als eine Annäherung an den »Zivilisationsbruch Auschwitz« zu verstehen ist. Gegen Ende seiner Vorlesung schlägt Grass den Bogen zum Februar 1990 und stellt »dem deutschen Verlangen nach Wiedervereinigung« Auschwitz entgegen, »weil eine der Voraussetzungen für das Ungeheure, neben anderen älteren Triebkräften, ein starkes, das geeinte Deutschland gewesen ist«.

Wie ein Ausgleich zu dem Gegenwind, der ihm in Deutschland in dieser Zeit ins Gesicht blies, wirkte es da, als Grass im Juni 1990 die Ehrendoktorwürde der Adam-Mickiewicz-Universität in Posznań verliehen wurde. Dort wurde er gewürdigt als »eine der bedeutendsten Persönlichkeiten der heutigen Welt« und als »überdurchschnittlicher Mensch [...] – überdurchschnittlich bis an die Grenzen der Kontroversen«. In seiner Dankesrede betonte Grass abermals, daß der deutsche Einheitsstaat immer nur Unglück gebracht habe, die deutschen Stärken hingegen im Föderalismus lägen, weshalb er sich einen Bund deutscher Länder wünsche.

Zur gleichen Zeit entbrannte in Deutschland eine andere Debatte. Auslöser für den sogenannten Literaturstreit war die Erzählung ›Was bleibt‹ von Christa Wolf, die im Frühsommer 1990 erschienen war und in dem die Ich-Erzählerin von ihrer Überwachung durch die Stasi berichtet. Den Auftakt zu der Kontroverse, an der sich bald alle führenden Medien beteiligten, bildeten am 1. Juni 1990 eine Pro- und eine Contra-Besprechung in der ›Zeit‹, gefolgt von einer vernichtenden Kritik in der ›Frankfurter Allgemeinen Zeitung‹ am Tag darauf. Zuvor eine Ikone in Ost und West, wurde Wolf nun als »Staatsdichterin« angegangen, während »engagierte Literatur« in Ost und in West als »Gesinnungsästhetik« abgetan wurde.

Unterm Strich gerechnet, bleibt immerhin positiv zu bilanzieren, daß es den westdeutschen Handelsketten gelungen ist, ihren Markt zu erweitern, die Gunst der Stunde flächendeckend zu nutzen, das »drüben« einheimische, ohnehin minderwertige und schlecht verpackte Produkt zu verdrängen und – ohne investieren zu müssen – ein Schnäppchen zu machen, ein Schnäppchen namens DDR. *Aus »Ein Schnäppchen namens DDR«, zuerst in ›Die Zeit‹ (5. Oktober 1990)*

Grass mischte sich ein und verteidigte Wolfs »Stil des behutsamen Dreinredens«, der in ihrem Staat Wirkung gezeigt habe. Auch Wolf hatte sich zwischen Herbst 1989 und Frühjahr 1990 gegen eine Wiedervereinigung ausgesprochen. Drei Jahre später, im Februar 1993, entwickelte sich der Literaturstreit zu einer Stasi-Debatte um Christa Wolf, als bekannt wurde, daß ein Vorgang über sie als »Informeller Mitarbeiter« (IM Margarete) in der sogenannten Gauck-Behörde in Berlin existierte. In diesem Zusammenhang schrieb Grass an Wolf einen Brief, in dem er ihr Mut zusprach und zugleich Gemeinsamkeiten und Unterschiede deutlich formulierte: »Du solltest wissen, daß Du hierzulande, trotz aller Anfeindungen und selbstgerechter Aburteilungen, nicht isoliert bist [...]. Nach meiner Einschätzung hättest Du die Kritik an jener Partei, in der Du Mitglied warst, deutlicher und fordernder aussprechen müssen [...]. Umgekehrt hast Du gelegentlich meine Kritik am Leninismus/Stalinismus als zu schroff empfunden [...]. Diese Meinungsverschiedenheiten haben uns nicht gehindert, weiter im Gespräch zu bleiben.«

Nach der Debatte des Jahres 1990 entstand ›Vier Jahrzehnte. Ein Werkstattbericht‹ (1991) mit unveröffentlichten Gedichten, Zeichnungen, Skizzen und einem ausführlichen Bericht, in dem Grass auf seine künstlerische Entwicklung und sein Leben eingeht. Anlaß dazu war der Verkauf seines sogenannten Vorlasses an die Berliner Akademie der Künste. Hier auch kommt Grass auf seine »vielen Kinder« zu sprechen, »die ich, sobald ich mich schonungsvoll selbstkritisch sehe, gerne als Werkstattprodukte begreife«, die eigenen, »die mitgebrachten, die dazugekommenen«. Bis zur Trennung von Anna hatte er mit seinen dieser Ehe entstammenden vier Kindern zusammengelebt, anschließend brachte Veronika Schröter ihre bei-

86 Werkorganigramm. Dargestellt sind die Linien der Einflußnahme zwischen den Werken. ▶

den Töchter Tinka und Jette mit, und die gemeinsame Tochter Helene wurde geboren. Mit Ute Grass kamen ihre beiden Söhne Malte und Hans in die Ehe, mit denen Grass fortan zusammenlebte. Und es gab Nele, die »Königstochter Jüngste«, die einer Verbindung mit der Verlagslektorin Ingrid Krüger entstammt. »Zu Kinderlärm fiel mir immer etwas ein«, heißt es in ›Vier Jahrzehnte‹.

1992 erschien die Erzählung ›Unkenrufe‹. Erste Ideen dazu waren parallel zur Arbeit an der Frankfurter Poetikvorlesung in Portugal im Januar 1990 entstanden. Anfang 1991 begann die Niederschrift des Buches, das einen neuen Abschnitt in der Gesamtentwicklung markiert. Mit dem Thema der deutsch-polnischen Friedhofsgesellschaft, von deren Entstehung und Niedergang das Buch handelt, setzt Grass' Beschäftigung mit der Vertriebenenproblematik ein, die zwar zuvor schon in manchen Werken indirekt eine Rolle spielte, von nun an aber in neuen Facetten dargestellt wurde. Abermals kehrte Grass an seinen Schauplatz Danzig zurück, den er nun um das Thema Indien bereicherte, wobei die indischen Erlebnisse und Eindrücke – ganz im Gegensatz zu ›Zunge zeigen‹ – nun einen eher heiteren Charakter bekommen. Zudem bietet ›Unkenrufe‹ etwas im Grassschen Werk sehr Seltenes: einen utopischen Zukunftsentwurf, angedeutet in der euro-asiatischen Symbiose, die eine alle Kontinente umfassende Verbindung zwischen »Erster« und »Dritter Welt« ins Bild bringt. Hier deutet sich eine neue Entwicklung im Werk von Grass

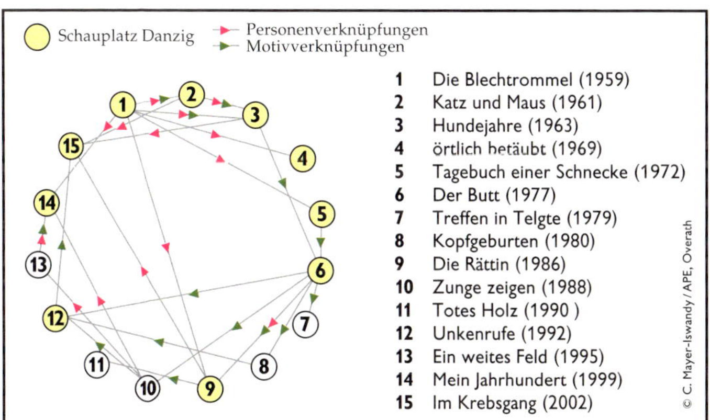

an, dessen vorrangiges Anliegen es bis dahin gewesen war, Brüche aufzudecken und Mißstände kenntlich zu machen, jedoch nicht, Auswege anzubieten. Zu dieser Entwicklung gehört auch eine neue, veränderte Heiterkeit, die etwas Versöhnliches hat. Diesen Ton findet man insbesondere auch in ›Ein weites Feld‹ (1995) und ›Mein Jahrhundert‹ (1999). ›Unkenrufe‹, das sich mit Sterben und Tod beschäftigt, markiert den Beginn des Alterswerkes.

Im In- und Ausland wurde ›Unkenrufe‹ fast durchweg als Realsatire auf das alte Europa gelesen. Einig war man sich hinsichtlich der handwerklichen Qualität des Buches. Während die ›New York Times Book Review‹ gleich zwei Besprechungen veröffentlichte, wußte die deutsche ›Zeit‹ beispielsweise nicht recht, wie sie das »Alterswerk« finden sollte, und Marcel Reich-Ranicki begann seinen Verriß mit der Frage: »Wie konnte das passieren?« Im Gegensatz dazu war in Polen die Aufnahme besonders gut, was Andrzej Szczypiorski im ›Spiegel‹ zu der Bemerkung veranlaßte, daß der Schriftsteller im eigenen Land ohnehin einsam zu sein pflege.

1992 stiftete Grass abermals einen Preis: den Daniel-Chodowiecki-Preis zu Ehren des polnischen Zeichners, Radierers,

›Unkenrufe‹ (1992)

Von Grass selbst als »Menetekel« bezeichnet, beschreibt ›Unkenrufe‹ den vermeintlich friedfertigen Rückgewinn polnischen Bodens durch Deutsche in Gestalt der deutsch-polnischen Friedhofsgesellschaft, die den ehemals in Danzig ansässigen Deutschen die Bestattung in »Heimaterde« ermöglicht. Die Erzählung, Grass' amerikanischer Verlegerin und Freundin Helen Wolff gewidmet, geht auf Pläne aus dem Jahr 1990 zurück. Im Mittelpunkt steht hier die Unke, die in ihrer Rolle als Kassandra Unheil ankündigt. Zu Allerseelen treffen sich an einem Blumenstand in der Markthalle von Danzig zufällig der Deutsche Alexander Reschke, Professor für Kunstgeschichte, und die Polin Alexandra Piątkowska, Restauratorin und Vergolderin. Beide sind verwitwet. Er stammt aus Danzig und wurde nach Kriegsende ausgewiesen, sie erlitt das gleiche Schicksal in Wilna. Gemeinsam besuchen sie das Grab von Alexandras Eltern und kommen auf die Idee einer deutsch-polnisch-litauischen Friedhofsgesellschaft. Da Litauen aber die Aufnahme der toten Vertriebenen verweigert, beschränkt man sich auf den deutsch-polnischen Aspekt. Dieser Gedanke entwickelt

Lithographen und Frühaufklärers, der als Reformer der Königlich Preußischen Akademie der Künste tätig war »und zudem ein frühentlaufenes Kind meiner Heimatstadt Danzig«. Der Preis fördert polnische Zeichner, Radierer und Lithographen und trägt nach dem literarisch ausgerichteten Döblin-Preis, den Grass zuvor ins Leben gerufen hatte, seinem künstlerischen Schaffen Rechnung. Die Werke der Preisträger werden in polnischen und deutschen Städten ausgestellt.

›Unkenrufe‹ bildete den Auftakt zu einem großen Thema, das Grass nunmehr aufgriff: Rechtsradikalismus und Ausländerfeindlichkeit. In der ersten Hälfte der neunziger Jahre stieg die Zahl der ausländerfeindlichen Attacken, es kam zu Brandanschlägen auf Heime, in denen Asylbewerber lebten, und auf Wohnhäuser von Immigranten. Die Täter waren meist Rechtsradikale, die sich ungeniert auf der Straße zeigten. Hoyerswerda (September 1991), Rostock-Lichtenhagen (August 1992), Mölln (November 1992) und Solingen (Mai 1993) waren Stationen dieses Ausbruchs, bei dem mehrere Menschen ums Leben kamen und andere für den Rest ihres Lebens gezeichnet wurden. In der ›Rede vom Verlust‹ vom 18. November 1992, die den Opfern von Mölln, in unmittel-

sich rasch zu einer überaus erfolgreichen Geschäftsidee. Allzu erfolgreich, denn alsbald schießen Folgeinvestitionen wie Kühlhallen, Aussegnungshalle, Hotels, Seniorenheime, Bungalowparks mit Golfplätzen für den Lebensabend der Rückkehrer aus dem Boden. Der Ausverkauf Polens mit Hilfe der kaufkräftigen »Deutschmark« findet statt. Der Witwer und die Witwe, inzwischen längst ein Paar, ziehen sich aus dem Unternehmen zurück und sterben schließlich auf einer Italienreise bei einem Autounfall. Den zweiten Erzählstrang bildet ein Indienthema. Zugleich enthält das Buch mit seinen Hinweisen auf den polnischen Nationalismus und das offizielle Ignorieren von Minderheiten eine deutliche Kritik an der polnischen Politik. Erzähler ist ein mit zahlreichen Grass-Biographica ausgestatteter ehemaliger Mitschüler Reschkes, der von diesem am 19. Juni 1999 per Post einen Packen Materialien erhalten hat mit der Bitte, die darin enthaltene Geschichte zu erzählen.

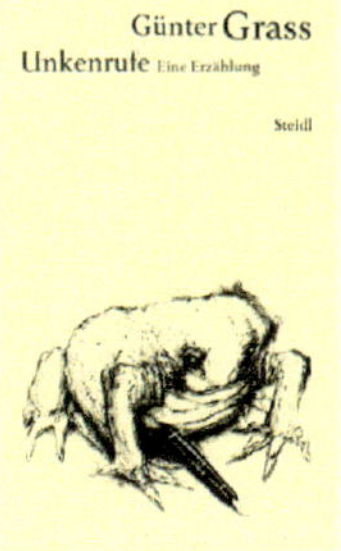

barer Nähe von Grass' Behlendorfer Haus gelegen, gewidmet ist, ging Grass ausführlich darauf ein und kritisierte die Versuche der Bundesregierung, das Asylrecht zu ändern. Zugleich stellte er den Zusammenhang mit anderen Mißständen her, indem er einen wesentlichen Grund für die xenophobischen Überfälle im Verlauf der deutschen Vereinigung sah.

Seine 1993 unter dem Titel ›Novemberland‹ erschienenen 13 Sonette waren die literarische Reaktion auf die Welle der Gewalt gegen Ausländer, die in dieser Zeit das In- und Ausland erschreckten und düsterste Erinnerungen wachriefen. Sonette, eine heutzutage wenig verbreitete, in die Renaissance zurückreichende und von strengem Aufbau charakterisierte Gedichtform, kannte man von Grass bislang nicht. »Warum Sonette? Die breitgestreut unterschwellige Abwehr gegen alles, was fremd ist, so aussieht und angeblich fremden Geruch mit sich bringt, zudem die regierungsamtliche Härte Asylsuchenden gegenüber, diese diffuse Gemengelage verlangte nach einer strengen Form«, schrieb Grass in ›Vier Jahrzehnte‹. Später vertonte Günter »Baby« Sommer die Sonette und arrangierte ein szenisches »musikalisches Statement« für Grass als Rezitator mit Sängerin, Kammerorchester und mehreren Jazz-Ensembles aus unterschiedlichen Kulturkreisen. Uraufführung war im September 2001 in Mainz. Auch Grass' weitere gesellschaftspolitische Aktivitäten in diesem Jahrzehnt sollten in Zusammenhang mit der Ausländer- und Einwande-

rungspolitik sowie der Rolle von Minderheiten in Deutschland stehen. 1993 trat er aus Protest gegen die Asylrechtsänderung im Grundgesetz, die von der oppositionellen SPD mitgetragen wurde, nach elfjähriger Mitgliedschaft aus seiner Partei aus.

Anfang 1993 begann Grass mit der Arbeit an einem neuen Roman, ›Ein weites Feld‹. Wie schon öfter bei großen Unterfangen ging auch diesem eine längere Inkubationszeit voraus, lagen die ersten Ideen schon weiter zurück. Und auch diesmal geschah wieder vieles gleichzeitig. Eine Reise nach Kuba und Mexiko zusammen mit Ute Grass und deren Sohn Hans, Lesungen mit Günter »Baby« Sommer unter dem Titel ›Da sagte der Butt‹, Verlagswechsel und wiederum eine Ehrendoktorwürde, diesmal von der Universität Gdańsk. Gleichzeitig wurde Grass zum Ehrenbürger der Stadt Gdańsk ernannt. Bei diesem Anlaß überreichte eine Gruppe von Germanistikstudenten der dortigen Universität Grass ein Buch, in dem die Danziger Originalschauplätze des bis dahin erschienenen Gesamtwerkes zusammengestellt waren.

Bei einer Spanienreise im Sommer 1994 wurde Grass dort als bedeutendster lebender deutschsprachiger Schriftsteller gefeiert. Die Blätter waren voll mit Bildern und Berichten über ihn. In der Tageszeitung ›El País‹ warf er der deutschen Literaturkritik, die sich aus seiner Sicht schon lange vor dem bald einsetzenden Spektakel um ›Ein weites Feld‹ in einem unerfreulichen Zustand befunden hatte, vor, immerhin von der Produktion der Autoren zu leben, dabei aber zunehmend sich selbst in den Vordergrund zu schieben. Dieser Beitrag ging auf seine Rede ›Über das Sekundäre aus primärer Sicht‹ zurück, die Grass anläßlich der Verleihung des Großen Literaturpreises der Bayerischen Akademie der Künste am 5. Mai 1994 hielt. Hier kritisiert er, daß die Selbstinszenierung der

◀ 88 ›Unkenrufe‹ wurde als Stück im Jahr 2000 in Gdańsk in einer Privatwohnung, die als Theaterbühne, Kulisse und Zuschauerraum diente, im Beisein von Grass uraufgeführt. Produzentin war Lidia Makowska.

Literaturkritik inzwischen wichtiger genommen wird als das besprochene Buch selbst, die Theaterinszenierung wichtiger als das Stück.

1995 erschien der Roman ›Ein weites Feld‹, der zunächst den Arbeitstitel »Treuhand« trug. Hatte Grass beim ›Butt‹ schon Hartmut Jäckels Hilfe bei den Recherchen in Anspruch genommen; diesmal stellte er eigens einen Rechercheur an. Denn als er zu Beginn der Arbeit die Treuhand in Berlin besuchte, zeigte sich, daß allzu schnell der Schluß gezogen wurde, er werde wohl an einem Buch über die Treuhand arbeiten. Also übernahm diese Arbeit fortan als Undercover-Agent der Berliner Germanist und Walter-Höllerer-Schüler Dieter Stolz, der sich nun auf den Weg durch verschiedene Archive und die Gänge der Treuhand machte. Während die zweite, dritte und vierte Fassung entstand, arbeitete Grass an ersten großformatigen Kohlezeichnungen und Lithographien, die die beiden Hauptfiguren Fonty und Hoftaller in immer neuer Konstellation zeigten, was wiederum Einfluß auf den Text hatte. Grass wollte sowohl einen Berlin-Roman schreiben als auch in eine Auseinandersetzung mit Fontane treten. Zugleich ist das Buch ein Beitrag zum Verlauf der politischen

›Ein weites Feld‹ (1995)

›Ein weites Feld‹, das im Titel die Lieblingsformulierung des alten Briest aus Fontanes ›Effi Briest‹ zitiert, erzählt die Wendezeit 1989/91 (erzählte Zeit: 17. Dezember 1989 bis Oktober 1991) in Berlin aus der Perspektive zweier Helden, Theo Wuttke und Ludwig Hoftaller. Die eigentliche Hauptgestalt ist Wuttke, geboren am 30. Dezember 1919, mithin genau 100 Jahre nach Fontane und überdies am gleichen Ort, in Neuruppin. Wuttke, lange Jahre Vortragsreisender des DDR-Kulturbundes, dann Aktenbote im Haus der Ministerien, identifiziert sich im Laufe seines Lebens immer mehr mit Fontane, den er nicht nur korrekt zitieren kann, sondern dem er sich in seiner Lebensgestaltung und Physiognomie zunehmend angleicht. Zugleich ist Wuttke, genannt Fonty, als eine Art Wiedergänger Fontanes eine Kunstfigur, die sich das historische Gedächtnis Fontanes angeeignet hat und deshalb mühelos die letzten 170 Jahre aus der Sicht einer einzigen Biographie überblicken kann. So wird dieses Buch auch zu einem Buch über Fontane, das sein Leben und Werk, seine Widersprüche und Brüche dargestellt. Hoftaller ist die literarische Fortsetzung von

Ereignisse um die Wiedervereinigung. Grass, der sich 1989/1990 vehement und mitunter erbittert gegen die politischen Entwicklungen ausgesprochen hatte, zeigt sich hier, ablesbar am heiteren Ton des Buches, versöhnt mit den historischen Ereignissen – ein Aspekt, der wie ein freundlicher Abschluß der Vereinigungskritik und -debatte aus seiner Sicht erscheint, wie insbesondere die Hochzeit von Martha aus dem Osten mit einem Westdeutschen in der Buchmitte dokumentiert. Zugleich wird der Verlauf der Einheit kritisiert als Prozeß, der ausschließlich auf Kosten der Ostdeutschen ging.

Die Veröffentlichung hatte der Steidl Verlag ursprünglich zurückhaltend geplant. Nachdem im Januar 1995 die Manuskriptarbeit abgeschlossen und das Buch in die Produktion gegangen war, sollte Grass Ende April und Anfang Juni in Göttingen vor Fachpublikum lesen. Die Auslieferung war für den 4. September vorgesehen, zeitgleich mit der Buchpremiere in der Berliner Kulturbrauerei, doch auf Wunsch der Verlagsvertreter wurde die Sperrfrist um eine Woche verkürzt und das Ende auf den 28. August vorverlegt.

Aus dieser Planung aber wurde nichts. Marcel Reich-Ranicki hatte solange gedrängt, bis es am 25. April 1995 in der Jüdi-

Tallhover, dem ewigen Spitzel aus Hans Joachim Schädlichs 1986 erschienenem gleichnamigem Roman ist. Dort war Tallhover seit Vormärzzeiten als Agent der Sicherheitspolizei tätig und bleibt dies auch bis in DDR-Zeiten hinein, dient also wechselnden Regimen, doch immer mit der gleichen Akribie. Das gibt die Grundmetapher des Buches ab: Wendezeiten, aber keine Zeitenwende. Dies wird allegorisiert im Bild des Paternoster im Gebäude der Treuhand, das zu DDR-Zeiten das Haus der Ministerien und davor das NS-Luftfahrtministerium Hermann Görings war. Der in Grass' Roman zu Hoftaller gewendete Tallhover ist als Spitzel von Anfang an für sein Gegenüber in Gestalt des so erinnerten Fontane und des jetzigen Wuttke zuständig. Beide bilden ein symbiotisches Paar, oft verglichen mit Faust und Mephisto, Don Quichotte und Sancho Panza oder Stan Laurel und Oliver Hardy. Fonty und Hoftaller erleben die Umbrüche als Beobachter und setzen sie in Bezug zu ihren historischen Erlebnissen im 19. Jahrhundert. So kann leicht durch die Zeiten gesprungen werden. Rasch zeichnet sich das Grundthema ab: die Wiederkehr des Alten. Fontane kehrt in Fonty wieder, die Gründerzeit in der Wenschen Gemeinde Frankfurt zu einer ersten, von ihm arrangierten Lesung kam. Vor Fernsehkameras spendete er stehend Applaus und befand: »Da ist Ihnen etwas ganz Großes gelungen.« Die Nation also vernahm: Deutschlands bekanntester Kritiker und Deutschlands bekanntester Schriftsteller schließen Frieden. Von nun an bestand der Sommer, wie die ›Wochenpost‹ schrieb, hauptsächlich darin, auf den »neuen Grass« zu warten. In der Zeitschrift ›Neue Deutsche Literatur‹ erschienen drei Kapitel im Vorabdruck, und im Juni wurden 4500 Leseexemplare verschickt. Daraufhin gab der ›Spiegel‹, der selbst allein 87 Exemplare für seine Redaktion bestellt hatte, die von ihm erworbenen Vorabdruckrechte zurück mit der Begründung, daß angesichts der Menge der verschickten Leseexemplare von Exklusivität keine Rede mehr sein könne. Das führte zu der Vermutung, der politische Standort des Romans vertrage sich nicht mit dem von Rudolf Augstein. Der ›Spiegel‹ wiederum bezeichnete diese »Kolportage« als geschickte Werbemaßnahme des Verlages. Schon bevor Normalbürger Zeit und Gelegenheit gehabt hatten, das Buch in voller Länge zu lesen, war es in den Medien so umkämpft, daß die Diskussion bereits ein halbes Jahr später in Buchform dokumentiert und zum ›Fall Fonty‹ deklariert wurde. Bemerkenswert an all den Vorgängen ist, daß der Roman ›Ein weites Feld‹, der mit seiner Fülle brillant erzählter Szenen und eindrucksvoller Bilder ein zweifelsohne

dezeit 1989/90, der Krimkrieg im Golfkrieg, die Dichtervereinigung »Tunnel über der Spree« in der Prenzlauer-Berg-Szene. Dabei kommentieren sich die Ereignisse gegenseitig, so daß sich die historischen Epochen der letzten 170 Jahre in einem steten Dialog befinden. An Handlung geschieht nicht viel: Fonty versucht einmal, sich nach Schottland abzusetzen, was von Hoftaller vereitelt wird. Eine unbekannte Enkeltochter aus Frankreich, Sprößling einer unehelichen Tochter Fontys, taucht auf und taucht am Ende gemeinsam mit ihrem Großvater unter. Im übrigen gibt es Zeitbilder, als habe Grass sich Fontanes Definition zu eigen gemacht: »Der moderne Roman soll ein Zeitbild sein, ein Bild seiner Zeit.« Dabei zeichnet das Buch ein Bild der Alltagskultur der DDR zur Zeit des Umbruchs, wodurch es zum Sittengemälde

bedeutendes Buch darstellt, kaum wirklich literarisch besprochen wurde.

Bei all dem Streit war das Buch rasch ein neuer Bestseller, der sich wochenlang auf den oberen Listenplätzen hielt. Innerhalb von zwei Monaten wurden fast 200 000 Exemplare verkauft. Das Ausland verfolgte die Debatte genau und in aller Regel kopfschüttelnd. Auf Ablehnung und Empörung trafen Auftritt und Verhalten von Reich-Ranicki, der sein Ansehen mit dem buchstäblichen Zerreißen des Buches schwer beschädigt hatte. Man sprach von einer Kampagne, die »höchstens zu 30 Prozent literarisch« und ansonsten reine Politik sei. In Frankreich erschien bereits ein Jahr später eine Analyse der Kampagne unter dem Titel ›Un écrivain à abattre. L'Allemagne contre Günter Grass‹ von Olivier Mannoni. In seiner im Jahr 2000 vorgelegten politischen Biographie ›Günter Grass. L'honneur d'un homme‹ von Grass nennt Mannoni einen von ihm vermuteten Grund für den Haß auf den Schriftsteller: »Weil er ein Leben lang seinen Werten treu blieb. Die Probleme haben sich zwar geändert, die politischen Akteure und der gesellschaftliche Kontext auch – nur Grass hat seine Prinzipien beibehalten.« Entgegen dem allgemeinen Anschein ist das Buch jedoch keineswegs nur negativ aufgenommen worden. Ein Überblick über die Kritiken zeigt, daß sich positive und negative Urteile in etwa die Waage halten. Einige Kritiken gingen sogar auf die literarisch-ästhetische Konzep-

der deutsch-deutschen Vereinigung wird. Zugleich nimmt es das für Grass seit ›Aus dem Tagebuch einer Schnecke‹ zentrale Bild des vor Ideologiegläubigkeit schützenden Zweifels wieder auf. Erzählerinstanz ist ein Autorenkollektiv aus dem Fontane-Archiv in Potsdam, das den dialogischen Stil des Buches ermöglicht. Auch gelingt es damit, der ungeheuren Materialfülle und der großen Detailkenntnis, die Grass über Leben und Werk Fontanes ausbreitet, Glaubwürdigkeit und Hintergrund zu geben. Viele Episoden des Buches, das von einem heiteren, versöhnlichen Ton getragen ist, haben einen spielerischen Charakter und vermitteln dem Grundtenor des Buches (»Mein Buch ist aus dem Blickwinkel der Geschlagenen und Beladenen geschrieben«) eine gewisse Leichtigkeit, die die Kritik der ersten Stunde zumeist völlig übersah. Spätere, intertextuell orientierte Untersuchungen hingegen haben die Vielschichtigkeit des umfangreichen Werkes andeuten können.

90 Grass' Haus in der Glokkengießerstraße in Lübeck mit dem Sekretariat und privaten Ausstellungsräumen. Foto, 2001

tion des Buches, auf Struktur und Erzählperspektive ein, etwas keineswegs Selbstverständliches bei Rezensionen der Bücher von Grass.

Ebenfalls 1995 verlegte Grass sein Büro von Berlin nach Lübeck, das unweit von Behlendorf liegt, so daß er nun auf die langen Fahrten nach Berlin verzichten konnte. Besonders die Lübecker Altstadt mit ihren schmalen Gassen und ihrer norddeutschen Architektur erinnert Grass an Danzig, und die Stadt Lübeck nahm den Schriftsteller freundlich auf. In der Glockengießerstraße in der Altstadt erwarb er ein Haus, in dem seither sein Sekretariat und einige Ausstel-

Die Debatte um ›Ein weites Feld‹
Noch vor Ablauf der vom Verlag gesetzten Sperrfrist 28. August erschienen ab dem 18. August die ersten Kritiken, worauf der Verlag am 21. August mit der Auslieferung begann. Am 21. August erschien Reich-Ranickis ›Spiegel‹-Titel, wo er das Buch zerreißt. Es war diese Kritik, mehr noch der Gestus der Zerreißens, der die hitzige Debatte auslöste und die Lager sofort polarisierte.

Reich-Ranickis Kritik war in mehrfacher Hinsicht ungewöhnlich. Einerseits hat die Kritik die Form eines Offenen Briefes, was die Aussagen ins Persönliche rückte, ganz abgesehen von der Schwierigkeit, daß die Briefform logisch nicht durchgehalten werden konnte, da sich Reich-Ranicki mit Inhaltsangaben usw. doch eher an das Publikum als an Grass wendet. Andererseits beginnt Reich-Ranicki seine Kritik mit seiner eigenen Person: Er selbst befände sich in der schwierigen Lage, Grass sagen zu müssen, wie schlecht sein neues Buch ist. Dann spekuliert er über die Gründe von Grass' (vermeintlichem) Scheitern, womit der Befund vor der Untersuchung steht. Grass seinerseits zog ein bereits autorisiertes Interview mit dem ›Spiegel‹ zurück mit der Begründung: »Ich möchte mit einem eigenen Beitrag nicht in einem Magazin erscheinen, auf dessen Titelseite das ekelerregende lungsräume für die Bilder und Skulpturen untergebracht sind.

Als regelrechtes Kontrastprogramm zu den Schmähungen des Jahres 1995 bescherte das Jahr 1996 Grass gleich drei Preise: den Sonning-Preis der Universität Kopenhagen, den Hans-Fallada-Preis in Neumünster und den Thomas-Mann-Preis der Stadt Lübeck. Seine Dankesrede für letzteren, ›Die Fremde als andauernde Erfahrung‹, entwarf er während eines Krankenhausaufenthaltes, dem er sich aufgrund einer Herzerkrankung hatte unterziehen müssen.

Grass blieb weiterhin beim Thema der deutschen Einheit. Im Februar 1997 hielt er in der von der Verlagsgruppe Bertelsmann veranstalteten Reihe »Zur Sache: Deutschland« in Dresden die ›Rede über den Standort‹, wo er von seinem Besuch in Hongkong zum Jahreswechsel berichtete. Dort habe er den ehrlichsten Ausdruck des Kapitalismus vorgefunden: »Ganz ungeschminkt geht es dort nur ums Geschäft.« Dieser »monetäre Standort« lieh ihm dann die Metapher für sein eigenes Nachdenken über Deutschland, denn auch sein Land sei, sieben Jahre nach der Einheit, zum Standort verkommen.

Zerreißen eines Buches bildhaft gemacht wird.« Transparente, mit denen einige wenige vor dem ›Spiegel‹-Pressehaus in Hamburg demonstrierten, verglichen das Zerreißen des Buches mit der Bücherverbrennung 1933. Im ›Literarischen Quartett‹ am Donnerstag der gleichen Woche sagte Reich-Ranicki in bezug auf das umstrittene Titelbild, wenn es dem Verkauf diene, sei es gut. Die Sendung wurde aufgrund der Ausfälle Reich-Ranickis allerdings zum wahren Debakel, innerhalb der ersten zehn Minuten schaltete sich ein Drittel der Zuschauer aus. Angesichts dieser Choreographie – der ›Stern‹ sprach von der »Woche der Zerrisse« – ging fast unter, daß die ARD am gleichen Donnerstag ein 45-Minuten-Portrait von Grass ausstrahlte und jeden Tag Rezensionen erschienen, die sich vielfach durchaus positiv mit dem Buch befaßten.

Im Oktober 1997 beging Grass seinen 70. Geburtstag, der im Hamburger Thalia-Theater groß gefeiert wurde. Die Freie Akademie der Künste in Hamburg hatte eine Ausstellung von Aquarellen, Zeichnungen und Graphiken vorbereitet, und am 13. Oktober 1997 gab es ein Fest mit Texten, Theater und Musik. Das Programm war eine veritable Hommage und bot zugleich einen Querschnitt durch Grass' Gesamtwerk: Christa Wolf las aus ›Windhühner‹, ›Novemberland‹ und ›Fundsachen für Nichtleser‹, einem Band mit Aquarellen, in die Kurzgedichte hineingepinselt sind, György Konrád aus der ›Blechtrommel‹, Siegfried Lenz aus den ›Hundejahren‹, Carola Stern aus dem ›Tagebuch einer Schnecke‹, zwischendurch gab es Musik von Günter »Baby« Sommer, Aurèle Nicolet spielte Flötenmusik von Klaus Huber und Aribert Reimann, und es wurde ›Noch 10 Minuten bis Buffalo‹ unter der Leitung von Jürgen Flimm aufgeführt. Hans Mayer, Peter Rühmkorf und Nadine Gordimer sprachen über den Gefeierten, und am Ende las Will Quadflieg das Gedicht ›Abend‹ von Andreas Gry-

92 Geburtstagsfeier – Grass, zwischen Salman Rushdie und Nadine Gordimer im Thalia-Theater in Hamburg am 13. Oktober 1997

1997 war Grass zusammen mit Egon Bahr, Peter Brandt, Günter Gaus, Oskar Negt, Jens Reich, Friedrich Schorlemmer und Christa Wolf Mitinitiator des **Willy-Brandt-Kreises**, der am 1. November 1997 mit Sitz am Institut für Friedensforschung und Sicherheitspolitik an der phius. Der Steidl Verlag ehrte seinen Autor mit einer auf 16 Bände angewachsenen Werkausgabe, die inzwischen um einen 17. Band ergänzt wurde und demnächst aus 18 Bänden bestehen wird.

1997 gründete Grass in Lübeck die »Stiftung zugunsten des Romavolkes« in Verbindung mit dem Otto-Pankok-Preis. Ausgehend von der Einsicht, daß die Roma und Sinti »wie kein anderes Volk, außer dem der Juden, anhaltender Verfolgung, Benachteiligung und in Deutschland der planmäßigen Vernichtung ausgesetzt sind«, ist es Zweck der Stiftung, »das Verständnis für die Eigenarten des Romavolkes zu fördern und über seine kulturelle und soziale Lage in Geschichte und Gegenwart aufzuklären«. Auch wenn Grass, wie er in seiner Gründungsrede sagte, keine endgültige Lösung für dieses Problem hat, soll die Stiftung laut Satzung mittels des Otto-Pankok-Preises journalistische, wissenschaftliche, sozialpolitische und künstlerische Arbeiten fördern, »deren Anlaß und Thema das Romavolk ist, insbesondere die Sinti und Roma in Deutschland«. Grass, der sich das »professionelle Erinnern« zur Aufgabe gemacht hat, verneigt sich hier zugleich vor seinem Lehrer Otto Pankok, der ihn als Studenten an der Düsseldorfer Kunstakademie erstmals auf die sogenannten »Zigeuner« aufmerksam gemacht hatte, die in Pankoks Atelier den Schülern Modell standen. In diesem Zusammenhang ist auch der Band ›Ohne Stimme. Reden zugunsten des Volkes der Roma und Sinti‹ des Jahres 2000 zu sehen. Einen Großteil seiner Rede vor dem Europarat in Straßburg am 11. Oktober 2000 widmete Grass ebenfalls dem Thema. Hier forderte er eine Vertretung für diese Bevölkerungsgruppen im Europarat und die Förderung von Romanes als Unterrichtssprache. Erneut machte er die deutschen Politiker mitverantwortlich

---

Universität Hamburg gegründet wurde. Dieser hat das Ziel, durch Veranstaltungen, Publikationen usw. »Beiträge zu Fragen des friedlichen Zusammenlebens der Völker und zu Fragen des sozialen und gerechten innerstaatlichen Zusammenlebens auf der Grundlage der Ideen des verstorbenen Bundeskanzlers Willy Brandt« zu leisten.

für den Rechtsradikalismus in Deutschland. Auch die Änderung des Asylrechtsparagraphen im Grundgesetz sei, so Grass, mit ein Grund für die Zunahme rassistischer Gewalttätigkeiten. Er beklagte, daß »der inhumane Umgang mit Asylsuchenden« in Deutschland zur »rechtsstaatlichen Praxis« geworden sei, und sprach von »regierungsamtlichen Mittätern«. Den Europarat forderte er auf, den Rassismus stärker zu bekämpfen.

Für eine erneute heftige Debatte sorgte die Laudatio, die Grass im Oktober 1997 in der Frankfurter Paulskirche bei der Verleihung des Friedenspreises des deutschen Buchhandels an den Schriftsteller Yaşar Kemal hielt. Grass wies darauf hin, daß Kemal als Kurde einem Volk angehört, das in der Türkei bis in die Gegenwart »staatlicher Willkür und militärischen Aktionen« ausgesetzt ist, um nach einer ausführlichen Würdigung von Kemals literarischem Werk auf den deutschen latenten Fremdenhaß zu kommen und die »Abschiebepraxis des gegenwärtigen Innenministers, dessen Härte bei rechtsradikalen Schlägerkolonnen ihr Echo findet«, anzugreifen. Er betont den »bereichernden Einfluß der über sechs Millionen Ausländer« in Deutschland und erinnert am Ende daran, daß die deutsche Bundesregierung »seit Jahren Waffenlieferungen in die gegen ihr eigenes Volk einen Vernichtungskrieg führende Türkische Republik duldet«. Auslöser für den anschließenden Sturm war der Satz: »Ich schäme mich meines zum bloßen Wirtschaftsstandort verkommenen Landes, dessen Regierung todbringenden Handel zuläßt und zudem den verfolgten Kurden das Recht auf Asyl verweigert.« Über Wochen lief eine heftige Debatte, die alsbald in dem Buch ›Zeit, sich einzumischen‹ dokumentiert wurde.

Entdeckung der Farbe

›Fundsachen für Nichtleser‹ hieß ein 1997 erschienener großformatiger Band mit Aquarellen und Gedichten. »Für meine Enkelkinder in wachsender Zahl« lautet die Widmung. Noch nie zuvor hatte Grass Farbiges publiziert, auch wenn er in seinen Anfängen in Düsseldorf und auf der Italien- und Frankreichreise Anfang der Fünfziger aquarelliert sowie hier und da Portraits in Aquarellfarben angefertigt hatte. Im Juni 1995, nach Abschluß der Arbeit an ›Ein weites Feld‹, griff er erstmals wieder zu Farben und erprobte eine Technik, die er fortan intensiv pflegte, wie auch die illustrierte Ausgabe von ›Mein Jahrhundert‹ (1999) und der Band ›Mit Wasserfarben‹ (2001) bezeugen.

»Fürchtete ich mich vor Farbe? Eher wird es wohl so gewesen sein, daß ich sie nur hinter Grauschleiern sah, die kein Wind zu vertreiben verstand«, schrieb er im Begleittext zu dem Aquarellband ›Mit Wasserfarben‹. Die Themen, so scheint es dem Künstler im Rückblick, hatten sich nur in abgestuftem

93 ›Buche im Vordergrund‹. Aquarell, 1996

Grau darstellen lassen. Die ersten farbigen Gestalten, in vorwiegend erdigen Tönen, waren Fonty und Hoftaller. Danach aquarellierte Grass in Dänemark Bäume, auch hier noch in Brauntönen und nahe am Grau. Allmählich aber schlichen sich kräftigere und hellere Töne ein, und seither dominiert die Farbe. Der Schritt zur Farbe hin zeigt eine weitere Entwicklung bei Grass. Hatte er sich in seinen Anfängen als Künstler mit der Farbe Grau eine »Askese« verordnet, die sowohl das Politische als auch das Künstlerische umfing, wie im gleichnamigen Gedicht dargelegt, so fügt sich die Hinwendung zur Farbe nun in die auch im Literarischen zu beobachtende Entwicklung eines Alterswerkes, das nach Versöhnung sucht, wie es schon die Romane ›Unkenrufe‹ und ›Ein weites Feld‹ gezeigt haben. In einer fast zyklischen Bewegung kehrt der Schriftsteller zu seinen Anfängen zurück, wie es in manchen großen Reden der letzten Jahre, so in ›Ich erinnere mich‹ (2000), und im späteren ›Krebsgang‹ (2002) zu sehen ist. Weiterhin aber galt die einst in ›Askese‹ formulierte Absage an alle Ideologien.

In ›Fundsachen für Nichtleser‹ stehen Wort und Bild auf demselben Blatt. Kurzgedichte, Vier-, Fünf- und Siebenzeiler, von denen einige an frühe Gedichte denken lassen, wurden gleich mit Pinsel ins noch feuchte Aquarellmotiv geschrieben. Erste Entwürfe dazu entstanden während einer Reise nach Umbrien, die Grass im Frühjahr 1996 mit seinen drei Töchtern unternommen und in ›Mein Jahrhundert‹ näher beschrieben hat. Die Themen entstammen dem Alltag: der Wechsel der Jahreszeiten, rostige Nägel, die Papierschere, die alte Olivetti-Reiseschreibmaschine, Schuhe, eigene Krankhei-

Familiärer Versuch
Eine meiner Enkeltöchter,
Luisa, Ronja, Rosanna oder Emilia –
nein, es war schwarzäugig Giulia –,
habe ich in ein blühendes Rapsfeld gesetzt,
in eine dieser hektarweit geklonten Sorten.
Ganz still ist sie.
Mal sehen,
was sich verändert.

Aus ›Fundsachen für Nichtleser‹ (1997)

ten, ein Klinikaufenthalt. Es scheint wie eine Selbstvergewisserung nach überstandenen Schrecken, Hinwendung zur Schönheit und Schlichtheit des Daseins, Neuanfang und Besinnung auf das Ausgangsmaterial. Die Farben sind klar und warm, man spürt die Freude des Malers an ihrem Reichtum und ihrer Vielfalt. Wieder einmal hatte Grass sich ein neues Medium erschlossen.

94 Warten auf Grass. Überfüllter Hörsaal bei der Vorlesungsreihe an der Universität Lübeck Anfang 1998. Foto

Passend zur Arbeit an ›Mein Jahrhundert‹, in dem er das zu Ende gehende 20. Jahrhundert besichtigt, hielt Grass im Januar und Februar 1998 als Gastprofessor an der Medizinischen Universität Lübeck sechs Vorlesungen, die im gleichen Jahr als ›Lübecker Werkstattbericht‹ auf Videokassetten erschienen. Diese persönliche

Verfilmung von ›Die Rättin‹
Nach zwölfjähriger Vorarbeit wurde im September 1997 die Verfilmung des Romans in Lübeck uraufgeführt. Der Regisseur Martin Buchhorn hat dafür die Vielzahl an Erzählsträngen im Buch auf drei reduziert. Der Ich-Erzähler ist im Film ein Marcus Frank, gespielt von Matthias Habich, der in Visionen und Traumsequenzen und im Dialog mit seiner sprechenden Ratte (gespielt von Katharina Thalbach) den drohenden Untergang der Welt vor sich sieht. Seine Frau Damroka (gespielt von Sunny Melles) ist auf der »Neuen Ilsebill« auf der Ostsee unterwegs. Wie im Buch haben die Ratten die Herrschaft über Vineta bereits übernommen, für eine Umkehr der Menschheit ist es zu spät. Der dritte Strang ist die Handlung um Oskar Matzerath, gespielt von Peter Radtke. Die apokalyptischen Szenarien wurden per Computeranimation durch die Filmakademie Ludwigsburg (›Independence Day‹) realisiert. Am Vorabend von Grass' 70. Geburtstag strahlte das Fernsehen den Film aus, bevor er in die Programmkinos kam. Als einziger deutscher Beitrag wurde er vom Saarländischen Rundfunk für das 38. Fernsehfilmfestival in Monte Carlo im Februar 1998 nominiert.

Rückschau auf seinen Werdegang ging auf einen Krankenhausaufenthalt im Jahr 1996 zurück, nach dem die Fakultät den Patienten zu dieser Vorlesungsreihe eingeladen hatte. Mit jedem Abend wurde das Haus, das schon zum Auftakt wohlgefüllt war, voller. Am Ende saßen und standen die Zuhörer geradezu mit am Pult des Vortragenden, die Gänge waren voller Menschen, bereits eine halbe Stunde vor Beginn mußten die Türen geschlossen werden. Angrenzende Hörsäle wurden geöffnet und waren auch gleich überfüllt.

Zum Auftakt las Grass zwei Gedichte aus der Zeit des Frühexpressionismus, die sich mit Leben und Tod, Sterben und Geburt befassen. Das waren Themen, von denen sein Publikum etwas verstand. Witzig, humorvoll und mit einer Prise Selbstironie trug er seinen Rückblick vor. ›Die Zeit‹ feierte die Auftaktvorlesung geradezu hymnisch und ging mit Vergnügen auf die rhetorischen Pirouetten des Vortragenden ein.

›Mein Jahrhundert‹ (1999)
Unter dem Arbeitstitel »Verjährte Geschichten« konzipiert, enthält das Buch 100 Kurzgeschichten, zu jedem Jahr eine, die zeigen, wie Grass das 20. Jahrhundert sieht: als ein kontroverses, ein mörderisches, ein chaotisches, ein schnelles. Die Themen sind breitgefächert und umfassen u. a. Fußball, die Weltkriege, ein fiktives Gespräch zwischen Ernst Jünger und Erich Maria Remarque, immer wieder Politisches, die Treuhand, Streiks, Perspektiven des Arbeiteralltags und Augenblicke aus dem Leben des Autors selbst. Dabei ist die anvisierte Vielfalt schon in der Struktur angelegt. Jede Geschichte hat einen anderen Erzähler, mal jung, mal alt, mal männlich, mal weiblich, und jede einen anderen Schauplatz im deutschsprachigen Gebiet. Die Perspektive ist bisweilen skurril, wie die des Jahres »1927«, Grass' Geburtsjahr: »Noch im embryonalen Zustand, mehr aus der Sicht meiner Mutter«, schildert der Ich-Erzähler die Goldenen Zwanziger, weiß von »Onkel Max«, dem Freund von Vaters Bruder Friedel, zu berichten, der in Berlin in einem Varieté arbeitet. Grass, geübt in Rollenprosa, die hier ausgiebig eingesetzt wird, taucht wiederholt als Ich-Erzähler mit autobiographischen Erlebnissen auf, sei es als Schüler (»1937«), als Beobachter des Aufstandes vom 17. Juni (»1953«), als angehender Erfolgsautor (»1959«) oder als Vater, der mit seinen drei Töchtern Laura, Helene und Nele eine Italienreise unternimmt (»1996«). Im Jahr »1997« ist er als Autor der ›Rättin‹ der Angeredete im Brief eines Professors für Humangenetik,

Ausführlich wird dargestellt, wie Grass den berühmten Anfang von Laurence Sternes Roman ›Tristram Shandy‹ zitiert, wo mitten während der Zeugung des Titelhelden die beteiligte Dame den sich mühenden künftigen Vater mit der Frage unterbricht: »Hör, mein Lieber, du hast doch nicht vergessen, die Uhr aufzuziehen?« Grass schilderte die weitreichenden Folgen in der Londoner Gesellschaft, wo der Ausspruch bald zum Synonym für eben jene Betätigung wurde. Die Freudenmädchen sprachen ihre Kunden an mit: »Mein Herr, darf ich Ihnen die Uhr aufziehen?«, und die Uhrmacher liefen gegen das Buch Sturm, da es geschäftsschädigend sei. ›Die Zeit‹ berichtete hocherfreut: »Welches Vergnügen in Lübeck, als Grass, nachdem er die ›akademische‹ Stunde von 45 Minuten schon um das Doppelte überschritten hatte, nach all den Uhren-Metaphern ganz arglos sagt: ›Ich muß zum Ende kommen: Meine Frau hat mir gerade ihre Uhr hingelegt ...‹«

und »1998« schildert eine Episode aus dem Leben mit seiner Frau Ute in Behlendorf am Vorabend des 27. September, dem Datum der Bundestagswahlen. Das letzte Jahr, »1999«, hat Grass, nun der Sohn, seiner 1954 verstorbenen Mutter Helene zugeeignet.

Bemerkenswert ist die Geschichte zum Jahr »1989«. Sie schildert den Moment der Maueröffnung, wie ihn Günter und Ute Grass im Auto auf dem Weg von Berlin in die Lausitz erlebt haben: »Wahnsinn« entfuhr es auch hier dem Autor, bevor er in Gedanken versinkt. Diese Episode gibt den Rahmen für die zentrale Geschichte ab, die von Grass' ostdeutschem Bekannten handelt. Der verbringt den Abend bei einem Bekannten und hofft auf Hilfe bei der Beschaffung der dringend benötigten »Matsch-und-Schnee«-Reifen. Während die beiden Männer über Autoreifen reden, läuft der Fernseher, der, leise gestellt, junge Leute zeigt, die auf die Mauer geklettert sind, dort rittlings auf dem Wulst saßen, während »die Grenzpolizei dem Vergnügen tatenlos zuschaute« – ein Spielfilm, der geschmacklos die Grenzbefestigung mißachtete. »Typisch Westen«, kommentiert demnach auch der Bekannte des Bekannten. Später drehen beide, wie sie glaubten, den Ton an und erfahren erst jetzt, daß der »Film« Realität ist.

Bald darauf erschien ›Mein Jahrhundert‹. Grass' ursprüngliche Idee war es, eine hochbetagte Erzählerin »den Schutt eines Jahrhunderts Schicht nach Schicht« freilegen zu lassen. Die Arbeit daran hatte er im Januar 1997 aufgenommen, diesmal von dem jungen Historiker Olaf Mischer unterstützt, der für die Recherche der historischen Motive und Themen engagiert wurde. Grass zieht hier in Kurzgeschichten eine Bilanz des 20. Jahrhunderts, für jedes Jahr eine, jedesmal aus einer anderen Perspektive und jedesmal begleitet von einem Aquarell. ›Mein Jahrhundert‹ erschien gleichzeitig in zwei verschiedenen Ausgaben: als Bildband mit den Aquarellen und als nichtillustriertes Lesebuch. Hier, wie auch schon in manchen Büchern zuvor, spielt Ute Grass eine zurückhaltende und zugleich besondere Rolle. In ›Unkenrufe‹ ging sie ebenso ein wie in ›Ein weites Feld‹, wo man in den flüchtigen Besuchern des Fontane-Denkmals ein Portrait des Ehepaares Grass erkennt, wenn von dem Mann mit der Baskenmütze und der hochgewachsenen Frau die Rede ist. Und auch in ›Mein Jahrhundert‹ setzt Grass seiner Frau ein Denkmal. Diese dezente Präsenz, die sich auch in vielen Bildern und Skulpturen spiegelt, deutet behutsam die große Rolle, die Ute Grass im Leben ihres Mannes spielt, an. Zweifelsohne ist sie ihm nicht

Sogleich machen sie sich, ebenso wie Tausende andere, auf den Weg zur Grenze. Während die Geschichte einerseits das Irreale und Filmische des Ereignisses, wie es viele erlebt haben, betont, endet sie andererseits mit der ganz bodenständigen Frage, die Grass sich stellt: Wie mag der Bekannte schließlich an seine Reifen gekommen sein und was ist wohl aus seinen sonstigen Plänen geworden? »Denn irgendwie geht das Leben ja weiter.«

Grass betonte, daß er die Geschichten tatsächlich chronologisch durcherzählt hat. Das gibt dem Buch einen inneren Zusammenhalt und erlaubt die Entwicklung von Motiven. Damit erweist sich Grass abermals als ein Schüler Grimmelshausens, der den ›Simplicius Simplicissimus‹ zwar ebenfalls, gemäß den Strukturmerkmalen des Schelmenromans, in Episoden gestaltete, diese aber so anlegte, daß sie einen evolutionären Zusammenhang bilden und somit auch nicht umstellbar sind. Auch in ›Mein Jahrhundert‹ sind die Jahre, so scheinbar fragmentarisch ihre Erzählungen sich geben, nicht umstellbar – ganz so, wie in der Wirklichkeit.

nur eine ständige und konstruktive Begleiterin, sondern auch seine wichtigste Lektorin und intensivste Mitarbeiterin.

Die Aufnahme von ›Mein Jahrhundert‹ war – fast möchte man sagen: wie gewohnt. Das Lager der Kritiker war gespalten, die Leser dagegen waren sich einig: Mehr als 400 000 Mal ging das Buch über den Ladentisch. Während ›Die Zeit‹ mit ihrer Aufmachung einer »Pro«- und einer »Contra«-Besprechung auf einer Seite ein *remake* des Literaturstreits um Christa Wolf versuchte, widmeten sich andere Zeitungen eher dem Phänomen, daß Grass-Bücher, und wurden sie noch so schlecht besprochen, dennoch in schönster Regelmäßigkeit Bestseller wurden. Nachdem alle gängigen Erklärungen (Werbeetat, Buchhändlereinfluß usw.) betrachtet und fallengelassen waren, blieb nur noch das Phänomen »Leser«. Grass, so die Antwort, müsse eine »große, stabile, sich stetig erneuernde Gemeinde von Lesern« haben, die ihm auch dann treu blieben, wenn ihm der Wind des Feuilletons in Gesicht blies. In Polen wurde ›Mein Jahrhundert‹ auf Anhieb ein Bestseller.

Dies war ein guter Auftakt für die große Neuigkeit Ende September desselben Jahres. Nachdem Grass seit mehr als 20 Jahren immer wieder als Kandidat für den Literaturnobelpreis im Gespräch gewesen war und es in manchen Jahren auch schon ganz danach ausgesehen hatte, als würde er ihn nun bekommen, so daß einmal sogar sein damaliger Verlag kurzfristig einen Saal auf dem Gelände der Frankfurter Buchmesse für die Pressekonferenz gemietet hatte, wurde am 30. September 1999 um 13 Uhr bekanntgegeben: Der letzte Nobelpreis für Literatur im 20. Jahrhundert geht an Günter Grass. Die Begründung für die Verleihung des Preises lautete: »weil Grass in munter-schwarzen Fabeln das vergessene

Am 7. Mai 2000 erfolgte die Premiere einer **dramatischen Fassung von ›Mein Jahrhundert‹**, von Regisseur Horst Königstein als »Szenenfolge« für das Thalia-Theater Hamburg zum Abschied von Intendant Jürgen Flimm eingerichtet. In den Requisiten der fünfziger Jahre erzählen einzelne Figuren aus dem Buch ihre Geschichten. Das Stück fand bei der Kritik wenig Anklang.

Gesicht der Geschichte gezeichnet hat«. In seiner Laudatio schlug der Ständige Sekretär des Nobelkomitees, Horace Engdahl, den Bogen von der ›Blechtrommel‹ bis zu ›Ein weites Feld‹, um am Ende bei ›Mein Jahrhundert‹ zu verweilen: »Die Tatsache, daß Sie den letzten Nobelpreis im zwanzigsten Jahrhundert erhalten, bestätigt, daß ein solcher Buchtitel nicht vermessen ist.« Er schloß mit der Bemerkung, Grass habe gezeigt, »daß die Literatur eine Macht bleibt, solange sie daran erinnert, was Menschen sich beeilen zu vergessen«. So galt der Preis dem Lebenswerk von Grass.

Grass' erste Reaktion in die laufenden Kameras war: »Ich freue mich, ich freue mich für mich und für die deutsche Literatur.« Bald darauf notierte er: »Vor zehn Tagen kam der Nobelpreis über uns. Seitdem keine Minute am Stehpult. [...] Es ist gut, daß ich erst jetzt, altersgewitzt, den Preis bekomme; als Vierzig- oder Fünfzigjähriger wäre er mir zur Last geworden.« Grass selbst hatte, wohl als einziger, fest mit dem Nobelpreis gerechnet.

Danzig reagierte geradezu überschwenglich auf die Nachricht. Der Stadtrat unterbrach sofort seine Sitzung, improvisierte eine Feier und schickte dem großen Sohn der Stadt ein Glückwunschtelegramm. Durch diesen Preisträger gewinne der Nobelpreis wieder an Bedeutung, meinte der polnische Dichter Tadeusz Różewicz. In der Ulica Lelewa 13, Grass' Elternhaus im früheren Labesweg, war der Andrang groß. Reporter standen herum, ohne daß es eigentlich etwas zu sehen oder zu tun gab. In den polnischen Medien wurde Grass als großer Autor aus einer kleinen Heimat gefeiert – gemeint war die deutsch-kaschubisch-polnische Region von Danzig,

Ich bewundere seine Haltung in der Öffentlichkeit: immer Menschen verteidigend, solidarisch mit Minderheiten, mit Flüchtlingen, mit Menschen in Not – unabhängig davon, ob es politisch opportun ist. Als Ungar schätze ich hoch, daß ein Deutscher so sehr Patriot sein kann, daß er gleichzeitig substantielle nationale Selbstkritik übt. Als Kritiker der deutschen Zustände ist er ebenso nachdenklich wie scharfsinnig und der Aufklärung verpflichtet. Für das Ausland ist ein solches Deutschland zuverlässig, in dem seine Zivilcourage zu Hause ist.

György Konrád zur Verleihung des Nobelpreises an Grass (1999)

wozu Adam Michnik sagte: »Günter Grass ist ein Kaschube. Und ein Kaschube ist ein feiner Kerl.«

Ebenso war in Indien und Bangladesh die Freude groß. Grass wurde als Sohn des Landes gefeiert. Es war die Topnachricht des Tages, und die Medien überschlugen sich förmlich. Als die Nachricht bekanntgegeben wurde, liefen im Max Müller Bhavan in Calcutta sofort die Telefone heiß, die Fernsehsender wollten Statements zu Grass' früherem Aufenthalt für die Abendnachrichten. »Nobelpreis für einen Halb-Calcutteraner« lautete eine Schlagzeile. War zuvor die Haltung gegenüber dem Indienreisenden oftmals sehr kritisch gewesen, wurde Grass nun zum »Inder«, wenn nicht »Bengali«, und war aus dieser Perspektive somit nach Tagore der zweite, der mit dem Nobelpreis ausgezeichnet worden war. Man war stolz auf ihn.

Auch die Deutschen freuten sich, selbst Grass' ärgste Kritiker. Viele, die sich an die Häme, die Grass oftmals erfahren hatte, erinnerten, reagierten nun, wie ein Anhänger schrieb, mit »Rührung, Genugtuung, Triumph«. Manche freuten sich darüber, daß man sich auch in Deutschland noch so einhellig freuen könnte. Doch gab es auch andere Töne. Einige Ehrungen klangen fast nach einem Nachruf, andere lasen sich, als hätte eigentlich der Kritiker selbst den Preis bekommen müssen, so daß auch dies wiederum Leitartikel im Blätter-

96 Günter Grass bei der Verleihung des Nobelpreises für Literatur in Stockholm 1999. Foto

wald nach sich zog. Bemerkenswerterweise war überall – in Spanien, Frankreich, den USA z. B. – die Freude größer als in Deutschland. Man freute sich wohl, aber auf eine vielleicht etwas deutsche Art, wie der Schriftstellerkollege Christoph Hein anmerkte. Diese »zerrissene Nation« könne den international Geehrten gemäß dem Gebot »Wir haben keinen, wir henken ihn denn« nur »durch Schmähungen« feiern. »Und wenn der Nobel-Geehrte ein rechter Deutscher ist, wird er verstehen, dass wir anders nicht gelernt haben, ihn zu würdigen.«

Grass selbst reiste gelöst und gutgelaunt in großer Begleitung nach Stockholm und machte seine Nobelwoche zu einem wahren Familienfest: Neben seiner Frau begleiteten ihn acht Kinder, drei Enkelkinder, seine Schwester, Anverwandte, Freunde, Sekretärin, der Verleger. »Flimms Schneider vom Thalia-Theater« hatten den obligatorischen Frack ange-

97 Mit der Großfamilie in Stockholm. Links neben Grass seine Frau Ute, rechts neben ihm seine Schwester Waltraud. Foto, 1999

Eine gute, eine antizyklische Nachricht. Nicht nur Böll würde sagen, daß Günter Grass diese Anerkennung seit langem vedient hat. Die Auszeichnung kommt spät und doch zum richtigen Augenblick. Denn mit dem reichen, breit ausladenden Werk bestätigt sie zugleich dessen zeitgenössische Wirkung – die Mentalität, die Grass geprägt hat, eine geistige Haltung, von der die Bundesrepublik bis heute zehrt.

Jürgen Habermas zur Verleihung des Nobelpreises an Grass (1999)

fertigt. »Und welch ein Vergnügen sollte es werden, die Söhne und mich so einmalig und streng nach schwedischem Protokoll verkleidet zu sehen.«

Seither hat der Schriftsteller und Zeichner einen zusätzlichen Beruf, den des Nobelpreisträgers. Zahlreiche frühere Weggefährten, Freunde und Schulkameraden schickten Fotos und Erinnerungsstücke aus gemeinsamer Vergangenheit. Der Ruhm, den Grass seit seinem 32. Lebensjahr kennt, den er zu Zeiten des Wahlkampfengagements als »Begrüßgustav« einsetzte, ist seitdem nur gewachsen. Die gute Seite daran ist, daß »bestimmte politische Aktivitäten, von denen ich nicht lassen kann, die mir auch niemand abgewöhnen kann«, neuen

›Fortsetzung folgt …‹

›Fortsetzung folgt …‹ lautet der Titel von Grass' Dankesrede am 7. Dezember 1999 vor der Schwedischen Akademie. Indem er die populäre Tradition der Fortsetzungsromane aus dem 19. Jahrhundert aufgreift und die Bilderwelt seines Romans ›Die Rättin‹ wiederbelebt, beschreibt Grass das Erzählen als »Überlebens- und Kunstform«. Wie im ›Butt‹ gestaltet, stellt er sein Handwerk, das Erzählen, als eines der ältesten Gewerbe der Welt dar, auch wenn es bis auf den heutigen Tag meist geringen Tauschwert hat und vor allem in den ersten Jahrtausenden seiner Existenz ganz ohne Bezahlung auskommen mußte. Anschaulich schildert er, wie der Beruf des Geschichtenerzählers entstand, und greift die fiktionale Grundmetaphorik von ›Hundejahre‹ auf, wo die Bildhaftigkeit des Flußverlaufes der Weichsel auf den Erzählfluß übertragen wird. Diese Metaphorik strukturiert auch die berühmte Erzählung ›Die verlorene Ehre der Katharina Blum‹ von Heinrich Böll, womit Grass auf elegante Art den Nobelpreisträger des Jahres 1972 ehrte. Abermals beschreibt er sich als Schriftsteller, »der gegen die verstreichende Zeit schreibt« und als jemand, »der sich haltbare Wahrheiten zusammenlügt«.

Nachdruck erfahren. Die Kehrseite wurde aber auch bald deutlich: »Man bekommt neue Freunde, darunter auch falsche Freunde, und auch neue Feinde.« Als Folge der Belagerung mit Bitten um Schirmherrschaften, Spenden, Einladungen und des monatelangen, »nicht ganz konsequenten Neinsagens« stellte sich »ein satter Ruhm- und Schreibekel« ein. Den überwand Grass in bewährter Manier, indem er sich, wieder auf Anregung seiner Tochter Laura, einem ihm vertrauten Material erneut zuwandte: Terrakotta.

Im Jahr 2000 gründete Grass wiederum eine Stiftung, diesmal zusammen mit seinem Freund, dem Hamburger Schrifststeller Peter Rühmkorf. Sie ist dem Gedenken Wolfgang Koeppens gewidmet, jenes Vorpommern aus Greifswald und Weggenossen aus der Gruppe 47, der mit ›Tauben im Gras‹, ›Das Treibhaus‹ und ›Tod in Rom‹ die restaurativ-konservativen Tendenzen im Nachkriegsdeutschland geißelte und damals schon hellsichtig politische Bestechungsskandale beschrieben hatte, wie wir sie aus der Gegenwart kennen. Grass, der sich dem überzeugten Sozialisten und Sozialdemokraten verbunden fühlte, wollte mit dieser Stiftung die Leistung und Bedeutung Koeppens wieder mehr in den Vordergrund rücken. Im Zusammenhang damit entsteht in Koeppens Geburtshaus in Greifswald ein Literaturhaus Vorpommern, das den Nachlaß aufnehmen, öffentliche Veranstaltungen durchführen und zu einer lebendigen Begegnungsstätte werden soll. Im Juli 2000 unterzeichnete Bundeskanzler Gerhard Schröder die entsprechende Vereinbarung. Wer aber bei der Vorstellung durch den Rektor in der Aula der Ernst-Moritz-Arndt-Universität schier johlenden Beifall erhielt, war Grass. Die ›Frankfurter Allgemeine Zeitung‹ notierte verblüfft: »Es ist ein Beifall, wie er losbricht, wenn der Stadionsprecher die

---

Im Juni 2000 kündigte die Stadt Danzig die Errichtung eines **Grass-Denkmals** an. Es soll den auf einer Bank sitzenden Schriftsteller zeigen, umringt von den Gestalten seiner Bücher. Grass' Reaktion darauf war verhalten. Vom Stadtpräsidenten um einen Vorschlag gebeten, sagte er, daß in seinem elterlichen Mietshaus im Labesweg sich die Toiletten immer noch auf der Zwischenetage befänden. Man möge endlich dafür sorgen, daß jede Wohnung eine eigene Toilette erhält. »Die kann man dann von mir aus nach mir benennen«, so Grass.

Mannschaftsaufstellung verliest und den beliebtesten Spieler der Heimmannschaft nennt.« Doch auch diesmal konnten die Reaktionen auf diese Stiftungsgründung im Feuilleton nicht frei von Polemik sein. Grass erfände nun, am Lebensabend, nachträglich neue Vorbilder, sorgsam ausgewählt, um die eigene Unsterblichkeit als zentrale Figur der Literatur und Geschichte der Bundesrepublik zu sichern, lauteten die Vorwürfe.

Am 1. und 2. Oktober 2000 traf Grass sich in der litauischen Hauptstadt Vilnius mit den polnischen Literaturnobelpreisträgern Czesław Miłosz und Wisława Szymborska sowie mit dem litauischen Dichter Tomas Venclova auf Einladung des Goethe-Instituts Vilnius und des Polnischen Kulturinstituts zu einem Podiumsgespräch als Abschluß der Diskussionsreihe »Litauisch-deutsch-polnische Gespräche über die Zukunft der Erinnerung«. Anlaß zu dieser Veranstaltung war das zehnjährige Bestehen der wiedererlangten Unabhängigkeit Litauens. Hier, in der Heimatstadt von Grass' Heldin Alexandra in ›Unkenrufe‹, ging es um den Verlust von Heimat, der so viele große Schriftsteller des 20. Jahrhunderts dazu gezwungen hat, ihr Werk im Exil zu verfassen, und der für so viele Grundlage und Ausgangspunkt ihrer Schreibmotivation wurde. Grass konstatierte für sich, daß »mir die verlorene Hei-

98 Peter Rühmkorf. Kohlezeichnung von Günter Grass, 1960

Stiftungen und Preise, die Grass ins Leben gerufen hat

Alfred-Döblin-Preis

1978 mit Mitteln aus dem Verkaufserlös des ›Butt‹ (Stiftungskapital zur Zeit der Gründung: 200000 DM) gegründet und erstmals 1979 vergeben, wird dieser Stiftungspreis alle zwei Jahre für unveröffentlichte literarische Werke epischen Charakters ausgelobt und soll, so Grass, »jungen Autoren, die mitten im Manuskript stecken, behilflich« sein. Die Ausschreibung erfolgt durch die Akademie der Künste Berlin und die Vergabe durch das Literarische Colloquium Berlin. Dotierung: ca. 10000 Euro. Preisträger waren u. a. Gerold Späth, Gerhard Roth, Libuse Moniková, Edgar Hilsenrath, Einar Schleef, Katja Lange-Müller, Ingo Schulze. Sofern die Zinsausschüttung es erlaubt, wird als Appendix des Alfred-Döblin-Preises seit 1993 zusätzlich ein Förderpreis vergeben. Dotierung: ca. 5000 Euro.

Alfred-Döblin-Stipendium

Aufenthaltsstipendium der Alfred-Döblin-Stiftung für Berliner Schriftsteller in Grass' ehemaligem Wohnhaus in Wewelsfleth, das er 1985 dem Land Berlin als »Alfred-Döblin-Haus« schenkte, für mindestens drei Monate. Die Akademie der Künste Berlin besorgt das Kuratorium, verwaltet das Döblin-Haus und führt die Ausschreibung durch. Das monatliche Stipendium in Höhe von 1100 Euro zahlt die Senatsverwaltung für Wissenschaft, Forschung und Kultur, Berlin.

Daniel-Chodowiecki-Stiftung

Gestiftet 1992 aus dem Verkaufserlös von Teilen des Vorlasses an die Berliner Akademie der Künste, ist es Zweck der Stiftung, durch die Auszeichnung polnischer bildender Künstler die deutsch-polnischen Kulturbeziehungen zu fördern. Die Stiftung erinnert an den aus Danzig stammenden Graphiker und Frühaufklärer Chodowiecki, der als Reformer der Königlich Preußischen Akademie der Künste tätig war. Die Förderung erfolgt in erster Linie durch die jährliche Vergabe eines Preises und durch Stipendien. Die Ausschreibung führte bis 2001 die Akademie der Künste Berlin durch, ab 2002 übernimmt das erstmals eine polnische Jury. Dotierung: ca. 5000 Euro (einmal wurden 20000 DM vergeben) zuzüglich eines Zuschusses für den Katalog der Ausstellung. Die Werke des jeweiligen Preisträgers sowie die Werke der Künstler, die in die engere Wahl gezogen wurden, werden in polnischen und deutschen Städten ausgestellt.

Stiftung zugunsten des Romavolkes und Otto-Pankok-Preis

Gegründet 1997 in Lübeck mit dem Zweck, »das Verständnis für die Eigenarten des Romavolkes zu fördern und über seine kulturelle und soziale Lage in Geschichte und Gegenwart aufzuklären«.

mat zum andauernden Anlaß für zwanghaftes Erinnern, das heißt für das Schreiben aus Obsession geworden« ist. Die Hinwendung zu Danzig, das öffentliche Nachdenken über die Bedeutung des Verlustes von Heimat, die Beschäftigung mit dem Thema der Vertreibung und das Betonen der Erinnerung in seiner Rede ›Ich erinnere mich‹ bedeuten in ihrer Gesamtheit den Beginn einer neuen Entwicklungsphase, die die Bewegung hin zu Kindheit und Jugend vollzieht und die zwei Jahre später erschienene Novelle ›Im Krebsgang‹ ankündigt.

Im Frühjahr 2001 erschien – exklusiv zum Welttag des Buches – ›Fünf Jahrzehnte‹, der um die letzten zehn Jahre erweiterte Werkstattbericht aus ›Vier Jahrzehnte‹. Der Erlös der limitierten Auflage, die im Vergleich zur regulären Ausgabe einen gekürzten Bildteil enthält, kam verfolgten Autoren in aller Welt zugute. Kurz darauf, im Juli 2001, erhielt Grass den Viadrina-Preis der Europa-Universität Frankfurt an der Oder. Laudator war der frühere Dissident und jetzige Chefredakteur der liberalen Zeitung ›Gazeta Wyborcza‹, Adam Michnik. In seiner Dankesrede erinnert sich Grass seiner deutsch-kaschubischen Herkunft und führt sich abermals deren außerordentliche Bedeutung für sein künstlerisches

Laut Satzung soll die Stiftung mittels des Preises journalistische, wissenschaftliche, sozialpolitische und künstlerische Arbeiten fördern, »deren Anlaß und Thema das Romavolk ist«. Der Otto-Pankok-Preis wurde erstmals 1999 vergeben, Preisträgerin war Melanie Spitta.

Wolfgang-Koeppen-Stiftung

Gegründet zusammen mit Peter Rühmkorf im April 2000, ist es Ziel der Stiftung, das Werk Koeppens in Erinnerung zu halten sowie die öffentliche und wissenschaftliche Nutzung des Nachlasses zu gewährleisten. Koeppens Nachlaß wird von der Universität Greifswald betreut und befindet sich im Besitz des Landes Mecklenburg-Vorpommern, das ihn 1996 von der Peter-Suhrkamp-Stiftung erworben hatte. Koeppens Geburtshaus in Greifswald wird auf Kosten des Bundes instandgesetzt und nach dessen Neueinweihung als »Literaturhaus Vorpommern« ein literarisches Programm bieten, das über die Region hinaus wirken soll. Eine entsprechende Vereinbarung wurde im Juli 2000 von Bundeskanzler Gerhard Schröder und Vertretern des Landes, der Stadt, der Universität Greifswald und der Wolfgang-Koeppen-Stiftung unterzeichnet.

Werk vor Augen. Als jemand »zwischen Baum und Borke« (»In mir habt ihr einen, der ist nicht lupenrein«) versucht er sich wieder einmal als Brückenbauer zwischen Polen und Deutschen, indem er den Bau eines Museums vorschlägt, das die als »Beutekunst« umstrittenen Kunstwerke beherbergen solle. Standort dieses Museums solle eine bebaute Brücke über der Oder sein, Polen und Deutschland verbindend.

Nach den Terroranschlägen in den USA am 11. September 2001 stand für geraume Zeit das gesamte öffentliche Bewußtsein unter dem Vorzeichen der Terrorbekämpfung. Nachdem sich die deutschen Intellektuellen unmittelbar danach mit öffentlichen Meinungsäußerungen zurückgehalten hatten, änderte sich dies im Verlauf des Oktobers rund um die Frankfurter Buchmesse. Auch Grass ergriff das Wort und setzte bei der Eröffnung der Herbst-Mitgliederversammlung der Berliner Akademie der Künste die Anschläge in Bezug zu einer verfehlten Weltwirtschaftspolitik, die immer noch nicht den notwendigen Nord-Süd-Ausgleich herbeigeführt habe. Ein anderes Problem sah Grass darin, daß die Opfer von Anschlägen und Kriegen unterschiedlich gewertet würden und Tote in der Dritten Welt, und sei deren Zahl noch so horrend, wie z. B. im Konflikt in Ruanda mit ca. 800 000 Opfern, nicht den gleichen Stellenwert hätten wie Opfer von Anschlägen in der westlichen Welt. Grass forderte hier: »Wenn wir nicht lernen, diese Toten als gleichwertige Tote zu sehen, werden wir den Kampf für unsere eigenen demokratischen Grundrechte verlieren.«

Im Herbst 2001 erschien der Aquarellband ›Mit Wasserfarben‹. Grass' Schwester Waltraud gewidmet, enthält er einen

›Mit Wasserfarben‹ (2001)
Der Bildband bietet eine Zusammenschau der Aquarelle seit den frühen Anfängen bis in die Gegenwart. Die neun frühen Arbeiten datieren aus der Zeit von 1952 bis 1955. Ihnen folgte eine lange Pause des Aquarellierens, das erst im Umfeld von ›Ein weites Feld‹ wieder aufgenommen wurde. Die weiteren Abteilungen bestehen entweder aus Aquarellen aus dem Umfeld der Werke ›Ein weites Feld‹, ›Fundsachen für Nichtleser‹ und ›Mein Jahrhundert‹ oder sind thematisch geordnet: Steine und Bäume, Schneelandschaften, Portugal, Behlendorf, Dänemark, Stilleben, Pilze,

Querschnitt der Grassschen Aquarelle von der Frühzeit bis in die Gegenwart.

99 ›Mit Pfeifen‹. Aquarell, 2000

Am 23. Januar 2002 beschloß die Bundesregierung die Einrichtung der Bundeskulturstiftung mit Sitz in Halle an der Saale. Mit der konstituierenden Sitzung am 21. März 2002 nahm diese ihre Geschäfte im frisch renovierten Haus der Franckeschen Stiftung auf, ausgestattet mit 13 Millionen Euro aus Bundesmitteln. Gefördert wird hier zeitgenössische Kunst im internationalen Kontext, zugleich soll kulturelle Vielfalt in ihren möglichen Facetten gesammelt und bewahrt werden. Damit realisierte sich ein 30 Jahre alter Vorschlag von Grass, die Gründung einer nationalen Kulturstiftung. Im Rahmen der ersten öffentlichen Veranstaltung der Stiftung am 21. März sprach Grass ein Grußwort. Er hatte mehrfach an prominenter Stelle – so z. B. ausführlicher in ›Kopfgeburten‹ – eine solche Stiftung in Anlehnung an den Herderschen Kulturbegriff angeregt. Seine Erfahrungen mit der deutschen Teilung hatten ihn damals zu der Annahme gebracht, daß bei allen ideologischen, politischen und wirtschaftlichen Gegensätzen einzig die Kultur einen angemessenen gemeinsamen Freiraum bieten könne. Auch ging es ihm darum, jenen Teil der deutschen

Fische, Schafsköpfe, Kaninchen. Der kurze einleitende Text drückt die Freude des Künstlers am Material aus: »Wie leicht fällt das! Kindern geht das Malen mit wasserlöslichen Farben wie nichts von der Hand. So auch mir im kindlichen Alter. Es waren Pelikans Deckfarben in runden Näpfen«, ein Produkt, mit dem Generationen von Kindern großgeworden sind. Grass erinnert sich seiner Anfänge in der Nachkriegszeit, als er von erstem Geld »echte Aquarellfarben von Schmincke« kaufte und sich damit auf den Weg durch Italien und Frankreich machte, und schildert den Arbeitsprozeß des Aquarellierens aus seiner Perspektive.

Kultur, die mit den ehemals deutsch besiedelten Gebieten jenseits der Oder-Neiße-Grenze verbunden war, im nationalen Gedächtnis zu bewahren.

Bald darauf, Anfang Februar 2002, erschien nach kurzer Schreibzeit von einem dreiviertel Jahr Grass' jüngstes Prosawerk, ›Im Krebsgang‹. Der Titel beschreibt in diesem Fall die Erzählhaltung, die die Bewegung der Krebse nachahmt: »Krebse haben ja eine merkwürdige Gangart: Sie scheren seitlich aus, täuschen fast einen Rückwärtsgang vor und kommen dennoch voran.« Mit der Rückkehr von Tulla Pokriefke spielt auch Danzig wieder eine Rolle – im Zentrum des Buches geht es um den Untergang des Schiffes »Wilhelm Gustloff«. Insofern finden ›Katz und Maus‹ (1961) und ›Hundejahre‹ (1963) hier eine Fortsetzung. Andererseits schlägt Grass mit dem Schicksal der Vertriebenen ein neues Thema an. Es geht um die Verdrängung dieser Vergangenheit und deren schädliche Folgen.

Der Untergang der »Gustloff« und insbesondere das Vertreibungsthema hatten zuvor bereits verschiedentlich in Grass' Werk Erwähnung gefunden. In ›Im Krebsgang‹ heißt es: »Eigentlich, sagt er [der Alte und Auftraggeber des fiktiven Erzählers], wäre es Aufgabe seiner Generation gewesen, dem Elend der ostpreußischen Flüchtlinge Ausdruck zu geben [...].

›Im Krebsgang‹ (2002)
Geschildert wird der Untergang des KdF-Schiffs »Wilhelm Gustloff« im Januar 1945 bald nach Auslaufen aus dem polnischen Hafen Gdingen (im Buch »Gotenhafen« genannt) vor dem Hintergrund der zeitgenössischen Neonazi-Szene. Während das erste Ereignis an die aus ›Katz und Maus und ›Hundejahre‹ bekannte Tulla Pokriefke gebunden ist, werden Umtriebe und Gedankengut junger Neonazis im Schicksal von Tullas Enkel Konrad angedeutet. Dieser erschießt am Ende seinen sich als Juden ausgebenden Gesprächspartner aus dem Internet mit der Begründung: »weil ich Deutscher bin«. Beim anschließenden Prozeß zeigen sich die Eltern des Opfers und der Vater des Täters schuldbewußt und bezichtigen sich selbst der Versäumnisse, die die Erziehung der beiden Jugendlichen gekennzeichnet hat. Beide Vorgänge, der Schiffsuntergang und die Erschießung, stellen die novellistischen »unerhörten Ereignisse« dar. Nicht nur Tullas fiktive Lebensgeschichte wird hier weitergeführt, sondern es werden auch die hi-

Niemals, sagt er, hätte man über so viel Leid, nur weil die eigene Schuld übermächtig und bekennende Reue in all den Jahren vordringlich gewesen sei, schweigen, das gemiedene Thema den Rechtsgestrickten überlassen dürfen.« Die Rede ist von »Versäumnis« und von »Versagen«. Die Hinwendung zu diesem Thema hatte sich bereits im Vorfeld angekündigt, als Grass bei seinem Treffen mit Miłosz, Szymborska und Venclova in Vilnius im Oktober 2000 sagte, es mute »merkwürdig und beunruhigend« an, »wie spät und immer noch zögerlich an die Leiden erinnert wird, die während des Kriegs den Deutschen zugefügt wurden«. Zuvor hatte Grass bei einer Konferenz zum Thema »Polnische, deutsche und europäische Probleme mit dem Gedächtnis« im Juni 2000 in Danzig die polnischen Schriftsteller aufgerufen, die Vertreibung als noch immer stark tabuisiertes Thema aufzugreifen. In Interviews betonte er nun: »Die Flucht aus Ostpreußen war eine einzige Katastrophe. Aber es ist das nachgeordnete Unrecht – die deutschen Verbrechen bleiben auslösendes Moment«, und da der Zweck der Fahrt der »Gustloff« auch militärischer Art war (auf dem Schiff befanden sich – neben ungezählten Flüchtlingen – Marinerekruten, Marinehelferinnen, Flakgeschütze), handele es sich bei der Versenkung des Schiffes um eine Katastrophe, aber nicht um ein Verbrechen.

storischen Viten der Hauptpersonen fiktionalisiert. Dazu gehören Wilhelm Gustloff, Landesgruppenleiter der NSdAP in der Schweiz und Namensgeber des Schiffes, David Frankfurter, der jüdische Medizinstudent und Mörder Gustloffs, sowie der U-Bootkommandant der sowjetischen Rotbannerflotte, Alexander Marinesko, der die »Wilhelm Gustloff« versenkt hatte.

Tulla, von der es in der ›Rättin‹ heißt, sie sei wahrscheinlich mit der »Gustloff« untergegangen, ist in mehrfacher Hinsicht an das Schiff gebunden: In ›Hundejahre‹ haben ihre Eltern glückliche Ferien auf dem KdF-Schiff verbracht, dessen Untergang sie als Hochschwangere überlebt, und später endet ihre Flucht vor den Russen in Schwerin, der Geburtsstadt Gustloffs. In der Unglücksnacht wird ihr Sohn Paul geboren, der nun, Jahrzehnte später, die Geschichte erzählt. Die Beschreibung dieser Januarnacht gehört mit zu den Höhepunkten Grassscher Erzählkunst der letzten Jahre. Paul schreibt im Auftrag des »Alten«, »Verfasser der ›Danziger Trilogie‹«, bei dem Paul früher einen Kurs in »Creative

Die Kritik unmittelbar nach Erscheinen der Novelle reagierte mit wenigen Ausnahmen einhellig positiv. Das hatte es seit dem ›Treffen in Telgte‹ nicht mehr gegeben. Der ›Spiegel‹ brachte noch vor Auslieferung des Buches eine Grass-Titelgeschichte und einen langen Hintergrundbericht zur Katastrophe. Herausgeber Rudolf Augstein persönlich, zur Wende- und Einheitszeit ein erklärter Gegner von Grass, lobte nun dessen »Überraschungscoup«, und Volker Hage befand in seiner überschwenglichen Besprechung: »Das ist von großem literarischem Raffinement, hier vibriert der doppelte Boden – denn diese 200 (genau 216) Seiten sind glänzend und packend geschrieben: Hier ist einer ganz bei sich, bei seinem Thema.« Am gleichen Tag sendeten die ›Tagesthemen‹ in der ARD ein Interview mit Grass zum Erscheinen des Buches, das mit viel Lob bedacht wurde.

In der gleichen Woche brachten alle namhaften Zeitungen und Zeitschriften durchweg positive Besprechungen. Die kon-

Writing« besucht hat. Schreibauslöser ist aber seine Entdeckung einer rechtsradikalen Homepage, womit das Computerzeitalter Eingang in Grass' Werk erhält. Beim Surfen im Internet gibt Paul das Suchwort »Gustloff« ein und stößt auf die Website »www.blutzeuge.de«. Diese wird unterhalten von einem neonationalsozialistischen Kameradschaftsverband, hinter dem sich sein Sohn Konrad verbirgt, der per Computer – ein Geschenk seiner Großmutter Tulla – die Ereignisse des Untergangs der »Gustloff« aus rechtsextremer Sicht darstellt. Paul schreibt nun, um dieser Version die andere Seite der Geschichte entgegenzustellen.

Grass' jüngste und sehr dicht erzählte Novelle ist, gemäß ihrem Motto »in memoriam«, der Erinnerung gewidmet. Nicht nur begegnen uns mit Tulla Pokriefke, Harry Liebenau, Jenny, Walter Matern, Eddi Amsel, Joachim Mahlke und anderen Figuren eine Reihe alter Bekannter aus Grass' früheren Werken, sondern zugleich kehrt Grass zu den Schauplätzen aus seinem Leben zurück. Neben Danzig sind es die Karlsbader Straße in Berlin, in der nun Jenny wohnt und wo ›Katz und Maus‹ und ›Hundejahre‹ entstanden sind, und Mölln – in unmittelbarer Nachbarschaft von Grass' Wohnsitz in Behlendorf gelegen –, wo Tullas Enkel Konrad wohnt und der als Schauplatz rechtsradikaler Übergriffe 1993 traurige Karriere gemacht hat.

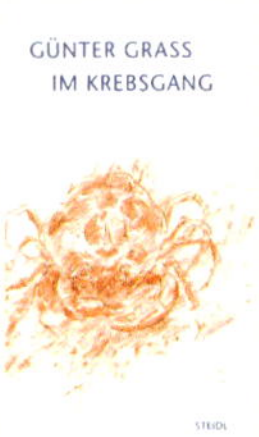

servative ›Welt‹ rief eine »Debatte über Vertriebene« aus, ausgelöst durch den »neuen Grass«. Auch hier begrüßte man ausdrücklich das Thema des Buches und erklärte es zum »besten Grass seit Jahren«. Marcel Reich-Ranicki machte in der ersten Ausgabe seiner ›Solo‹-Sendung das Buch am Erscheinungstag zum ersten Gegenstand seiner Besprechungen und rühmte es als »eine große Erzählung, eine ergreifende, erschütternde Erzählung«, die ihn zu Tränen gerührt habe. Hier sei Grass ein deutsches Requiem gelungen, der Untergang der »Gustloff« sei das Symbol des Unterganges des Dritten Reiches. Dieses Buch gehöre zum Besten, was die deutsche Literatur zu bieten habe. Später bemerkte Grass, das »Kriegsbeil« zwischen ihm und Reich-Ranicki sei begraben. Die ›Frankfurter Allgemeine Sonntagszeitung‹ zeigte sich

Die »Wilhelm Gustloff« und ihr Untergang
Das 1937 als damals weltweit größtes Kreuzfahrtschiff für 1463 Passagiere in Hamburg vom Stapel gelassene Schiff war nach dem Landesgruppenleiter der Auslandsorganisation der NSDAP, Wilhelm Gustloff, benannt, der am 4. Februar 1936 in der Schweiz von dem jüdischen Medizinstudenten David Frankfurter erschossen worden war. Frankfurter wurde zu 18 Jahren Zuchthaus verurteilt, Gustloff in seinem Geburtsort Schwerin begraben und mit einem Denkmal geehrt. Als KdF-Schiff (das ist die NS-Freizeitorganisation »Kraft durch Freude«) gehörte es zur Flotte des Leiters der Deutschen Arbeiterfront, Robert Ley, der das Geld der verbotenen Gewerkschaften an sich gerissen hatte und bald eine der reichsten NS-Organisationen kontrollierte. Das Schiff war klassenlos eingerichtet, worin sich ein sozialistisches Relikt der Nazis fand. Unzählige Urlauber verbrachten auf ihm ihre Ferien in den Gewässern vor Schweden, Norwegen und Italien. Seit Kriegsbeginn lag das Schiff in Gdingen und diente, nunmehr grau gestrichen, als Kaserne und Lazarettschiff.

Am 30. Januar um 12.20 Uhr legte die »Gustloff« mit ca. 10 000 Menschen an Bord ab. Neben den Flüchtlingen befanden sich auch ca. 1000 U-Boot-Rekruten und 370 Marinehelferinnen an Bord. Das Schiff war durch Flakgeschütze als Kriegsschiff kenntlich. Kurz nach 21 Uhr wurde das Schiff in der Höhe von Slupsk von drei Torpedos des russischen U-Bootes »S 13« unter Kapitän Alexander Marinesko getroffen. Ca. 9000 Menschen kamen zu Tode. Es gab 1239 Überlebende, wozu die »Gustloff«-Kapitäne gehörten, die ebenso wie der russische U-Boot-Kommandant noch lange nach dem Krieg lebten.

rundum begeistert; Grass habe dieses große Thema mit »kaum noch für möglich gehaltener Kraft und schönem Schwung, mit Überzeugungsenergie und Gestaltungsmacht« erzählt. Im Internet stellte Peter Zschunke fest: »Jetzt haben ihn alle wieder lieb: Günter Grass wird zum Erscheinen seiner Novelle ›Im Krebsgang‹ mit Lob überhäuft.« Bald aber setzte eine Diskussion darüber ein, inwieweit es sich hier tatsächlich um ein Tabuthema handelt, wie es die Novelle andeutet und wie die meisten Besprechungen der ersten Stunde betonten. Von mehreren Seiten erfolgten Darstellungen, die zeigten, daß das Thema der Vertreibung schon mehrfach zuvor in der Literatur behandelt worden war.

Einzig zwei Kritiken setzten sich von der positiven Aufnahme der ersten Stunde ab: die ›Süddeutsche Zeitung‹ veröffentlichte eine Polemik gegen das Buch, und die ›Neue Zürcher Zeitung‹ stufte das Buch als »literarisch belanglos« ein. Später wurde Grass u. a. wegen der Darstellung des Mordmotivs

Grass-Forschungszentren und -Archive in Deutschland

Günter-Grass-Haus, Lübeck

Mit Ratsbeschluß vom 31. Mai 2001 wurde in Lübeck das Günter-Grass-Haus ins Leben gerufen, das zu Grass' 75. Geburtstag am 16. Oktober 2002 mit einer Ausstellung seine Pforten öffnet. Getragen von der Kulturstiftung der Hansestadt Lübeck und finanziert von Stadt, Land, Bund, Stiftungen und Sponsoren, will das Haus mit Ausstellungen die Verbindung von bildender Kunst und Literatur bei Grass präsentieren. Grundlage hierfür bildet eine Auswahl aus dem künstlerischen Vorlaß sowie der literarische Vorlaß ab 1995, den die Stadt Lübeck erworben hat und der im Grass-Haus wissenschaftlich betreut wird. Angegliedert ist eine Bibliothek und eine Forschungsstelle.

Günter-Grass-Stiftung, Bremen

Als audiovisuelles Archiv und rezeptionsgeschichtliche Forschungsstelle an der Universität Bremen am 19. Juni 2001 in Kooperation von Stadt, Land und Radio Bremen im Beisein von Grass eröffnet, soll die einzurichtende digitale Datenbank mit Bild- und Tondokumenten das audiovisuelle Werk von Grass (die von ihm gelesenen Werke, Rundfunk-, Fernseh-, Film-, Schallplatten-, CD-Aufnahmen) zugänglich machen.

Akademie der Künste Berlin-Brandenburg

Hier lagert der komplette literarische Vorlaß aus der Zeit von 1950 bis 1989, den die Akademie von Grass erwarb und der hier wisvon David Frankfurter an Wilhelm Gustloff, der – so heißt es in der Novelle – vor Gericht als Grund sein Judentum angab, Geschichtsverfälschung sowie Ethnisierung des Konflikts vorgeworfen. Tatsächlich hatte der historische David Frankfurter zum bewaffneten Widerstand gegen die Nazis aufgerufen, weshalb er, wie sein Chronist Peter O. Chotjewitz schrieb, es also durchaus verdient hätte, in die Annalen einzugehen. Grass jedoch habe Frankfurters Schuldeingeständnis im Prozeß 1936 auf die Worte »Ich habe geschossen, weil ich Jude bin« reduziert und den politischen Gehalt seiner Tat weggelassen, um den fiktiven Konrad in der Novelle sagen zu lassen: »Ich habe geschossen, weil ich Deutscher bin.« Da aber Konrads Mordopfer sich nur als Jude ausgegeben hatte, ohne einer zu sein, könne dann wohl auch der junge Nazi »nicht so schlimm sein«. Einige Kritiker warfen dem Buch, das sich kritisch mit der Gefahr durch die jungen Neonazis auseinandersetzen wollte, eine Verharmlosung eben dieser Gefahr

senschaftlich betreut wird. Dazu gehören in großem Umfang u. a. Manuskripte und Manuskriptfassungen, darunter die erste erhaltene handschriftliche Fassung einzelner Kapitel der ›Blechtrommel‹, Skizzen, Arbeitspläne, Arbeitsbücher, Notiz- und Tagebücher, Briefwechsel, Fotos etc.

Deutsches Literaturarchiv Marbach am Neckar

Hier befindet sich eine vollständige Sammlung der Rezeptionszeugnisse, wozu über 50 deutsch- und fremdsprachige Zeitungen laufend ausgewertet werden. Neben einer umfangreichen Sammlung von Zeitungsausschnitten zum Roman ›Ein weites Feld‹ lagert hier das Günter-Grass-Archiv des Luchterhand Verlages, das aus Zeitungsausschnitten und Zeitschriftenheften besteht, die Grass als Belegexemplare erhielt und die laufend ergänzt werden. In zahlreichen Briefwechseln finden sich Handschriften von Grass. Die Bibliothek enthält nahezu alle Ausgaben der Werke von Grass, zahlreiche Übersetzungen und fast vollständig die monographische Sekundärliteratur.

Literaturarchiv Sulzbach-Rosenberg

Hier lagert die erste erhaltene Fassung der ›Blechtrommel‹, die oft fälschlich als »Urtrommel« bezeichnet wird, sowie der Inhalt des Koffers, den der englische Germanist John Reddick 1970 auf dem Dachboden von Grass' Pariser Wohnung gefunden hatte mit Papieren und Korrespondenzen der Jahre 1956–1959.

vor. Vom »Krebsgang nach rechts« war die Rede. Grass lasse die Helden seiner »Thesennovelle« das Untergangsthema fälschlicherweise als Tabu der Nachkriegszeit darstellen, während man, so Tulla Pokriefke im Buch, statt dessen »von andre schlimme Sache, von Auschwitz und sowas jeredet« hätte.

Der Verkaufserfolg wurde rasch ein »Sensationserfolg«: die Startauflage von 50 000 Exemplaren war im Nu vergriffen, innerhalb der ersten Wochen wurden 300 000 Exemplare verkauft. Nach einem Monat waren mehr als 20 Lizenzverträge für Übersetzungen unterschrieben. Inmitten dieses Booms kündigte die Ufa Babelsberg die Verfilmung des Untergangs der »Gustloff« an, der Drehbeginn wurde auf Anfang 2003 festgelegt. Ebenso plant die polnische Regisseurin Agnieszka Holland die Verfilmung des Untergangs der »Gustloff« als Teil ihrer Verfilmung von ›Tod in Danzig‹, dem Roman des in Gdańsk lebenden Schriftstellers Stefan Chwin. Zur gleichen Zeit gab in Danzig eine Gruppe polnischer Intellektueller, Autoren und Künstler den Plan bekannt, ein Grass gewidmetes Museum und Forschungsinstitut einzurichten, wozu Grass bereits sein grundsätzliches Einverständnis gegeben hat.

Und ausgerechnet Grass, der selbst nie einen Computer benutzt hat, diesem Medium auch eher verhalten gegenübersteht, aber nun in sein Buch den Internet-Jargon der jungen Generation einfließen ließ, veranlaßte indirekt seinen Verlag dazu, anläßlich des Erscheinens der Novelle im Internet eine eigene Homepage mit der Präsentation von ›Im Krebsgang‹ inklusive Hörprobe einzurichten. Außerdem hat der Steidl Verlag dafür gesorgt, daß zwei im Buch angegebene Internetadressen besetzt wurden und damit nicht mehr von anderen eingerichtet werden konnten. Klickt man die im Buch eine wichtige Rolle

Ich glaube, daß man im Ausland viel eher als in Deutschland erkannt hat, wie hoch der Anteil von Humor in meinen Büchern ist. Ich erkläre mir das damit, daß wir in Deutschland auch immer so tun, als hätte es hier keine Humoristen gegeben, keine Schriftsteller, die mit Humor gearbeitet haben. Entsprechend gehen wir auch mit unseren Klassikern um. Fragen Sie heute mal junge Leute: Die haben keine Ahnung von Jean Paul oder Wilhelm Raabe. Das ist alles weg. Und das andere ist, daß man,

101 Günter Grass und Bundeskanzler Gerhard Schröder im Juni 2002

spielende Adresse »www.blutzeuge.de« an, erscheint Grass im Selbstportrait mit Link zur Steidl-Homepage.

Die großen Themen der letzten Jahre beschäftigen Grass auch weiterhin. Ausländerfeindlichkeit und die Gefahr eines Rechtsrucks, die er besonders in der Person des Kanzlerkandidaten der CDU/CSU, Edmund Stoiber, gegeben sieht, aber auch eine persönliche und politische Freundschaft mit Bundeskanzler Gerhard Schröder haben ihn bewogen, auch im Bundestagswahlkampf des Jahres 2002 (»Für Rot-Grün«) ein Wörtchen mitzureden. Der letzte Satz seines neuesten Prosawerkes, ›Im Krebsgang‹, lautet: »Das hört nicht auf. Nie hört das auf« und bezieht sich auf die nie endende Gefahr des Nationalsozialismus gerade für die Deutschen. Gerade als Deutscher ständig dagegen anzugehen, ist eine ebenso nie enden wollende Aufgabe, die Grass sich gestellt hat –, ist sein Lebenswerk. Daß er dabei nicht immer und nicht von allen verstanden wird, gehört ebenfalls dazu.

glaube ich, im Ausland auch eher erkennt als in Deutschland, daß ich ein Patriot bin im aufgeklärten Sinn.

Auf die Frage »Gibt es etwas, worin Sie sich von der Öffentlichkeit nicht erkannt fühlen?« im Gespräch mit Claudia Mayer-Iswandy (28. Dezember 2001)

Zeittafel

1927 16. Oktober: Günter Grass wird als Sohn einer kaufmännischen Familie mit Kolonialwarenladen in Danzig geboren.

1933–1944 Besuch der Volksschule und der Oberschulen Conradinum, St. Petri und St. Johann. Mitglied des Jungvolks und der Hitlerjugend

1944–1945 Luftwaffenhelfer und Soldat. Verwundung bei Cottbus, Lazarettaufenthalt in Marienbad, amerikanische Kriegsgefangenschaft in Bayern. Im Rahmen des »Re-Education Program« Führung durch das KZ Dachau

1946 Entlassung aus der Kriegsgefangenschaft; diverse Tätigkeiten, u. a. als Landarbeiter, dann als Arbeiter in einem Kalibergwerk bei Hildesheim

1947–1948 Praktikum als Steinmetz in Düsseldorf

1948–1952 Studium der Graphik und Bildhauerei an der Düsseldorfer Kunstakademie beim Bildhauer Sepp Mages und dem Graphiker Otto Pankok. Mitglied einer Jazzband mit Horst Geldmacher und Günther Scholl. Auftritte im Düsseldorfer Altstadt-Lokal »Czikos«

1951/1952 Autostoppreisen nach Italien und Frankreich. Bekanntschaft mit der Schweizerin Anna Schwarz

1953 Wechsel nach Berlin. Studium der Bildhauerei bei Karl Hartung an der Hochschule für Bildende Künste

1954 Heirat mit Anna Schwarz. Tod der Mutter

1955 Dritter Preis im Lyrikwettbewerb des Süddeutschen Rundfunks für das Gedicht ›Lilien aus Schlaf‹; erste Lesung bei der Gruppe 47 in Berlin; erste Ausstellung in der Galerie Lutz & Meyer, Stuttgart

1956 ›Die Vorzüge der Windhühner‹, Gedichte und Graphiken. Umzug nach Paris. ›Die Ballerina‹ in den ›Akzenten‹.

1957 Uraufführung des Stücks ›Hochwasser‹ an der Neuen Bühne der Universität Frankfurt. Ausstellung von Plastiken und Graphiken in Berlin, Kunstamt Tempelhof; Geburt der Zwillinge Franz und Raoul. ›Der Inhalt als Widerstand‹ in den ›Akzenten‹

1958 Uraufführung des Stücks ›Onkel, Onkel‹ an der Studiobühne des Schauspiels der Stadt Köln. Preis der Gruppe 47 für das Manuskript ›Die Blechtrommel‹. Erste Reise nach Polen

1959 ›Die Blechtrommel‹. Uraufführung des Balletts ›Stoffreste‹ an den Städtischen Bühnen Essen. Uraufführung des Balletts ›Die Gans und fünf Köche‹ in Aix-les-Bains. Theaterstück ›Zweiunddreißig Zähne‹. Uraufführung der Einakter ›Noch zehn Minuten bis Buffalo‹ am Schauspielhaus Bochum und ›Beritten hin und zurück‹ an den Städtischen Bühnen Frankfurt am Main. Der Bremer Senat geweigert Grass den ihm von der Jury zuerkannten Bremer Literaturpreis. ›O Susanna‹ zusammen mit Horst Geldmacher. Zweite Polenreise

1960 ›Gleisdreieck‹. Gedichte und Zeichnungen. Umzug von Paris nach Berlin. Dritte Polenreise. Gemeinsame Lesung mit Uwe Johnson im Städtischen Museum Wuppertal-Elberfeld

1961 ›Katz und Maus‹, Novelle. Uraufführung des Stücks ›Die bösen Köche‹ in der Werkstatt des Berliner Schiller-Theaters. ›Das Taschenmesser – oder – Die Weichsel fließt‹ in den ›Akzenten‹. Redenschreiber für Willy Brandt sowie Unterstützung für Brandt im Wahlkampf der SPD. Geburt der Tochter Laura

1962 Kurt Ziesel erstattet gegen Grass Anzeige wegen der Verbreitung unzüchtiger Schriften. Antrag des Hessischen Ministeriums für Arbeit, Volkswohlfahrt und Gesundheitswesen auf Aufnahme von ›Katz und Maus‹ in die Liste jugendgefährdender Schriften (im Dezember zurückgezogen)

1963 ›Hundejahre‹, Roman. Grass-Titelgeschichte im ›Spiegel‹. Aufnahme in die Berliner Akademie der Künste. Produktion von ›Goldmäulchen‹ als Hörspiel des Hessischen Rundfunks. Uraufführung des Stücks ›Mystisch – barbarisch – gelangweilt‹ in den Düsseldorfer Kammerspielen. Die Ziesel-Anzeige wird zurückgewiesen. Umzug in die Niedstraße 13 in Berlin-Friedenau

1964 Uraufführung des Stücks ›Goldmäulchen‹ im Münchner Werkraumtheater, Reise in die USA

1965 Teilnahme am Bundestagswahlkampf für die SPD. Georg-Büchner-Preis. Ehrendoktorwürde des Kenyon College in Gambier, Ohio, USA. Geburt des Sohnes Bruno Thaddäus

1966 Uraufführung des Stücks ›Die Plebejer proben den Aufstand‹ im Berliner Schiller-Theater. Verfilmung von ›Katz und Maus‹, Regie: Hansjürgen Pohland (Premiere 1967). Mitherausgeber der ›Luchterhand Loseblatt Lyrik‹. Vertonung des ›Blechtrommel‹-Kapitels »Glaube Hoffnung Liebe« unter dem Titel ›Ricercar‹ von Wolfgang Hufschmidt für Sprecher und Altflöte. Ab 1966 Beteiligungen an öffentlichen Protestaktionen gegen die Notstandsgesetze. Anfang Juni Reise in die USA

1967 ›Ausgefragt‹, Gedichte und Zeichnungen. Teilnahme am Wahlkampf für die SPD in Schleswig-Holstein und Berlin. Berater der Städtischen Bühnen Frankfurt am Main (bis 1970)

1968 ›Über das Selbstverständliche‹, Reden, Aufsätze, Offene Briefe, Kommentare; Rede beim SPD-Parteitag in Nürnberg. ›Briefe über die Grenze‹, Dialog mit Pavel Kohout. Inszenierung von ›Eine öffentliche Diskussion‹ durch Walter Höllerers Dramatische Werkstatt während einer Veranstaltung des Literarischen Colloquiums Berlin in der Akademie der Künste (übertragen durch Sender Freies Berlin). ›Nicht nur in eigener Sache‹, Erklärung zum Prozeß gegen Ziesel

1969 ›örtlich betäubt‹, Roman. Uraufführung des Stücks ›Davor‹ am Schiller-Theater Berlin. Teilnahme am Bundestagswahlkampf für die SPD

1970 Uraufführung des Balletts ›Die Vogelscheuchen‹ an der Deutschen Oper Berlin. ›Theaterspiele‹, Dramen. Reise mit Bundeskanzler Willy Brandt nach Warschau. Teilnahme an den Wahlkämpfen der SPD in Nordrhein-Westfalen und Bayern. Grass-Titelgeschichte im ›Time Magazin‹

1971 ›Gesammelte Gedichte‹. Teilnahme an den Wahlkämpfen der SPD in Rheinland-Pfalz, Schleswig-Holstein und Berlin

1972 ›Aus dem Tagebuch einer Schnecke‹. Teilnahme am Bundestagswahlkampf und am Landtagswahlkampf für die SPD in Baden-Württemberg. Reise nach Polen. Trennung von Anna Grass. Erwerb eines Hauses in Wewelsfleth, Schleswig-Holstein. Beginn der Zusammenarbeit mit der Galerie und Radierwerkstatt Anselm Dreher/Galerie André

1973 ›Mariazuehren‹, Gedichte und Graphiken mit Fotos von Maria Rama. ›Rückblick auf die Blechtrommel‹. Reise mit Willy Brandt nach Israel. Reise in die USA

1974 ›Der Bürger und seine Stimme‹, Reden, Aufsätze, Kommentare. ›Liebe geprüft‹. Sieben Radierungen und Gedichte (Schünemann, Bremen). Geburt der Tochter Helene. Austritt aus der katholischen Kirche

1975 Indien-Reise. Mitarbeit am NDR-Film ›Teure Geschichte‹ über den Wiederaufbau der Altstadt von Gdańsk/Danzig

1976 Mit Heinrich Böll und Carola Stern Begründer und Herausgeber der Zeitschrift ›L' 76‹. Mitbegründer des Autorenbeirats im Luchterhand Verlag. Teilnahme am Bundestagswahlkampf der SPD zusammen mit Siegfried Lenz. ›Mit Sophie in die Pilze gegangen‹. Lithographien und Gedichte (Giorgio Upiglio, Mailand). Ehrendoktorwürde der Harvard University, Cambridge, Massachusetts, USA

1977 ›Der Butt‹, Roman. ›Als vom Butt nur noch die Gräte geblieben war‹, Sieben Radierungen und Gedichte (Galerie André, Berlin). Beginn der Zusammenarbeit mit dem Drucker Fritze Margull

1978 Ausgedehnte Asien- und Ostafrikareise mit Ute Gruntert. Stiftung des Alfred-Döblin-Preises. ›Im Wettlauf mit den Utopien‹, Essay. ›Kafka und seine Vollstrecker‹, Essay. ›Denkzettel‹, Politische Reden und Aufsätze 1965–1976. Verfilmung der ›Blechtrommel‹ mit David Bennent in der Hauptrolle. Regie: Volker Schlöndorff unter Mitarbeit von Günter Grass. Scheidung von Anna Grass

1979 ›Das Treffen in Telgte‹, Erzählung. Die ›Blechtrommel‹-Verfilmung erhält die Goldene Schale des Bundesfilmpreises und die Goldene Palme der Filmfestspiele Cannes. ›Die Blechtrommel als Film‹, zusammen mit Volker Schlöndorff. Am 19. Mai Heirat mit Ute Grunert. Geburt der Tochter Nele. Im Oktober Reise nach Südost- und Ostasien

1980 ›Kopfgeburten oder Die Deutschen sterben aus‹. ›Aufsätze zur Literatur‹. Gründung des Verlags L' 80 (ab jetzt Titel der vorherigen ›L' 76‹). Die ›Blechtrommel‹-Verfilmung erhält den Academy Award (»Oskar«) für den besten fremdsprachigen Film

1981 Reise nach Gdańsk auf Einladung des Verbands Bildender Künstler

1982 ›Zeichnen und Schreiben‹, Band I, Zeichnungen und Texte 1954–1977. ›Im Hinterhof‹, Bericht über eine Reise nach Nicaragua. ›Vatertag‹, 22 Lithographien (Edition Monicka Beck, Hamburg). Eintritt in die SPD

1983 ›Ach Butt, dein Märchen geht böse aus‹, Gedichte und Radierungen. Wahl zum Präsidenten der Berliner Akademie der Künste. Mitunterzeichner des »Heilbronner Manifestes«, Aufruf von Schriftstellern, Künstlern und Wissenschaftlern gegen die Stationierung von Pershing-2-Raketen und Aufruf zur Wehrdienstverweigerung

1984 ›Zeichnen und Schreiben‹, Band II. Radierungen und Texte 1972–1982. ›Widerstand lernen‹, Politische Gegenreden 1980–1983. Mitglied der Jury der Biennale in Venedig; Umzug nach Hamburg

1985 Schenkung des Hauses in Wewelsfleth an das Land Berlin als »Alfred-Döblin-Haus«, das künftig Berliner Schriftstellern zu Arbeitsaufenthalten zur Verfügung steht. Erwerb eines Hauses in Behlendorf bei Mölln. Verkauf des Atelierhauses am Hafen in Wewelsfleth

1986 ›Die Rättin‹. Ende der Präsidentschaft an der Akademie der Künste, Berlin. ›In Kupfer, auf Stein‹, Werkverzeichnis der Radierungen und Lithographien. August 1986 bis Januar 1987 Aufenthalt in Calcutta

1987 Kommentierte Werkausgabe in zehn Bänden (Luchterhand Verlag) zum 60. Geburtstag. ›Es war einmal ein Land‹, Lyrik und Perkussion zusammen mit Günter »Baby« Sommer. Teilnahme am Landtagswahlkampf der SPD in Schleswig-Holstein

1988 ›Mit Sophie in die Pilze gegangen‹. ›Zunge zeigen‹. ›Calutta‹, Mappe mit Radierungen. ›Wer lacht da, hat gelacht?‹

1989 ›Skizzenbuch‹. ›Zum Beispiel Calcutta‹, Rede vor dem Club of Rome. Am 9. März Austritt aus der Berliner Akademie der Künste aus Protest gegen deren Verhalten im Zusammenhang mit der über Salman Rushdie verhängten Fatwa. ›Das große Blechtrommelbild‹, Mitarbeit am Film über Franz Witte

1990 ›Totes Holz‹. ›Deutscher Lastenausgleich‹, Reden und Gespräche. ›Deutschland einig Vaterland?‹, Streitgespräch mit Rudolf Augstein. ›Schreiben nach Auschwitz‹, Frankfurter Poetikvorlesung. ›Ein Schnäppchen namens DDR‹. ›Kahlschlag in unseren Köpfen‹, Lithographiemappe. Ehrendoktorwürde der Universität Posznán. Lesung des kompletten Romans ›Die Blechtrommel‹ an zehn Abenden, Deutsches Theater, Göttingen

1991 ›Brief aus Altdöbern‹. ›Die Blechtrommel‹, gelesen von Grass auf 20 Tonbandkassetten. ›Vier Jahrzehnte. Ein Werkstattbericht‹

1992 ›Unkenrufe‹, Erzählung. Stiftung des Daniel-Chodowiecki-Preises. ›Rede vom Verlust‹

1993 ›Novemberland‹. 13 Sonette. Reise nach Kuba und Mexiko. Ehrendoktorwürde der Universität Gdańsk/Danzig. Ernennung zum Ehrenbürger der Stadt Gdańsk/Danzig. ›Da sagte der Butt‹, Lesung und Perkussion zusammen mit Günter »Baby« Sommer. Der Steidl Verlag erwirbt die Weltrechte am Werk von Günter Grass

1994 ›Angestiftet, Partei zu ergreifen‹. Gast bei den jährlichen Sommerkursen an der Universität im Escorial in Madrid

1995 ›Die Deutschen und ihre Dichter‹. ›Ein weites Feld‹, Roman. ›Gestern, vor 50 Jahren. Ein deutsch-japanischer Briefwechsel‹, zusammen mit Kenzaburo Oe. Umzug des Büros nach Lübeck

1996 ›Der Schriftsteller als Zeitgenosse‹. Thomas-Mann-Preis der Stadt Lübeck

Bibliographie

Werke

Werkausgaben

Werkausgabe in zehn Bänden, hg. v. Volker Neuhaus. Darmstadt, Neuwied 1987
Band I: Gedichte und Kurzprosa, hg. v. Anita Overwien-Neuhaus, Volker Neuhaus
Band II: Die Blechtrommel, hg. v. Volker Neuhaus
Band III: Katz und Maus; Hundejahre, hg. v. Volker Neuhaus
Band IV: örtlich betäubt; Aus dem Tagebuch einer Schnecke, hg. v. Volker Neuhaus
Band V: Der Butt, hg. v. Claudia Mayer
Band VI: Das Treffen in Telgte; Kopfgeburten oder die Deutschen sterben aus, hg. v. Christoph Sieger
Band VII: Die Rättin, hg. v. Angelika Hille-Sandvoß
Band VIII: Theaterspiele, hg. v. Angelika Hille-Sandvoß
Band IX: Essays, Reden, Briefe, Kommentare, hg. v. Daniela Hermes
Band X: Gespräche, hg. v. Klaus Stallbaum

Werkausgabe in sechzehn [achtzehn] Bänden, hg. v. Volker Neuhaus, Daniela Hermes. Göttingen 1997
Band 1: Gedicht und Kurzprosa, hg. v. Volker Neuhaus, Daniela Hermes
Band 2: Theaterspiele, hg. v. Dieter Stolz
Band 3: Die Blechtrommel, hg. v. Volker Neuhaus
Band 4: Katz und Maus, hg. v. Volker Neuhaus
Band 5: Hundejahre, hg. v. Volker Neuhaus
Band 6: örtlich betäubt, hg. v. Volker Neuhaus
Band 7: Aus dem Tagebuch einer Schnecke, hg. v. Volker Neuhaus
Band 8: Der Butt, hg. v. Claudia Mayer-Iswandy
Band 9: Das Treffen in Telgte, hg. v. Claudia Mayer-Iswandy
Band 10: Kopfgeburten oder die Deutschen sterben aus, hg. v. Volker Neuhaus
Band 11: Die Rättin, hg. v. Volker Neuhaus
Band 12: Unkenrufe, hg. v. Daniela Hermes
Band 13: Ein weites Feld, hg. v. Daniela Hermes
Band 14: Essays und Reden I, hg. v. Daniela Hermes
Band 15: Essays und Reden II, hg. v. Daniela Hermes
Band 16: Essays und Reden III, hg. v. Daniela Hermes
Band 17: Mein Jahrhundert
Band 18: Im Krebsgang

Darin nicht enthaltene Werke

Günter Grass, Pavel Kohout: Briefe über die Grenze. Versuch eines Ost-West-Dialogs. Hamburg 1968

Mariazuehren. Hommageàmarie. Immarypraise. München 1973

Zeichnen und Schreiben I. Zeichnungen und Texte 1954–1977, hg. v. Anselm Dreher. Darmstadt, Neuwied 1982

Volker Schlöndorff, Günter Grass: ›Die Blechtrommel‹ als Film. Frankfurt/M. 1979

In Kupfer, auf Stein. Göttingen 1986

Mit Sophie in die Pilze gegangen. Göttingen 1987

Hundert Zeichnungen 1955 bis 1987. Katalog der Kunsthalle zu Kiel, hg. v. Jens Christian Jensen. Kiel 1987

Zunge zeigen. Darmstadt 1988

Totes Holz. Ein Nachruf. Göttingen 1990

Vier Jahrzehnte. Ein Werkstattbericht. Göttingen 1991

Novemberland. 13 Sonette. Göttingen 1993

In Kupfer, auf Stein. Das grafische Werk. Göttingen 1994 (erw. Neuaufl. von 1986)

Der Autor als fragwürdiger Zeuge, hg. v. Daniela Hermes. Göttingen 1997

Fundsachen für Nichtleser. Göttingen 1997

Lübecker Werkstattbericht. 3 Videos. Göttingen 1998

Auf einem anderen Blatt. Zeichnungen. Göttingen 1999

Wort und Bild. Tübinger Poetik Vorlesung und Materialien, hg. v. Jürgen Wertheimer. Tübingen 1999

›Fortsetzung folgt ...‹ Rede anläßlich der Verleihung des Nobelpreises für Literatur und ›Literatur und Geschichte‹. Rede anläßlich der Verleihung des »Prinz von Asturien«-Preises. Göttingen 1999

Günter Grass, Gerhard Steidl: Stockholm. Der Literaturnobelpreis für Günter Grass. Ein Tagebuch mit Fotos von Gerhard Steidl. Göttingen 2000

Ohne Stimme. Reden zugunsten des Volkes der Roma und Sinti. Göttingen 2000

Fünf Jahrzehnte. Ein Werkstattbericht. Göttingen 2001

Mit Wasserfarben. Aquarelle. Göttingen 2001

Günter Grass, Czesław Miłosz, Wisława Szymborska, Tomas Venclova: Die Zukunft der Erinnerung. Hg. v. Martin Wälde. Göttingen 2001

Im Krebsgang. Göttingen 2002

Gebrannte Erde. Skulpturen. Göttingen 2002

Günter Grass, Daniela Dahn, Johano Strasser (Hg.): In einem reichen Land. Zeugnisse alltäglichen Leidens an der Gesellschaft. Göttingen 2002

Fundsachen für Grass-Leser, hg. v. Wolfgang Trautwein und Karin Kiwus. Göttingen 2002

Darin nicht enthaltene Gespräche

Nötige Kritik oder Hinrichtung. Spiegel-Gespräch mit Günter Grass. ›Der Spiegel‹ 29/1990, S. 75–80

Günter Grass, Regine Hildebrandt: Schaden begrenzen oder auf die Füße treten. Ein Gespräch. Berlin 1993

Günter Grass, Harro Zimmermann: Vom Abenteuer der Aufklärung. Werkstattgespräche. Göttingen 1999

Gespräch mit Claudia Mayer-Iswandy, Behlendorf, 28. Dezember 2001 (unveröffentlicht)

Sekundärliteratur (Auswahl)

Angenendt, Thomas: »Wenn Wörter Schatten werfen«. Untersuchungen zum Prosastil von Günter Grass. Frankfurt/M. et al. 1995

Arnold, Heinz-Ludwig (Hg.): Die Gruppe 47. Ein kritischer Grundriß. text + kritik. München 1987 (2. überarb. und erw. Aufl.)

Arnold, Heinz-Ludwig (Hg.): Günter Grass. text + kritik H. 1. München 1997 (7., rev. Aufl.)

Arnold, Heinz-Ludwig (Hg.): Blech getrommelt. Günter Grass in der Kritik. Göttingen 1997

Bartl, Andrea: ›Ein weites Feld‹ von Günter Grass und die Wende. In: Norbert Honsza (Hg.): Die Rezeption der deutschsprachigen Gegenwartsliteratur nach der Wende. Wrocław 1989, S. 141–162

Bauer Pickar, Gertrud (Hg.): Adventures of a Flounder: Critical Essays on Günter Grass' ›Der Butt‹. München 1982

Beyersdorf, Hermann: » ... den Osten verloren«. Das Thema der Vertreibung in Romanen von Grass, Lenz und Surminski. In: Weimarer Beiträge 38/1992, S. 129–138

Bissinger, Manfred, Daniela Hermes (Hg.): Zeit, sich einzumischen. Die Kontroverse um Günter Grass und die Laudation auf Yaşar Kemal in der Paulskirche. Göttingen 1998

Boßmann, Timm: Der Dichter im Schußfeld. Geschichte und Versagen der Literaturkritik am Beispiel Günter Grass. Marburg 1997

Brady, Philip, Timothy McFarland u. John J. White (Hg.): Günter Grass's ›Der Butt‹. Sexual Politics and the Male Myth of History. Oxford 1990

Brandes, Ute: Günter Grass. Berlin 1998

Brode, Hanspeter: Günter Grass. München 1979

Brunssen, Frank: Das Absurde in Günter Grass' Literatur der achtziger Jahre. Würzburg 1997

Cepl-Kaufmann, Gertrude: Günter Grass. Eine Analyse des Gesamtwerkes unter dem Aspekt von Literatur und Politik. Kronberg/Ts. 1975

Cory, Mark E.: Sisyphus and the Snail. Metaphors for the Political Process in Günter Grass' ›Aus dem Tagebuch einer Schnecke‹ ... In: German Studies Review 3/1983, S. 519–533

Cuncliff, Gordon W.: Günter Grass. New York 1969

Durzack, Manfred: Zu Günter Grass – Geschichte auf dem poetischen Prüfstand. Stuttgart 1985

Engel, Henrik D.: Die Prosa von Günter Grass in Beziehung zur englischsprachigen Literatur. Rezeption, Wirkungen und Rückwirkungen bei Salman Rushdie u. a. Frankfurt/M. et al. 1997

Everett, George A.: A Select Bibliography of Günter Grass (from 1956 to 1973). New York 1974

Frizen, Werner: ›Die Blechtrommel‹ – ein schwarzer Roman. Grass und die Literatur des Absurden. In: Arcadia 21, 2/1986, S. 166–189

Gaede, Friedrich: Grimmelshausen, Brecht, Grass. Zur Tradition des literarischen Realismus in Deutschland. In: Simpliciana I/1979, S. 54–66

Gajek, Bernhard: Dichtung ohne Transparenz. Gegenreligiöse Verkündigungen im Werk von Günter Grass. In: Zeitwende 58/1987, S. 85–103

Garde, Barbara: »Selbst wenn die Welt unterginge, würden deine Weibergeschichten nicht aufhören.« Zwischen ›Butt‹ und ›Rättin‹. Frauen und Frauenbewegung bei Günter Grass. Frankfurt/M. et al. 1988

Geißler, Rolf (Hg.): Günter Grass. Ein Materialienbuch. Darmstadt, Neuwied 1980

Görtz, Franz Josef (Hg.): Günter Grass. Dokumente zur politische Wirkung. Stuttgart et al. 1971

Görtz, Franz Josef (Hg.): Günter Grass. Auskunft für Leser. Darmstadt, Neuwied 1984

Görtz, Franz Josef (Hg.): ›Die Blechtrommel‹. Attraktion und Ärgernis. Darmstadt, Neuwied 1984

Gruettner, Mark Martin: Intertextualität und Zeitkritik in Günter Grass' ›Kopfgeburten‹ und ›Die Rättin‹. Tübingen 1997

Haberkamm, Klaus: »Verspäteter Grimmelshausen aus der Kaschubei« – »Verspätete Utopie«? Simplicianisches in Grass' ›Der Butt‹. In: Simpliciana VI/VII 1985, S. 123–138

Harscheidt, Michael: Wort – Zahl – Gott bei Günter Grass. Der »phantastische Realismus« in den »Hundejahren«. Bonn 1976

Heilmann, Iris: Günter Grass und John Irving. Eine transatlantische Intertextualitätsstudie. Frankfurt/M. et al. 1997

Hermes, Daniela, Volker Neuhaus (Hg.): Günter Grass im Ausland. Texte, Daten, Bilder zur Rezeption. Frankfurt/M. 1990

Hermes, Daniela: Auswahlbibliographie. In: Kritisches Lexikon der Gegenwartsliteratur. München 1995

Honsza, Norbert: Günter Grass. Werk und Wirkung. Wrocław 1987

Honsza, Norbert: Ausbrüche aus der klaustrophobischen Welt. Zum Schaffen von Günter Grass. Wrocław 1989

die horen. Sonderband Indien in der deutschsprachigen Literatur II. Heft 4, 1999

Hunt, Irmgard Elsner: Mütter und Muttermythos in Günter Grass' Roman ›Der Butt‹. Frankfurt/M. et al. 1983

Jendrowiak, Silke: Die sogenannte »Urtrommel«. Unerwartete Einblicke in die Genese der ›Blechtrommel‹ von Günter Grass. In: Monatshefte 71, 2/1979, S. 172–186

Jurgensen, Manfred (Hg.): Grass. Kritik – Thesen – Analysen. Bern, München 1973

Kämpchen, Martin (Hg.): My Broken Love. Günter Grass in India and Bangladesh. New Delhi 2001

Koopmann, Helmut: Günter Grass. Der Faschismus als Kleinbürgertum und was daraus wurde. In: Hans Wagener (Hg.): Gegenwartsliteratur und Drittes Reich. Stuttgart 1977, S. 163–182

Köpf, Gerhard: Hund und Katz und Maus, Schnecke, Butt und Ratte. Günter Grass zum sechzigsten Geburtstag. Frankfurt/M. et al. 1987

Labroisse, Gerd, Dick van Stekelenburg: Günter Grass – ein europäischer Autor? Amsterdamer Beiträge zur neueren Germanistik, Bd. 35. Amsterdam, Atlanta 1992

Nasir, Ali Mamun: Guenter Grass discovers Dhaka. Dhaka 2001

Mannoni, Olivier: Günter Grass. L'honneur d'un homme. Paris 2000

Mason, Ann L.: The Skeptical Muse. A Study of Günter Grass' Conception of the Artist. Bern, Frankfurt/M. 1974

Mayer, Sigrid: Rückblick und Ausblick. Fünfzig Jahre im Spiegel des bildhauerischen und literarischen Werkes von Günter Grass. In: Amsterdamer Beiträge zur neueren Germanistik 38/39, 1995, S. 455–478

Mayer-Iswandy, Claudia: »Vom Glück der Zwitter«. Geschlechterrolle und Geschlechterverhältnis bei Günter Grass. Frankfurt/M. et al. 1991

Mayer-Iswandy, Claudia (Hg.): Zwischen Traum und Trauma – Die Nation. Transatlantische Perspektiven zur Geschichte eines Problems. Tübingen 1994

Mayer-Iswandy, Claudia: Von »Unterbrechungen« und »Engführungen«. Lyrik und Prosa in Butt und Rättin. In: text + kritik, Nr. 1: Günter Grass, hg. v. Heinz Ludwig Arnold. 7. Aufl., München (1997), S. 86–94 (Nachdruck der 6. Aufl. 1988)
Mayer-Iswandy, Claudia: Zum Verhältnis von Macht und Gewalt im Geschlechterkampf. Systemtheoretische Überlegungen zu Günter Grass und Ulla Hahn. In: Zeitschrift für Germanistik 2/1997, S. 303–320
Mews, Siegfried (Hg.): The Fisherman and His Wife. Günter Grass's ›The Flounder‹ in Critical Perspective. New York 1983
Mews, Siegfried: Grass' ›Kopfgeburten‹ – The Writer in Orwells' Decade. In: German Studies Review 6/1983, S. 501–517
Moser, Sabine: Günter Grass. Romane und Erzählungen. Berlin 2000
Negt, Oskar (Hg.): Der Fall Fonty. ›Ein weites Feld‹ von Günter Grass im Spiegel der Kritik. Göttingen 1996
Neuhaus, Volker: Die Blechtrommel. München 1988 (2., überarb. Aufl.)
Neuhaus, Volker: Günter Grass. Stuttgart 1993 (2., überarb. u. erw. Aufl.)
Neuhaus, Volker: Schreiben gegen die verstreichende Zeit. Zu Leben und Werk von Günter Grass. München 1997
Neuhaus, Volker, Daniela Hermes (Hg.): Die »Danziger Trilogie« von Günter Grass. Texte, Daten, Bilder. Frankfurt/M. 1991
O'Neill, Patrick: Günter Grass. A Bibliography 1955–1975. Toronto, Buffalo 1976
Preece, Julian: The Life and Work of Günter Grass. Literature, History, Politics. London 2001
Reddick, John: The »Danzig Trilogy« of Günter Grass. London 1975
Reich-Ranicki, Marcel: Günter Grass. Aufsätze. Zürich 1992
Richter, Frank-Raymond: Günter Grass. Die Vergangenheitsbewältigung in der Danzig-Trilogie. Bonn 1979
Rothenberg, Jürgen: Günter Grass. »Das Chaos in verbesserter Ausführung«. Zeitgeschichte als Thema und Aufgabe des Prosawerks. Heidelberg 1976
Scherf, Rainer: »Katz und Maus« von Günter Grass. Literarische Ironie nach Auschwitz und der unausgesprochene Appell zu politischem Engagement. Marburg 1995
Schmidt, Sabine et al.: Oskar-Tulla-Mahlke … In Gdańsk unterwegs mit Günter Grass. Gdańsk 1993
Schütte, Wolfram: Schreiben Sie das auf, Pokriefke! Der Schriftsteller als Lohnschreiber. In: Neue Rundschau 2/2002, S. 161–169
Stallbaum, Klaus: Kunst und Künstlerexistenz im Frühwerk von Günter Grass. Köln 1989
Stolz, Dieter: Vom privaten Motivkomplex zum poetischen Weltentwurf. Konstanten und Entwicklungen im literarischen Werk von Günter Grass (1956–1986). Würzburg 1994
Stolz, Dieter: Günter Grass zur Einführung. Hamburg 1999
Vormweg, Heinrich: Günter Grass. Reinbek bei Hamburg 1996
Wieser, Theodor (Hg.): Günter Grass. Porträt und Poesie. Neuwied, Berlin 1968
Wilson, Leslie A. (Hg.): A Günter Grass Symposion. Austin, London 1971
Wolff, Rudolf (Hg.): Günter Grass. Werk und Wirkung. Bonn 1986

Register

Bildnachweis

Akademie der Künste, Berlin 2, 3, 6, 22, 28, 34, 40, 44, 46, 54 / akg-images, Berlin 9 / Cinetext, Frankfurt/Main 37 / Deutsches Literaturarchiv Marbach 16, 25, 41, 48, 50, 65 / dpa, Frankfurt/Main 74, 96, 101 / Archiv Günter Grass 4, 18, 19 / Jens Bode, München 55 / Joachim Bühler 64 / Theodor Ebert, Berlin 94 / Friedrich-Ebert-Stifung, Bonn 49 / Hannes Esser 15 / Karl-Heinz Kalkbrenner, Margetshöchheim 1, 5, 8, 29, 73 / Nasir Ali Mamun 77, 82, 83 / Nadbaltyckie centrum kultury, gdansk 88 / Claudia Mayer-Iswandy 17, 31, 53, 58, 68, 69, 70, 75, 90 / Claudia Mayer-Iswandy/Agents–Producers–Editors, Overath 86 / Renate von Mangoldt, Berlin 26 / Samiran Nandy 78 / Uwe Rau, Berlin 7, 51, 72 / Amitava Roy 81 / Shuvaprasanna 79, 80 / Friedemann Simon, Hamburg 92 / Der Spiegel 24, 43, 91 / Stadtmuseum Düsseldorf (Foto: Claudia Mayer-Iswandy) 20 / Steidl Verlag, Göttingen 10, 11, 12, 14, 21, 27, 35, 36, 39, 42, 45, 52, 56, 57, 59, 61, 62, 63, 66, 67, 71, 76, 84, 85, 87, 89, 93, 95, 97, 98, 99, 100 / Time Magazine 47 / ullstein bild 30

dtv portrait

Herausgegeben von Martin Sulzer-Reichel
Originalausgaben

Biographien bedeutender Frauen und Männer aus Geschichte, Literatur, Philosophie, Kunst und Musik

Hannah Arendt. Von Ingeborg Gleichauf. dtv 31029
Johann Sebastian Bach. Von Malte Korff. dtv 31030
Ingeborg Bachmann. Von Joachim Hoell. dtv 31051
Thomas Bernhard. Von Joachim Hoell. dtv 31041
Hildegard von Bingen. Von Michaela Diers. dtv 31008
Otto von Bismarck. Von Theo Schwarzmüller. dtv 31000
Die Geschwister Brontë. Von Sally Schreiber. dtv 31012
Giordano Bruno. Von Gerhard Wehr. dtv 31025
Georg Büchner. Von Jürgen Seidel. dtv 31001
Fidel Castro. Von Albrecht Hagemann. dtv 31057
Frédéric Chopin. Von Johannes Jansen. dtv 31022
Joseph Conrad. Von Renate Wiggershaus. dtv 31034
Hedwig Courths-Mahler. Von Andreas Graf. dtv 31035
Marlene Dietrich. Von Werner Sudendorf. dtv 31053
Annette von Droste-Hülshoff. Von Winfried Freund. dtv 31002
Alexandre Dumas. Von Günter Berger. dtv 31061
Marieluise Fleißer. Von Carl-Ludwig Reichert. dtv 31054
Theodor Fontane. Von Cord Beintmann. dtv 31003
Friedrich II. von Hohenstaufen. Von Ekkehart Rotter. dtv 31040
Max Frisch. Von Lioba Waleczek. dtv 31045
Heinrich Heine. Von Jan-Christoph Hauschild. dtv 31058
Hermann Hesse. Von Klaus Walther. dtv 31062
Alfred Hitchcock. Von Enno Patalas. dtv 31020
Victor Hugo. Von Jörg W. Rademacher. dtv 31055
Jesus von Nazaret. Von Dorothee Sölle und Luise Schottroff. dtv 31026
Novalis. Von Windfried Freund. dtv 31043
Franz Kafka. Von Detlev Arens. dtv 31047
Immanuel Kant. Von Wolfgang Schlüter. dtv 31014
Erich Kästner. Von Isa Schikorsky. dtv 31011
Heinrich von Kleist. Von Peter Staengle. dtv 31009
John Lennon. Von Corinne Ullrich. dtv 31036
Ludwig II. Von Martha Schad. dtv 31033
Stéphane Mallarmé. Von Hans Therre. dtv 31007
Klaus Mann. Von Armin Strohmeyr. dtv 31031
Maria Theresia. Von Edwin Dillmann. dtv 31028
Karl May. Von Klaus Walther. dtv 31056
Nostradamus. Von Frank Rainer Scheck. dtv 31024
Pablo Picasso. Von Hajo Düchting. dtv 31048
Edgar Allan Poe. Von Frank Zumbach. dtv 31017
Karl Popper. Von Martin Morgenstern und Robert Zimmer. dtv 31060
Rainer Maria Rilke. Von Stefan Schank. dtv 31005
John Steinbeck. Von Annette Pehnt. dtv 31010
August Strindberg. Von Rüdiger Bernhardt. dtv 31013
Giuseppe Verdi. Von Johannes Jansen. dtv 31042
Oscar Wilde. Von Jörg W. Rademacher. dtv 31038
Frank Zappa. Von Carl-Ludwig Reichert. dtv 31039